鲁迅评传

曹聚仁

著

新校本

九州出版社 JIUZHOUPRESS | 全国百佳图书出版单位　台海出版社

图书在版编目（CIP）数据

鲁迅评传：新校本 / 曹聚仁著. -- 北京 ：九州出
版社，2025. 6. -- ISBN 978-7-5225-3997-3

Ⅰ．K825.6

中国国家版本馆CIP数据核字第20254YP691号

鲁迅评传：新校本

作　　者	曹聚仁　著	
责任编辑	习　欣	
出版发行	九州出版社	
地　　址	北京市西城区阜外大街甲 35 号（100037）	
发行电话	(010)68992190/3/5/6	
网　　址	www.jiuzhoupress.com	
印　　刷	鑫艺佳利（天津）印刷有限公司	
开　　本	880 毫米×1230 毫米　32 开	
印　　张	11.875	
字　　数	275 千字	
版　　次	2025 年 7 月第 1 版	
印　　次	2025 年 7 月第 1 次印刷	
书　　号	ISBN 978-7-5225-3997-3	
定　　价	45.00 元	

出版说明

　　"吾生也有涯，而知也无涯"，近世以来，学术发展迅速，成果蔚然大观。为读者出版一套优质的人文社科经典著作，是我们出版人的责任。为此，我社系统梳理近代以来中国学术史，优中选优，出版这套"大家丛书"。

　　在版本选择上，我们甄选现存版本中校勘精良、内容完备的本子为底本；又组建专业编校团队，对每部著作精心整理。凡遇疑误之处，必参校多个重要版本互相比对，并查阅相关史料文献，审慎订正。

　　丛书装帧设计典雅大方，既便于阅读，又适宜收藏，希望得到广大读者的认可。

九州出版社

目　录

一、引言

> 自己背着因袭的重担，肩住了黑暗的闸门，放他们到宽阔光明的地方去。
>
> ——鲁迅《坟》

1933年冬天的一个晚上，鲁迅先生在我的家中吃晚饭，一直谈到深夜。他是善于谈话的，忽然在一串的故事中，问了我一句："曹先生，你是不是准备材料替我写传记？"他正看到我书架上有一堆关于他的著作和史料。我说："我知道我并不是一个适当的人，但是，我也有我的写法。我想与其把你写成为一个'神'，不如写成为一个'人'的好。"接着，我们就谈到路德维希 (Emil Ludwig) 的《人之子》（耶稣传记）。路德维希把耶稣写成为常人，并不失其为伟大；说圣玛利亚是童贞女，由天神给她孕育这么一救主，也不见得增加耶稣的光辉。老老实实说玛利亚这个可怜的女孩子，给罗马军官强奸了，孕生了这样一个反抗罗马暴政的民族英雄，也不见得有什么丢脸。因为是"人"，所以不免有"人"的弱点。这一方面，鲁迅比萧伯纳更坦白些，他并不阻止我准备写他的传记（当晚，我并不想到他很快就老去了，所以许多关于他的史料，不曾向他探问明白。这一部分的缺憾，而今已经由周作人写了《鲁迅的故家》和《鲁迅小说中的人物》来填补起来了）。我们又谈到孙中山传记问题，那时，中山文化教育馆正在征求《孙中山传记》的稿本；有人希望我也动手写写看，我说我不能，因为你们要奉孙中山为神明，而实际的孙中山，也只是一个凡人，平凡得很的人，叫我怎么写呢？最后，我说："你是写《阿Q正传》的人，这其间，也有着你自己的影子，因为你自己也是中国人。"说鲁迅是阿Q，也并不损失鲁迅的光辉，他毕竟是创造阿Q的人。

那时，我们那一群人，相约不说"我的朋友胡适之"的，我也并不想说"我的朋友鲁迅"，我也不是他的门徒。有人以为我到上海卖文，是借着鲁迅的光的；抱歉得很，鲁迅是1927年到上海，那时我在上海报刊写稿已六七年了。（我承认邵力子、陈望道二先生是汲引我的人，却不是鲁迅。）前些时香港一些论客，深以我是鲁迅的朋友为恨；我也有这么一种牛性，他们要来"钦定"的时候，我偏要他们看看《鲁迅书简》，使他们哑口无言的。十年前，宋云彬先生在桂林医院中养病，他从头至尾，把《鲁迅全集》看完了，辑出了一本《鲁迅语录》。他对我说："为什么鲁迅文章中，没有骂你的？"（他看见鲁迅骂过许多人，连郭沫若、郑振铎、傅东华、徐懋庸都在内，不独对陈西滢、梁实秋那么刻毒的。）其实，鲁迅对朋友并不那么刻薄的，许多人不曾受过他的讥刺，连对易培基都不曾有过微词，大家可以意会的了。我和他之间，有一段极机密的交游，我此刻并不想说出来，留着将来，作为"逸话"罢。

1934年冬天，为了群众书局出版《海燕》的事，我和Y君闹得不十分愉快（Y君为了此事，一直在骂我，却不曾把真相说出来）。鲁迅先生写信给我，劝了我一阵，说：

自己年纪大了，但也曾年青过，所以明白青年（指 Y 君）的不顾前后，激烈的热情，也了解中年的（指笔者）怀着同情，却又不能不有所顾虑的苦心孤诣。现在的许多论客，多说我会发脾气，其实我觉得自己倒是从来没有因为一点小事情，就戚友或成仇的人。我还有不少几十年的老朋友，要点就在彼此略小节而取其大。（这是鲁迅对我的暗示，要我不计较 Y 君的坏脾气。）

1936 年 10 月间，鲁迅去世了。当时，我就着手整理史料，准备写传记，工作进行了一半，而淞沪战争发生，除了一部分史料已在《鲁迅手册》刊出，这本鲁迅所预料的"鲁迅传"，迄今并未出版。我也期待了许广平、许寿裳、孙伏园诸先生的"鲁迅传"出来，尤其期待周作人所写的。谁知忽忽二十年，依然没有影子。坊间，只有王士菁的《鲁迅传》，那简直是一团草，不成东西，而郑学稼的《鲁迅正传》，更是胡闹，不仅侮辱了鲁迅，也侮辱了读者。因此，我要试写这一部《鲁迅评传》——不是鲁迅所预料的"传记"。

目前所见的写"鲁迅传"的人，都是没见过鲁迅，不了解鲁迅的人，而和鲁迅相熟，了解鲁迅的人，所写的都是鲁迅传记史料，并不是"鲁迅传"，这也可见"鲁迅传"之不容易写。不容易写的因由有二：一、鲁迅本人的言行，并不合乎士大夫的范畴的，所以画他的都不容易像他。二、……有一时期，鲁迅被革命文学家判定为"反动"文学的，而且闹得很久。周作人曾在《关于鲁迅》中以调侃语气在说："不久，在中国文坛上，曾起了《阿Q正传》是否反动的问题。恕我记性不好，不大能记得谁是怎么说的了，但是当初决定《阿Q正传》是落伍的反动的文学的，随后又改口说，这是中国普罗文学的正宗者，往往有之。这一笔'阿Q的旧账'，至今我还是看不懂，本来不懂也没有什么要紧，不过这切实地给我一个教训，就是使我明白这件事的复杂性，最好还是不必过问。……现在鲁迅死了，要骂的捧的或利用的都已失了对象，或者没有什么争论了亦未可知。"这段话，今日的周作人，已经不敢再写了；而鲁迅的朋友中，年纪一大，都明白这件事的复杂性，抱定了"最好还是不必过问"的态度，那是必然的。而捧的骂的或利用的都已失去了对象，也是使大家不敢动笔的因由之一。

中国的士大夫，自来有三种意愿：一种是希圣希贤，宋明理学家，一开口就是这么说的，所以他们把颜渊当作模范人物，要寻求孔颜乐处在哪里。一种是要做英雄豪杰，像项羽那样，要学万人敌，读兵法，要做"彼可取而代之也"的大梦。又一种则是酸风溜溜，要做八斗才的才子，吟风弄月，诗酒傲王侯。而写传记的人，胸中先有这几种轮廓，就在规矩中做起文章来。可是，这些帽子都不合乎鲁迅的头寸，那些捧鲁迅的，一定要把鲁迅当作完人来写的，要让他进孔庙去，那当然可笑的。然而鲁迅虽进过水师学堂，如他自己所说的，"上穷碧落下黄泉"，他也毕竟不像一个海军上将，他也不想立赫赫之名。鲁迅也会作作旧诗词，他的骈俪古文，也作得不错。但他并不带一点才人的气息，也不想做空头文学家。他是道道地地地在做现代的文艺作家，比之其他作家，他是超过了时代的。他那副鸦片烟鬼样子，那袭暗淡的长衫，十足的中国书生的外貌，谁知道他的头脑，却是最冷静，受过现代思想的洗礼的。我曾对朋友们说："我们都是不敢替鲁迅作特写的，因为我们没有这份胆识，所以替鲁迅写印象记，如马珏（马衡的儿子）①是个小孩子，如吴曙天，是个初出茅庐的女孩子，如阿累，一个电车卖票员，他们不知天之高地之厚，才敢来动笔。而且，他们敢写得真实，才显得亲切有趣。还有那位攻击他的陈源（西滢），也着实抓到了痒处。"

鲁迅是谁？何凝（即瞿秋白）曾引用过一段神话："亚尔霸·龙迦的公主莱亚·西尔维亚被战神马尔斯强奸了，生了一胎双生儿子，一个是罗谟鲁斯，一个是莱谟斯；他们两兄弟一出娘胎就丢在荒山里，如果不是一只母狼喂他们吃奶，也许早就饿死了！后来，罗谟鲁斯居然创造了罗马城，并且乘着大雷雨飞上了天，做了军神．而莱谟斯却被他的兄弟杀了，因为他敢于蔑视那庄严的罗马城，他只一脚，就跨过那可笑的城墙。"（莱谟斯的命运比鲁迅惨得多了，这也许因为那时代还是虚伪统治的时代。）莱谟斯是永久没有忘记了自己的乳母的，虽然他很久地在孤独战斗之中找寻着那回到故乡的道路。是的，鲁迅是莱谟斯，是野兽的奶汁喂养大的，是封建宗法社会的逆子，是绅士阶级的贰臣，而同时也是一些罗曼蒂克的革命家的诤友，他从他自己的道路回到了狼的怀抱！这样的譬喻，颇有意义，鲁迅之为鲁迅，并不一定要把他当作战斗的英雄的。

当年我准备替鲁迅作传记，着手搜集材料之初，首先想写成的乃是《鲁迅年谱》。我承认我的治史方法和态度，很受胡适、梁启超的影响，我的《鲁迅年谱》，假使写成的话，也就是《章实斋年谱》那一类的史书。章实斋，这一位近代大史学家，他最能赏识年谱的重要，曾说："文人之有年谱，前此所无。宋人

---

① 此处有误，马珏为马裕藻的长女，曾作《初次见鲁迅先生》。

为之，颇觉有补于知人论世之学，不仅区区考一人文集而已也。盖文章乃立言之事，言当各以其时，即同一言也，而先后有异，则是非得失，霄壤相悬。前人未知以文为史之义，故法度不具，必待好学深思之士，探索讨论，竭尽心力，而后乃能仿佛其始末焉。"胡适认定年谱乃是中国传记体的一大进化，最好的年谱，如王懋弘《朱子年谱》，如钱德洪等的《王阳明年谱》，可算是中国最高等的传记。而他所写的《章实斋年谱》，更可以算是进步的新传记。

一、他把章实斋的著作，凡可以表示他的思想主张的变迁沿革的，都择要摘录，分年编入。

二、章氏批评同时的几个大师，如戴震、汪中、袁枚等，有很公平的话，也有很错误的话。他把这些批评，都摘要抄出，记在这几个人死的一年。这种批评，不但可以考见实斋个人的见地，也可以作当时思想史的材料。

三、向来的传记，往往只说本人的好处，不说他的坏处，他这部年谱，不但说他的长处，还常常指出他的短处。

我理想中的《鲁迅年谱》，也就是这么一部史书。其实，王士菁所写的也就是这么一部传记，就因为他不懂得史学，不善剪裁，不会组织，所以糟得不成样子。而许广平不懂得史学，不独不会修正，连批评也不中肯。但我毕竟放弃了《鲁迅年谱》，固然因为抗战时期，奔波南北，无暇及此。最主要的，我要写一本通俗的鲁迅传记，而不是一部专家的著述。在今日，写《鲁迅年谱》最容易，因为关于他的史料太充分了，比曾国藩的传记还充分些，就看鉴别史料有没有眼光，组织史料有没有能力。

我对于传记文学的兴趣，近十五年间，很快就从梁胡二氏的典型跳过，进入新的传记文学的圈子中去。我所仰慕的乃是路德维希（德）、莫罗亚（法 A.Maurois）和斯特莱基（英 D.Strachey）。路德维希的《耶稣传》《俾斯麦传》，可说博大精深，自是大史家的手笔。德国人的著作，总是那么精深的，他的传记，直透到传主的灵魂深处。莫罗亚所作的传记，如《少年歌德之创造》《密查郎支罗传》《伏尔泰传》《雪莱传》《提斯雷利传》《拜伦传》，都是带着生动活泼的法国作风。斯特莱基的《女王维多利亚传》，取材之丰富，断制之谨严，文字之简洁，不愧是晶莹的艺术品，我们可以用得上"叹观止矣"的赞词了。他也不愧是英国史学家，一个敦容的绅士风格。魏华灼先生译莫罗亚的《雪莱传》，曾于序文中说：

> 第一次世界大战后，欧洲文化界发生变化的事件很多，传记也是其中之一。过去的传记，有的只是引证、笺疏、书目等的堆积；由于是纪念的、颂赞的、教训的，其中所描写的人物，只是英雄的雕像，美德与成功充分地扩大，内心冲突与失败，尽量地隐匿，结果他已不是人，只是至善的画像，全是光明，毫无半点黑影。现代的传记，就不同了。就一般而说吧，每本分量较少，题材较为连贯，结构上较富于戏剧性，形式上类似小说，只为的使读者欣赏传神，不是强读者作枯燥的研究。人物是有美德，也有瑕疵的，具有血和肉的生物。最要紧的是传记家写传记，就是制造一件艺术品。

我所写《鲁迅评传》，当然不敢追迹斯特莱基和路德维希，如能写得像莫罗亚的《雪莱传》，在我已经十分满意了。

二、绍兴

——鲁迅的家乡

1939 年秋天，我们在绍兴城中逗留了一个多月；虽说是战时，那儿的朋友，贺扬灵、胡云翼、孙福熙，还有印西法师，大家对于文艺的兴致都很好。我们就拿鲁迅的小说和随笔小品作蓝本，到城内城外追寻鲁迅幼年时代的生活。鲁迅的老家，在绍兴城中东昌坊口周氏新台门内；他的外婆家，在城外安桥头，那是他幼年时寄食的去处。我们有时走路，有时坐乌篷船，史迹散布的所在，差不多都到过了。

鲁迅的小说，一看就知道是拿绍兴作背景的，《呐喊》和《彷徨》，其中十之六七为他本乡的故事，其他无非鲁镇、未庄、咸亨酒店、茂源酒店；其人物则无非红鼻子老拱、蓝皮阿五、单四嫂子、王九妈、七斤、七斤嫂、八一嫂、闰土、豆腐西施、阿Q、赵太爷、祥林嫂；其事则无非单四嫂子死了儿子而悲伤，华老栓买人血馒头替儿子治痨病，孔乙己偷书而被打断腿，地方色彩非常浓厚的。不过，我们应该接受周启明的说法：鲁迅对于他的故乡一向没有表示过深的怀念，这不但在小说上，就是《朝花夕拾》上也是如此。大抵对于乡下的人士最有反感，除了一般封建的士大夫以外，特殊的是师爷和钱店伙计（乡下叫作"钱店倌"），这两类气味都有点恶劣。但是对于地方气候和风物，也不无留恋之意。如《在酒楼上》，他坐酒楼上望见下边的废园，"这园大概是不属于酒家的，我先前也曾眺望过许多回，有时也在雪天里，但现在从惯于北方的眼睛看来，却很值得惊异了：几株老梅竟斗雪开着满树的繁花，仿佛毫不以深冬为意；倒塌的亭子边还有一株山茶树，从暗绿的密叶里显出十几朵红花来，赫赫的在雪中照得如火，愤怒而且傲慢，如蔑视游人的甘心于远行。我这时又忽地想到这里积雪的滋润，著物不去，晶莹有光，不比朔雪的粉一般的干，大风一吹，便飞得满空如烟雾"。下文吕纬甫说到回乡来迁葬，也说："这在那边哪里能如此呢？积雪里会有花，雪地下会不冻。"他在这里便在称颂南方的风土，那棵山茶花更显明的是故家书房里的故物，这在每年春天总要开得满树通红，配着旁边的罗汉松和桂花树，更显得院子里满是花和叶，毫无寒冻的气味了。关于乡土的物品，在《朝花夕拾》的"小引"上也有一节云：

> 我有一时，曾经屡次忆起儿时在故乡所吃的蔬果：菱角、罗汉豆、茭白、香瓜。凡这些，都是极其鲜美可口的；都曾是使我思乡的蛊惑。后来，我在久别之后尝到了，也不过如此；惟独在记忆上，还有旧来的意味留存。他们也许要哄骗我一生，使我时时反顾。（其实，"酒味很纯正，油豆腐也煮得十分好；可惜辣酱太淡薄，本来S城人是不懂吃辣的"，也就是一种蛊惑。）

绍兴是水乡（李慈铭所谓："橹摇鱼跃际，都是故乡音。"），坐着乌篷船，卧听打桨摇橹声，自有深致。鲁迅以中年人的寥落情怀，对于秋冬间的原野，另有所感受。他那篇以《故乡》为题的，说："时候既然是深冬，渐近故乡时，天气又阴晦了，冷风吹进船舱中，呜呜地响，从篷隙向外一望，苍黄的天底下，远近横着几个萧索的荒村，没有一些活气。我的心禁不住悲凉起来了。""我们的船向前走，两岸的青山在黄昏中，都装成了深黛颜色，连着退向船后梢去。……我躺着，听舱底潺潺的水声，知道我在走我的路。"这都勾画得很真切、很有神的。

（周启明说：《故乡》是一篇小说，读者自应去当作小说看，不管它里边有多少事实。我们别一方面从里边举出事实来，一则可以看著者怎样用材料，一则也略作说明是一种注释的性质。还有一层，读者虽然不把小说当作事实，但可能有人会得去从其中想寻传记的资料，这里也就给予他们一点帮助，免得乱寻瞎找，以致虚实混淆在一起。这不但是小说，便是文艺性的自叙记录也常是如此。这话正可以说是写给《鲁迅传》的王士菁听的，因为那本传记实在穿凿得太离谱了。）

在陈源（西滢）和鲁迅闹口舌的当儿，西滢写信给徐志摩说："前面几封信里说起了几次周启明先生的令兄：鲁迅，即教育部佥事周树人先生的名字。这里似乎不能不提一提。其实，我把他们一口气说了，真有些冤屈了我们的启明先生。他与他的兄长比较起来，真是小巫遇见了大巫。有人说，他们兄弟俩都有他们贵乡绍兴的刑名师爷的脾气。这话，启明自己也好像曾有部分的承认。不过，我们得分别，一位是没有做过官的刑名师爷，一位是做了十几年官的刑名师爷。"这段讽刺的话中，有着一句大家所承认的话，即是说周氏兄弟的性格与文章风格，都是属于绍兴，有点儿刑名师爷的调门的。

　　说到绍兴的人物，其实不必远攀舜、禹、严光和孝女曹娥的。（虽说大禹墓在绍兴，也不一定和后来的绍兴人有什么血缘关系的。）最和鲁迅的思想路向相同的，倒该说到东汉末年的王充，他所著的《论衡》，便无视孔、孟、墨、道各家的思想权威，——剥去他们的外衣，暴露他们的弱点的。《论衡》的尖锐战斗风格，也可以说是开出后来绍兴师爷的先河。绍兴师爷究竟起于何代？我们还不曾确凿考证出来，以我的研寻，盖与蒙古人入主中国有关，因为蒙古人主政，大权都在蒙古人与回人之手，他们都是游牧社会的豪杰，汉化的程度很浅，不懂得推行政务；因此，各级政府的政权，都落在幕僚之手。（主管政务的蒙古人，只是盖印批行就是了。）这种幕僚制度，经过了明清两代，形成了一种特殊阶级，也可说是一种政治集团，成为支配中国政治的幕后力量，迄民国还是存在的。幕僚之中，分刑名、书启、钱谷各专业，刑名主法律，在朝便是法官，在野便是讼师；书启主文牍，便是后来的秘书；钱谷主财政，他们可以说是中下级的政治干部。这样便成为专业，也有江苏的常州、苏州人主其事的，大部分却都是绍兴人。因此，绍兴师爷成为绍兴读书人的谋生大道之一。刑名师爷，可以运用法律，却也可以玩弄法律，深文周纳，入人于罪，玩弄文句，规避刑法，这都是他们的特长。若说绍兴的文风，冷隽尖刻，则明末的徐文长、张宗子（岱），清代的章实斋、李慈铭，都有着绍兴师爷的刀笔吏的风格的。周启明谈《阿Q正传》，说讽刺小说是理智的文学里的一支，是古典的写实的作品。他的主旨是憎，他的精神是负的。然而这憎并不变成厌世，负的也不尽是破坏。在讽刺里的憎也可以说是爱的一种姿态。"摘发一种恶即是扶植相当的一种善，在心正烧得最热，反对明显的邪曲的时候，那时他就是近于融化在那哀怜与恐惧里了。据亚里士多德说，这两者正是悲剧的有净化力的情绪。"这当然是他们接受了西洋文学以后，更进一步的了解。但就绍兴文士的见地说，他们的确能够跳出世法的圈子对世俗予以冷静的批评的。（绍兴师爷，处于政治的幕后，也正使他们变成了玩世的态度，他们明白所谓政治就是这么一种玩意儿。我们读了《韩非子》，也可以知道法家文字是理智的，比较冷峻的。）

鲁迅兄弟，生长在士大夫心目中的"仕宦之家"，要不是他们的祖父介孚公（周福清）出了一点小乱子，因而削官被囚，家境突然破落了，他们的生活，一定还在书香门第中打筋斗的。他们有一时期，也曾有被送去学幕的可能；恰巧他们的本家在南京办洋务，这才为他们开辟了新世界，进入了现代化的思想圈来。不过，他们毕竟还是绍兴人，带着乡土的气息的。

从绍兴联想到老酒，也和联想到绍兴师爷一样顺理成章的。鲁迅在酒乡生长，懂得饮酒的情趣，也懂得酒人的陶然之境；若干方面，他都是阮籍、嵇康的同路人。（《在酒楼上》，他写道："我略带些哀愁，然而很舒服地呷一口酒。酒味很纯正，油豆腐也煮得十分好，可惜辣酱太淡薄，本来 S 城人是不懂得吃辣的。"他是懂得喝酒的人。）

绍兴老酒，为什么味儿特别好？那得归功于泉水的清冽和酒师傅的技术，还有岁月累积，火性消逝，变得很醇了；葡萄酒太腻，高粱、茅台、汾酒、大曲、竹叶青都过于辛辣，刺激性重；只有绍兴老酒是醇的，喝了有回味。酒可以陶醉我们；做工的人，傍午傍晚散了工，每每花四文铜钱，买一碗酒，靠柜外站着，热热的喝了休息，这也是无上的享受。

鲁迅笔下所写的，乃是小酒店的情趣，无论咸亨也罢，德兴也罢，反正酒店的设备都是差不多的。一间门面，门口曲尺形的柜台，靠墙一带放些中型酒瓶，上贴玫瑰烧、五加皮等字，蓝布包沙土为盖；直柜台下置酒坛。给客人吊酒时顺便掺水，手法便捷，是酒店倌本领之所在。横柜台临街，上设半截栅栏陈列各种下酒物，店的后半就是雅座，摆上几个狭板桌条凳，可以坐八九个、十来个人，就算是很宽大的了。下酒的东西，顶普通的是鸡肫豆与茴香豆。鸡肫豆乃是用白豆盐煮晒干，软硬得中，自有风味，以细草纸包作粽子样，一文一包，内有豆可二三十粒。为什么叫作鸡肫豆呢？其理由不明白，大约为的嚼着有点软带硬，仿佛像鸡肫似的吧。茴香豆是用蚕豆，即乡下所谓罗汉豆所制，只是干煮加香料，大茴香或是桂皮，也是一文起码，亦可以说是为限，因为这种豆不曾听说买上若干文，总是一文一把抓；伙计也很有经验，一手抓去数量都差不多，也就摆作一碟。此外现成的炒花生、豆腐干、盐豆豉等大略具备。但是说也奇怪，这里没有荤腥味，连皮蛋也没有，不要说鱼干鸟肉了。本来这里是卖酒附带吃酒，与饭馆不同，是很平民的所在，并不预备阔客的降临，所以只有简单的食品，和朴陋的设备正相称。（但是五十年前，读书人都不上茶馆，认为有失身份，吃酒却是可以，无论是怎样的小酒店，这个风气也是很有点特别的。）我们添上这么一幅图画，绍兴之为酒廊，与鲁迅笔下所写的酒乡背景，可以看得十分真切了。

绍兴说吃酒，几乎全是黄酒，吃的人起码两浅碗，即是一提；若是上酒店去只吃一碗，那便不大够资格；实际上大众也都有相当的酒量，平常少吃还是为了经济关系，大抵至少吃上两碗是不成问题的。在绍兴吃老酒，用的器具与别处不大一样，它不像北京那么用瓷茶壶和盅子，店里用以烫酒的都是一种马口铁制的圆筒，口边再大一圈，形似倒写的"凸"字，不过上下部当是一与三的比例。这名字叫作畣筒,读如生畣面的"畣"，却是平声。一畣筒称作一提，倒出来是两浅碗，这是一种特别的碗，脚高而碗浅，大概是古代的盏的遗制吧!

我和鲁迅同过许多回酒席，他也曾在我家中喝过酒，我知道他会喝酒；他的酒量究竟多少，我可不十分清楚。据周启明说：鲁迅酒量不大，可是喜欢喝几杯，特别有朋友对谈的时候，例如在乡下办师范学堂那时，与范爱农对酌。他在《在酒楼上》写他自己上了一石居，叫堂倌来"一斤绍酒，十个油豆腐，辣酱要多"! 大概是他自己的酒量了。范爱农比他喝得多，要喝两斤多。

三、他的童年

　　鲁迅的自叙传中，开头有那么几句简单的话："我幼小时候，家里还有四五十亩水田，并不很愁生计。但到我十三岁时，我家忽而遭了一场很大的变故，几乎什么也没有了；我寄住在一个亲戚家里，有时还被称为乞食者。我于是决心回家，而我的父亲又生了重病，约有三年多，死去了。"这几句话，以往替他作传的，都不曾说得很切实，直到周作人的《鲁迅的故家》出来，才把影响鲁迅幼年生活的几件大事交代清楚了。

　　他们的祖父，介孚公，同治辛未，由翰林院庶吉士散馆，授编修，后来改放外官，选了江西金溪县，又同抚台闹了别扭，又往北京考取内阁中书，一直做京官，到了癸巳年丁忧，才告假回家。这一年，他却出了大乱子。那年乡试，浙江的主考是殷如璋和周锡恩，大概是六七月中，介孚公跑往苏州去拜访他们，因为都是什么同年，却为几个亲戚朋友去通关节，随即将出钱人所开一万两银子的期票封在信里，交跟班送到主考的船上去。那跟班是一个乡下人名叫徐福，因为学会打千请安，口说大人小的，以当"二爷"为职业，被雇带到苏州去办事。据说那时副主考正在主考船上谈天，主人收到了信，不即拆看，先搁下了，打发送信的回去；那"二爷"嚷了起来，说里边有钱，怎么不给收条，这事便发觉了，送到江苏巡抚那里，交苏州府办理。介孚公知道不能躲藏，不久就去自首，移到杭州，住在司狱司里，一直监候了七年，到了辛丑二月，依照庚子年刑部在狱人犯，悉予宽免的例，准许释放，才得出狱回家。这便是鲁迅所说的那场大变故。科举时代，"通关节"是件大事，虽说贿赂公行，但若"通关节"被发觉，那是要兴大狱的。他们的介孚公，因系在杭州，年年有处死的可能；到了秋决时期，他们家中就得花一大笔钱到京中去向刑部设法，这样一年一年拖下来，监候了七年，就把他们那一点财产完全花光了。

他们的"介孚公"，才学是不错的，恃才而傲，一肚子不合时宜，外放和居京，都不很得意，因此，牢骚甚多，时常骂人。周作人曾经这么说过：

介孚公爱骂人，自然是家里的人最感痛苦，虽然一般人听了也不愉快，因为不但骂的话没有什么好听，有时话里也会有刺，听的人疑心是在指桑骂槐，那就更有点难受了。他的骂人是自昏太后呆皇帝直至不成材的子侄辈五十、四七，似乎很特别，但我推想也可能是师爷学风的余留，如"姚惜抱尺牍"中曾记陈石士在湖北甚为章实斋所苦，王子献"庚寅日记"中屡次说及，席间越缦痛骂时人不已，又云："缦师终席笑骂时人，子虞和之，余则默然。"是其前例。他的骂法又颇是奇特，一种说是有人梦见什么人反穿皮马褂来告别，意思是说死后变猪羊，还被害人的债，这还是平常的旧想头，别的是说这人后来孤独穷困，老了在那里悔。后者的说法更是深刻，古代文人在"冥土旅行"中说判定极恶的霸王的刑罚是不给孟婆汤，让他坐在地狱里，老在回忆那过去的荣华与威力，比火力与狗咬更要厉害，可以说有同样的用意了。

这一段叙述，非常重要，可以使我们了解鲁迅的抑郁心境的由来：他们的"介乎公"性格，一部分也在他的精神中再现；而那家庭环境，也使他自幼觉得社会的冷酷，所以，鲁迅就在《呐喊·自序》中说："有谁从小康人家而坠入困顿的么，我以为在这途路中，大概可以看见世人的真面目！"（他们的介乎公只疼爱潘姨太太和少子，对鲁迅也特别苛求：鲁迅在学堂考试第二，便被斥为不用功，所以考不到第一。幼子伯升考了倒数第二，却说尚知努力，没有做了背榜。这都是例子。）鲁迅的骂人，有着他们祖父的风格，也可说是有着绍兴师爷的学风，这是不必为讳的。

鲁迅自己说过，有一时期寄食于亲戚家，被人说作乞食，那便是癸巳秋后至甲午夏天的事情。亲戚家即是鲁老太太的母亲，那时外祖父早已去世，只是外婆和两房舅舅而已。鲁家的旧宅是在靠近海边，去镇塘殿不远的安桥头（鲁迅小说中的鲁镇，即指安桥头而言），规模狭小，鲁老先生在世时就住在王府庄。鲁迅寄食的时候，正是鲁宅在王府庄的最后一年（王府庄在绍兴县东三十里），到了第二年，他又跟了鲁宅迁移到小皋埠去了。

他从外婆家回来那年，他的父亲伯宜公病了。他父亲的病对于他的精神上影响很大，他在《呐喊·自序》中说："我有四年多，曾经常常，——几乎是每天，出入于质铺和药店里，年纪可是忘却了，总之是药店的柜台正和我一样高，质铺的是比我高一倍，我从一倍高的柜台外送上衣服或首饰去，在侮蔑里接了钱，再到一样高的柜台上给我久病的父亲去买药。回家之后，又须忙别的事了，因为开方的医生是最有名的，以此所用的药引也奇特：冬天的芦根，经霜三年的甘蔗，蟋蟀要原对的，结子的平地木，……多不是容易办到的东西。然而我的父亲终于日重一日的亡故了。"这是触发他创作的动机之一。他曾在《朝花夕拾》中，特地写了《父亲的病》，他后来要自己去学医，就是这么一个动机来的。他便渐渐地悟到中医不过是一种有意的或无意的骗子，同时又很起了对于被骗的病人和他的家族的同情。关于这件事，周作人有一段补正的话：伯宜公的病可能是甲午的冬天或是次年的春天。那时所请教的医生，最初有一个姓冯的，每来总是酒醉醺醺，说话前后不符，不久就不再请了。他的一句名言，"舌为心之灵苗"，被鲁迅记录下来，但是挂在别人的账上了。后来的两个名叫姚芝仙与何莲臣，都是有名的郎中，但因此也就都是江湖派，每天药方，必用新奇的药引，要忙上大半天才能办到，结果自然是仍无效用。他在序文中说："渐渐地悟得中医不过是一种有意的或无意的骗子。"那时城里还有樊开舟、包越湖这些医生，比较平实一点，如照鲁迅的分类，总还可以归在无意的一类，但在当时却请教了有意的骗子，这真是不幸的事。

衬托着这一幅黯淡的鲁迅童年的画面，还有台门的败落和时代动乱两种因素。乡下所谓台门，意思是说邸第，是士大夫阶级的住宅，与一般里弄的房屋不同；因此，这里的人，无论贫富老少称为台门货也与普通人家有点不同。在家境好的时候可以坐食，及至中落无法谋生，只有走向没落的一路。根据他们的传说，台门货的出路是这几条，其原有的资产，可以做地主或开当铺钱店的，当然不在此限。其一是科举，中了举人进士，升官发财或居乡当绅士。其二是学幕，考试不利，或秀才以上不能进取，改学师爷，称为佐治。其三是学生意，这也限于当铺钱店，若绸缎布店以次便不屑干了。可是第一第二都要多少凭自己的才力，若是书读得不通，或是知识短缺，也就难以成功。至于第三类，也须要有力的后援，而且失业后不易再得，特别是当铺的伙计，普通尊称为朝奉，诨名则为"夜壶镴"，因为它是不能改制的器皿也。照这样情形，低不就，高不凑，结果只是坐吃山空，显出那些不可思议的生活法，末了台门分散，混入人丛中不可再见了。论他们的质地，即使不能归田，很可能做个灵巧的工人，或是平常的店伙，可是懒得做或不屑做，这是台门的积习害了他们。出现于鲁迅笔底的人物，其实都是台门的悲剧人物，而鲁迅自己，也正从败落的台门中出来呢！

鲁迅的家世——覆盆桥周家分作三房，叫作致房、中房及和房，中房的大部分移住在过桥台门，致房的大部分移住在新台门，还有一部分留在老屋里；致房底下又分智仁勇三房，留在老屋的是勇房的一派。在鲁迅的好些小说及《朝花夕拾》里，出现的智仁两房的英雄颇不少。

作为鲁迅童年生活的背景，他自己在《朝花夕拾》中说到"百草园"和"三味书屋"的画面。他说："我家的后面有一个很大的园，相传叫作百草园。现在是早已并屋子一起卖给朱文公的子孙了，连那最末次的相见也已经隔了七八年，其中似乎确凿只有一些野草；但那时却是我的乐园。不必说碧绿的菜畦，光滑的石井栏，高大的皂荚树，紫红的桑椹；也不必说鸣蝉在树叶里长吟，肥胖的黄蜂伏在菜花上，轻捷的叫天子（云雀）忽然从草间直窜向云霄里去了。单是周围的短短的泥墙根一带，就有无限趣味。油蛉在这里低唱，蟋蟀们在这里弹琴。翻开断砖来，有时会遇见蜈蚣；还有斑蝥，倘若用手指按住它的脊梁，便会啪的一声，从后窍喷出一阵烟雾。何首乌藤和木莲藤缠络着，木莲有莲房一般的果实，何首乌有臃肿的根。有人说，何首乌根有像人形的，吃了便可以成仙，我于是常常拔它起来，牵连不断地拔起来，也曾因此弄坏了泥墙，却从来没有见过一块根像人样。如果不怕刺，还可以摘到覆盆子，像小珊瑚珠攒成的小球，又酸又甜，色味都比桑椹要好得远。长的草里是不去的，因为相传这园里有一条很大的赤练蛇。"这是一篇很简要的描写，说得小一点，那么一个园，一个家族，那么些小事情，都是鸡零狗碎的；但在这空气中，那时鲁迅就生活着，当作远的背景看，也可以算作一种间接的材料吧？说得大一点呢，是败落大家的相片。无论百草园或是园门口，都是小孩子们所爱去的世界，诚如周作人所添注的："门外面是那么大的一个园，跑出去玩固然好，就是坐在门槛上，望着那一片绿的草木叶，黄白的菜花，也比在房间或明堂里有趣得多。第二，那里是永远的活动的所在，除非那工人不来，园门紧闭着，冷静得怕爬出蛇和老鼠来，否则总有什么工作在那里做。这些活动，不但于小孩子很有兴趣，也能增进他不少的知识的。"我们不必说鲁迅生有异禀，聪明过人，但就他们兄弟二人，对于自然界的知识（古之所谓博物），咬得那么切实，倒和那些半吊子的读书人不相同的。

后来，鲁迅被迫着抛开这恋恋不舍的荒园，被送到全城中称为最严厉的书塾中去，那便是三味书屋。从百草园到三味书屋，才一箭之路，出门向东走去，不过三百步吧，走过南北跨河的石桥，再往东一拐，一个朝北的黑油竹门，里边便是。在那儿设馆的，有老寿先生镜吾，小寿先生洙邻，鲁迅便是跟着老寿先生的。鲁迅描写那老寿先生是一个高而瘦的老人，须发都花白了，还戴大眼镜，他对他很恭敬，因为他早听到他是本城中极方正、质朴、博学的人。但是一开头，鲁迅就失望了，因为他预想这位博学先生一定无所不知的。他曾听说东方朔也很渊博，认识一种虫，名曰"怪哉"，冤气所化，用酒一浇，就消释了。他很想详细知道这一故事，但阿长（他们的老女工）是不知道的，因为她毕竟不渊博。哪知问了老寿先生，也说不知道，脸上还有怒色，他于是大失望了。

三味书屋只是读书，老寿先生、小寿先生在大声朗读，这些学生们也在大声朗诵。他们的活动范围，也在书房以外的一个园，在那里可以爬上花坛去折蜡梅花，在地上或桂花树上寻蝉蜕，最好的工作是提了苍蝇喂蚂蚁，静悄悄的没有声音。先生读书入神的时候，于他们最相宜，有几个便用纸糊的盔甲套在指甲上做戏。鲁迅呢，他是画画儿，用一种叫荆川纸的，蒙在小说的绣像上一个个描下来，像习字时候的影写一样。读的书多起来，画的画也多起来，他自谓：书没有读成，画的成绩却不少了。这是他的幼年艺术修养的底子。

四、少年时代的文艺修养

　　许多人，欢喜说五四时代那几位杰出的文艺作家，怎么受中国古典文学的影响；照一般的说法，旧文学还是新文艺的根底，直到而今，还有人用作提倡读古书的有力根据。他们所据的例证，鲁迅也是其中之一。鲁迅最反对这一种说法，事实上，我们受古书与古文之累，比受它们的好处重得多；像鲁迅这样能从旧的牛角尖中钻出来，接受了旧的知识而不为旧知识所拖累，原是不容易的。不过，我们说鲁迅的作品中，还有着浓重的传统思想，这也是真实的。

　　周作人说到鲁迅的学问艺术上的工作，可以分为两部：甲、为收集辑录校勘研究；乙、为创作。这些工作的成就有大小，但无不有其独到之处，而其起因亦往往很是久远；其治学与创作的态度，与别人颇多不同，他以为这是最可注意的事。鲁迅从小就喜欢书画，这并不是书家画师的墨宝，乃是普通的一册一册的线装书与画谱。最初买不起书，只好借了绣像小说来看。光绪癸巳，祖父因事下狱，一家分散，鲁迅和他寄居在大舅父家里，住在皇甫庄，后来搬住小皋部。"这大约还是在皇甫庄的时候，鲁迅向他的表兄借来一册《荡寇志》的绣像，买了些叫作吴公纸的一种毛太纸来，一张张的影描，订成大本，随后仿佛记得以一二百钱的代价卖给书房里的同窗了。他们回家以后，还影写了好些画谱，他还记得有一次鲁迅在堂前廊下影描马镜江的诗中画，或是王冶梅的三十六赏心乐事，描了一半，暂时他往，祖母看了好玩，就去画了几笔，却画坏了，鲁迅扯去另画，祖母有点怅然。后来压岁钱等等略有积蓄，于是开始买画，不再借抄。顶早买到的，大约是两册石印本冈元凤所著的《毛诗品物图考》，这书最初也是在皇甫庄见到，非常歆羡。在大街的书店买来一部，偶然有点纸破或墨污，总不能满意，便拿去掉换，至再至三，直到伙计烦厌了，戏弄说：'这比姊姊的面孔还白，何必掉换。'乃愤然出来，不再去买书。这书店大约不是墨润堂，却是邻近的奎照楼吧，这回换来的书，好像又有什么毛病，记得还减价以一角小洋卖给同窗，再贴补一角去另买了一部。画谱方面，那时的石印本，大抵陆续都买了，《芥子园画谱》自不必说，可是却也不曾自己学画。此外，陈淏子的《花镜》，恐怕是买来的第一部书，是用了二百文钱从一个同窗的本家那里得来的。家中也有些小说，如《聊斋志异》《夜谈随录》以至《三国演义》《绿野仙踪》等，其余想看的须得自己来添买。我记得这里边有《酉阳杂俎》《容斋随笔》《辍耕录》《池北偶谈》《六朝事迹类编》《二酉堂丛书》《金石存》《徐霞客游记》等；新年出城拜岁，来回总要一整天，船中枯坐无聊，只好看书消遣，那时放在帽盒中带了去的，大抵是游记或金石存。《唐代丛书》买不起，托人去转借来看过一遍，我很佩服那里的一篇《黑心符》，抄了《平泉草木记》。鲁迅则抄了三卷《茶经》和《五木经》。"诚如周作人所说的，这些事都很琐屑，可是影响却颇不小，它就奠定了鲁迅平生学问事业的倾向，在趣味上，到了晚年，也还留下了好些明显的痕迹呢！

鲁迅在《朝花夕拾》中也提到他所渴慕的绘图《山海经》，那是他的一个远房叔祖所惹起来的。这老人是个寂寞者，在他们聚族而居的宅子里，只有他书多，而且特别。鲁迅就在他的书斋里，看见过陆玑的《毛诗鸟兽草木虫鱼疏》，还有许多名目很生的书籍。那老人告诉鲁迅，曾经有过一部绘图的《山海经》，画着人面的兽，九头的蛇，三脚的鸟，生着翅膀的人，没有头而以两乳当作眼睛的怪物，可惜他现在不知道放在哪里了。这一份渴望，还是他们的女佣人阿长来满足了，她替他买了一部来，那是鲁迅最初得到最为心爱的书。其后他就更其搜集绘图的书了，他的艺术倾向就是这么养成的。

1898 年，鲁迅到南京去进水师学堂，这是他少年时代的一大转变。那时子弟读书目的是在赶考，看看科举没有希望，大抵降一等去学幕，吃师爷饭，再不然则学生意，其等级是当铺、钱店以至布店；此外还有两样自由职业，即是做医生和教书，不过这不大稳固，而且也要起码是个秀才，才可以称儒医，坐家馆，否则有时候还不如去开豆腐店了。他们其时真是所谓低不就来高不凑，看看这几条路都走不来，结果便想到了学堂，那在当时算不得什么正路，但是没有别的法子，也就只有这最后的一着了。所以鲁迅自己说："我要到 N 进 K 学堂[①] 去了，仿佛是想走异路，逃异地，去寻求别样的人们。我的母亲没有法，办了八元的川资，说是由我的自便；然而伊哭了，这正是情理中的事，因为那时读书应试是正路，所谓学洋务，社会上便以为是一种走投无路的人，只得将灵魂卖给鬼子，要加倍地奚落而且排斥的。"周作人也曾说，当时学堂里教算学以至格致还

———————
① N 指南京，K 学堂指江南水师学堂。

不要紧，因为这可以算古已有之的东西；唯独洋文最是犯忌，中西学堂以此成为众矢之的。南京的学堂，不但教授夷语，而且有些根本上就是武备性质的，绍兴人自然更要看不起。所以当鲁迅进了南京学堂的时候，本家叔伯辈便有人直斥之曰："这乃是兵！"因为好男不当兵，这就十足表示其人之不足道了。

鲁迅往南京去，第一个进去的学校是江南水师学堂，到了第二年，改进了江南陆师学堂附设的矿路学堂。（矿路学堂的功课，以开矿为主，造铁路为副，都用本国文教授，三年毕业。就只办了他们那一班，到了辛丑冬季，他们毕业，就停办了。）他们的祖父，本来从杭州写信叫他们进杭州的求是书院去，但书院除了膳宿免费以后，还得筹点别的用度的钱，他们还是没有办法，只好到南京去了。"水师"和"矿路"学堂，当初虽然要住膳费，但甄别及格补缺之后，一切均由公家供给，且发给赡银，这于穷学生是很适宜的。鲁迅自言在水师学堂时，一星期功课，几乎四整天均是英文，一整天是汉文，一整天是做汉文（后来改为五整天是洋文），这对于他们接受外来文化，开拓文艺的境界，大有裨益。我们且看周作人的"辛丑日记"所载，当时他们已经在看《包探案》《长生术》《巴黎茶花女遗事》这一类的书了。周作人曾说：他们所看汉文书于后来有点影响，乃是当时书报，如《新民丛报》《新小说》，梁任公著作，以及严几道、林琴南的译书，这些东西，那时如不在学堂也难得看到的。他又说到《天方夜谭》所引起的兴趣，这是他们所开辟的文艺新天地。

鲁迅在南京的回忆有一段生动的描述："看新书的风气便流行起来，我也知道了中国有一部书叫《天演论》。星期日跑到城南去买了来，白纸石印的一厚本，价五百文正。翻开一看，是写得很好的字，开首便道：'赫胥黎独处一室之中，在英伦之南，背山而面野，槛外诸境，历历如在机下。乃悬想二千年前，当罗马大将凯彻未到时，此间有何景物？计唯有天造草昧……'哦！原来世界上竟还有一个赫胥黎坐在书房里那么想，而且想得那么新鲜？一口气读下去，'物竞天择'也出来了，苏格拉第、柏拉图也出来了，斯多噶也出来了。学堂里又设立了一个阅报处，《时务报》不待言，还有《译学汇编》，那书面上的张廉卿一流的四个字，就蓝得很可爱。"这就带他进入现代化的世界中去了。

从前，刘半农曾经送过鲁迅一副联语，是"托尼学说，魏晋文章"。当时的朋友都认为这副联语很恰当，鲁迅自己也不反对。孙伏园也曾替这副联语下过详细的注解，他说鲁迅研究汉魏六朝思想文艺最有心得，而且他所凭借的材料都是以前一般学人不甚注意的，例如小说、碑文、器铭等。尤其对于碑文，他所手抄的可以说是南北朝现存碑文的全部，比任何一家搜集的都丰富。而且工作态度最为精审，《寰宇访碑录》和续录所收的，他都用原拓本——校勘过，改正许多差讹以外，还增出不少材料。因此在他的写作上，特别受魏晋文章的影响。我想除了他所说的这种因由以外，鲁迅的爱好魏晋文章，盖受章太炎先生的影响，太炎认为魏晋的论文最高，"持诵文还不如取《三国志》《晋书》《宋书》《弘明集》观之，纵不能上窥九流，犹胜于滑泽者"。他的文体，已经是魏晋文章，所以他的弟子，多少都受他的影响，不独黄侃、朱希祖如此的。近来，看了周作人所引用的旧日记，觉得鲁迅的旧文学修养，也和他的艺术修养一样，有着幼年时期的底子。

鲁迅的祖父，介孚公是有名的翰林，上文已提及。他所藏的书虽没有玉田那么多，就周作人所开的看来，也有《十三经注疏》《四史》和《纲鉴易知录》《说文新附考》，此外还有《王阳明全集》《谢文节集》《文史通义》《癸巳类稿》；我们看了周作人的文学，可以知道《文史通义》《癸巳类稿》这两种书对他思想的影响。（他也说到《经策统纂》中所收的丁晏校本、陆玑《诗疏》和郝懿行的《尔雅义疏》，他们幼年时，已经接受了《说文》《尔雅》的知识了。）他的庚子年日记中，保留了一篇鲁迅《祭书神文》：

上章困敦之岁，贾子祭诗之夕，会稽戛剑生等谨以寒泉冷华，祀书神长恩，而缀之以俚词曰：今之夕兮除夕，香焰氤氲兮烛焰赤。钱神醉兮钱奴忙，君独何为兮守残籍？华筵开兮腊酒香，更点点兮夜长。人喧呼兮入醉乡，谁荐君兮一觞。绝交阿堵兮尚剩残书，把酒大呼兮君临我居。缃旗兮芸舆，掔脉望兮驾蠹鱼。寒泉兮菊菹，狂诵《离骚》兮为君娱。君之来兮毋徐徐。君友漆妃兮管城侯，向笔海而啸傲兮，倚文冢以淹留。不妨导脉望而登仙兮，引蠹鱼之来游。俗丁伧父兮为君仇，勿使履阈兮增君羞。若弗听兮止以吴钩，示之《丘》《索》兮棘其喉。令管城脱颖以出兮，使彼慁慁以心愁。宁召书癖兮来诗囚，君为我守兮乐未休。他年芹茂而樨香兮，购异籍以相酬。

这是他早期的文字，当然没有什么新的见地，却使我们了解他的初期文字，已经受了《楚辞》《文选》的影响了。

从周作人的日记中，我们又可以看到他们兄弟二人戊戌以后所爱好的书。他们当时所买的，有《世说新语》《壶天录》《淞隐漫录》《阅微草堂笔记》《徐霞客游记》《唐人全集》（三味书屋时期,鲁迅已把十一经读完了,他也曾学过八股文及试帖诗)、王渔洋《唐人万首绝句选》《汉魏丛书》《渔洋精华录》《池北偶谈》《曲园墨戏》《李长吉昌谷集》。他们的兴趣,除了吸取当时西方的文化,古代中国文艺,他们已经接受传奇、笔记的知识,属于非正统派的异端思想呢!

鲁迅曾在一篇《重三感旧》杂文中说到清末的风气:"所谓过去的人,是指光绪末年的所谓'新党',民国初年,就叫他们'老新党'。甲午战败,他们自以为觉悟了,于是要'维新',便是三四十岁的中年人,也看《学算笔谈》,看《化学鉴原》;还要学英文,学日文,硬着舌头,怪声怪气地朗诵着,对人毫无愧色,那目的是要看'洋书',看洋书的缘故是要给中国图'富强'。……连八股出身的张之洞,他托缪荃孙代做的《书目答问》也竭力添进各种译本去,可见这'维新'风潮之烈了。"鲁迅乃是维新时期的人物,他所接受的旧文艺传统,就融化在维新的新气氛中了。

五、在日本

　　鲁迅到了南京，呼吸了"洋务"的维新空气，也可说是多可喜亦多可悲。他眼见当时所谓办洋务的当局，那么短视浅见，他们那所矿路学堂，就是一幅讽刺画。而他们就在屡传裁撤声中毕了业，他们一到了毕业，却又有些爽然若失。"爬了几次桅，不消说不配做半个水兵；听了几年讲，下了几回矿洞，就能掘出金、银、铜、铁、锡来么？在连自己也茫无把握，没有做《工欲善其事必先利其器论》的那么容易。……所余的，还只有一条路：到外国去。"

　　不过，在鲁迅去国赴日本以前，并不是如他所自谦的"一无所能"的，他那时已经接受了赫胥黎、斯宾塞、孟德斯鸠的思想，而且对于嚣俄、小仲马的小说戏曲有所体会，已经比一般维新志士高了一着了。他到日本去留学，也有着救国的雄心的。他到日本，开头学的是医学；那时留学界的空气，偏重实用，十之八九学法政，其次是理工，对于文学都很轻视，对于医学也很少兴趣。鲁迅曾经眼见他父亲病中所受的折磨（他父亲病了一年，死时只有三十七岁），后来到南京进洋式的学堂，才知道世上还有所谓格致、算学、地理、历史、绘图和体操。生理学并不教,但他们却看到些木版的《人体新论》《化学卫生论》之类。他说:"我还记得先前的医生的议论和方药,和现在所知道的比较起来,便渐渐地悟得中医不过是一种有意或无意的骗子,同时又很起了对于被骗的病人和他的家族的同情;而且从译出的历史上,又知道了日本维新是大半发端于西方医学的事实。因为这些幼稚的知识,后来便使我的学籍列在日本一个乡间的医学专门学校里了。我的梦很美满,预备卒业回来,救治像我父亲似的被误的病人的疾苦,战争时候便去当军医,一面又促进了国人对于维新的信仰。"他学医的动机,也和当时谈革命准备流血一样伟大的。他在仙台医学专门学校的学习成绩,非常之好,好到藤野先生把传他一家之学的希望存在鲁迅身上,好到仙台医专的同学对他妒忌,以为他独得藤野先生的照顾;然而他忽然又抛弃了医学,转到文学这边来了。

这一曲折,鲁迅自己有过很沉痛的追忆:他在仙台医专读书时,教师教授生物学,已用电影来显示微生物的形状的,因此有时讲义的一段落已完,而时间还没有到,教师便映些风景或时事的画片给学生看,以用去这多余的光阴。其时,正当日俄战争的时候,关于战争的画片,自然也就比较的多了。"我在这一个讲堂中,便须常常随喜我那同学们的拍手和喝彩。有一回,我竟在画片中忽然会见我久违的许多中国人了,一个绑在中间,许多站在左右,一样是强壮的体格,而显出麻木的神情。据解说,则绑着的是替俄国做了军事上的侦探,正要被日军砍下头颅来示众,而围着的便是来赏鉴这示众的盛举的人们。这一学年没有完毕,我已经到了东京了,因为从那一回以后,我便觉得医学并非一件紧要事,凡是愚弱的国民,即使体格如何健全,如何茁壮,也只能做毫无意义的示众的材料和看客,病死多少是不必以为不幸的。所以我们的第一要著，是在改变他们的精神，而善于改变精神的是，我那时以为当然要推文艺，于是想提倡文艺运动了。"鲁迅当时是站在爱国的民族主义观点上学习医学，也就站在同一观点上变而为提倡文艺运动了。周作人说："鲁迅那时的思想，我想差不多可以民族主义包括之，如所介绍的文学，亦以被压迫的民族为主，或则取其反抗压制也。"这话是不错的。

鲁迅第二次到东京，为了要从文艺运动来救中国，第一步就是要办杂志。那时，在日本的留学生，办了许多杂志，但是没有一种是讲文学的，所以发心想要创办，名字定为《新生》。这名词，多少和但丁的《新生》有点关系，含有文艺复兴的意味。其时，留东学生多轻视文学，《新生》的消息传出去时，大家颇以为奇。当时，他们也找了些志同道合的朋友，如许季茀（寿裳）、袁文薮等，可是《新生》还不及出版，朋友又分散了，大概他们都准备了一些稿子，只是不曾发刊。据周作人说，《新生》终于没有办成，但计划早已定好，有些具体的办法也已有了。第一期的插画也已拟定，是英国19世纪画家瓦支的油画，题云"希望"，画作一个诗人，包着眼睛，抱了竖琴，跪在地球上面。杂志搁浅的最大原因是经费，这一关通不过，便什么都没有办法，第二关则是人力，实在也是一个很大的问题。

他们办杂志不成功，第二步计划是来译书。翻译比较通俗的书卖钱是别一件事，赔钱介绍文学又是一件事，他们所做的是后面的一种。他们经营了好久，才印出了两册《域外小说集》，第一册上的序言，鲁迅说明宗旨，云：

《域外小说集》为书，词致朴讷，不足方近世名人译本。

特收录至审慎，迻译亦期弗失文情。异域文术新宗，由此始入华土。使有士卓特，不为常俗所囿，必将犁然有当于心。按邦国时期，籀读其心声，以相度神思之所在，则此虽大涛之微沤与，而性解思惟，实寓于此。中国译界，亦由是无迟莫之感矣。

　　他们工作十分辛勤，选择也非常精当，可是社会的反应非常冷落。直到十一年以后，那已经是五四运动以后，才重新为文化界所认识。《域外小说集》重版时，鲁迅写了一篇新序，叙述当初的情形："我们在日本留学时候，有一种茫漠的希望：以为文艺是可以转移性情，改造社会的。因为这意见，便自然而然地想到介绍外国新文学这一件事。但做这事业，一要学问，二要同志，三要工夫，四要资本，五要读者。第五样逆料不得，上四样在我们却几乎全无：于是又自然而然的只能小本经营，姑且尝试，这结果便是译印《域外小说集》。当初的计划，是筹办了连印两册的资本，待到卖回本钱，再印第三第四，以至第 X 册的。如此继续下去，积少成多，也可以约略介绍了各国名家的著作了。于是准备清楚，在一九〇九年二月，印出第一册，到六月间，又印出了第二册。寄售的地方，是上海和东京。半年过去了，先在就近的东京寄售处结了账。计第一册卖去了二十一本，第二册是二十本，以后可再也没有人买了。（第一册多卖一本，那是他们自己去买来的，实际上只有二十位读者。）……至于上海，是至今还没有详细知道。听说也不过卖出了二十册上下，以后再没有人买了。"（第一册印一千本，第二册印五百本。）当时，这一类小说所不受读者欢迎，鲁迅自己曾说了一个主要原因，说："初出的时候，见过的人，往往摇头说：'以为他才开头，却已完了！'那时短篇小说还很少，读书人看惯了一二百回的章回体，所以短篇便等于无物。"阿英则谓周氏弟兄的翻译，虽用的是古文，但依旧保留了原来的章节格式，这对于当时的中国读者是不习惯的，既没有林纾意译"一气到底"的文章，又有些佶屈聱牙，其得不到欢迎，是必然的。

《域外小说集》两册中，共收英美法各一人一篇，俄四人七篇，波兰一人三篇，波思尼亚一人二篇，芬兰一人一篇。从这上边，可以看出一点特性来，即一是偏重斯拉夫系统，一是偏重被压迫民族也。（那时日本翻译俄国文学，也不甚发达。）这许多作家中间，鲁迅所最喜欢的是安特来夫，或者这与爱好李长吉有点关系吧。此外有伽尔洵；高尔基虽已有名，《母亲》也有各种译本了，但鲁迅不甚注意。他所最受影响的却是果戈理，《死魂灵》还居第二位，第一重要的还是短篇小说《狂人日记》《两个伊凡尼打架》，喜剧《巡按》等。波兰作家最重要的是显克微支。如周作人所说的："用幽默的笔法写阴惨的事迹，这是果戈理与显克微支二人得意的事；《阿Q正传》的成功，其原因亦在于此。"

周氏兄弟都在日本求学，都接受了西洋文学的熏陶，有如上述；至于他们所受日本文学的影响，究竟怎样一种深度？我看，启明所受的比鲁迅深得多。依启明的说法是："鲁迅对于日本文学当时殊不注意。森鸥外、上田敏、长谷川、二叶亭诸人，差不多只重其批评或译文，唯夏目漱石作俳谐小说《我是猫》有名，鲁迅候其印本出即陆续买读，又热心读其每日在《朝日新闻》上所载的《虞美人草》。至于岛崎藤村等的作品，则始终未过问，自然主义盛行时，亦只取田山花袋的《棉被》、佐藤红绿的《鸭》一读，似不甚感兴味。鲁迅日后所作小说，虽与漱石作风不似，但其嘲讽中轻妙的笔致，实颇受漱石的影响，而其深刻沉重处，乃自果戈理与显克微支来也。"

前几年，周作人曾在上海《亦报》刊载《鲁迅在东京》的故实，一连串三十五篇（后来又补写了几节）。从这些故实，我们可以知道鲁迅那一时期的文艺修养，正是中西兼修，古今交融的。那时，他于1906年秋天再往东京，先住伏见馆，后住东竹町中越馆，后来又随着许寿裳住在西片町的伍舍（五人同住的房子）。他住在伍舍，由龚未生发起，往小石川到《民报》社请章太炎先生讲《说文》，那是1908—1909年的事，太炎在东京一面主持《民报》，一面办国学讲习会，借神田的大成中学讲堂定期讲学，在留学界很有影响。鲁迅与许寿裳和龚未生谈起，想听章先生讲书，怕大班太杂沓；未生去和章先生说，请他可否星期日午前在《民报》社另开一班，章先生便答应了。伍舍方面去了四人（周氏兄弟、许寿裳和钱均甫），龚未生和钱夏（玄同）、朱希祖、朱宗莱都是原来在大成听讲的，也来参加。《民报》社的一间八席的房子，当中放了一张矮桌子，先生坐在一面，学生围着三面厅，用的书是《说文解字》，一个字一个字地讲下去，有的沿用旧说，有的发挥新义。太炎对于阔人要发脾气，可是对学生却极好，随便谈笑，同家人朋友一样，夏天盘膝坐在席上，光着膀子，只穿一件长背心，留着一点泥鳅须，笑嘻嘻地讲书，庄谐杂出，看去好像一尊庙里的哈喇菩萨。鲁迅的旧文学，本来很渊博，很笃实，经过这一番启发，境界更进一阶了。

鲁迅从章氏问学的动机，据他自述，主要是为了向往章氏的革命人格，他说："我的知道中国有太炎先生，并非因为他的经学和小学，是为了他驳斥康有为和作邹容的《革命军》序，竟被监禁于上海的西牢。……一九〇六年六月出狱，即日东渡，到了东京，不久就主持《民报》。我爱看这《民报》，但并非为了先生的文笔古奥，索解为难，或说佛法，谈'俱分进化'，是为了他和主张保皇的梁启超斗争，和'××'的×××斗争，和'以《红楼梦》为成佛之要道'的×××斗争，真是所向披靡，令人神往。前去听讲也在这时候，但又并非因为他是学者，却为了他是有学问的革命家。"这倒是他们师弟二人一生共同的特点，他们都是有学问的革命家。

　　这儿留着一件待考定的公案，即鲁迅曾否在东京参加革命组织——光复会——问题。周作人说："鲁迅始终不曾加入同盟会，虽然时常出入《民报》社，所与往来者，多是同盟会的人。他也没有入光复会；当时陶焕卿也亡命来东京，因为同乡的关系常来谈天，未生大抵同来。焕卿正在联络江浙会党计划起义，以浙东人的关系，鲁迅该是光复会中人了，然而又不然。"我以为他的话是可信的。但林辰替这件事作考证，却认为鲁迅曾参加过光复会，他引用了许寿裳的《鲁迅年谱》作证明。究竟如何，还待再行考定。

六、辛亥革命前后

　　要替鲁迅写上一段革命的光荣历史，也未始不可的；但我们看了《阿Q正传》，看了赵秀才、假洋鬼子和阿Q的盘辫子革命，说鲁迅也是辛亥革命的战士，就几乎等于讽刺他了。本来，构成辛亥革命的势力，原有袁世凯所领导的北洋派军人、宪政运动以及康梁派维新人士和同盟会革命分子，这三种，并不能让同盟会独占革命的功绩的。而同盟会，乃是合孙中山所领导的兴中会和章太炎所领导的光复会而成的。（光复会成立于1903年顷，是清末一部分进步的知识分子和会党分子所组织的，它的会员，以浙江人为最多。）章太炎和汪精卫一同主持同盟会的宣传刊物《民报》，在宣传工作上，双方所卖的气力是相等的，并不如后来国民党的史书所载，只把辛亥革命归功于孙中山的同盟会的。

　　不管鲁迅是否参加同盟会或光复会，他时常出入《民报》社，所与往来者多是同盟会的人，则是事实。鲁迅是一个热情的民族主义者，光复会首领之一陶焕卿（成章），和他往还甚密。（光复会的实力派，有竺绍康、王金发、陶成章、陈子英等人，后来徐锡麟失败了，竺、王逃回山里，陶、陈溜到了东京。辛亥革命成功，沪军都督陈其美忌陶成章派的实力，遣蒋介石在上海广慈医院，暗杀了陶成章，乃为党人所不齿。）周作人说："陶焕卿亡命来东京，因为同乡的关系，常来谈天。那时焕卿正在联络江浙会党，计划起义，太炎先生每戏呼唤强盗或唤皇帝，来寓时大抵谈某地不久可以'动'，否则讲春秋时外交或战争情形，口讲指画，历历如在目前。尝避日本警吏注意，携文件一部分来寓，嘱来代收藏，有洋抄本一，系会党的联合会章，记有一条云：凡犯规者以刀劈之。又有空白票布，红布上盖印。又一枚红缎者，云是'龙头'。焕卿尝笑语曰：填给一张正龙头的票布如何？数月后焕卿移居，乃复来取去。"我们看了这一段记载，可以知道当时党人的浪漫气氛，也可见鲁迅和光复会人关系的密切，也许这一类浪漫气氛，不合鲁迅的口味，所以他就不正式参加革命的组织了。

清末革命党之中，那位有名的"女侠"秋瑾，也是浪漫气质很重的。秋瑾与鲁迅同在日本留学。取缔规则发表后，留学生大起反对，秋瑾为首，主持全体回国，老学生多不赞成，因为知道"取缔"二字的意义，并不怎样不好，因此，这些人被秋瑾在留学生会馆宣告了死刑，有鲁迅、许寿裳在内。鲁迅还看见她将一把小刀抛在桌上，以示威吓。不久她归国，在江浙一转，回到故乡去，主持大通体育学堂，为革命运动机关。及徐锡麟案发被捕，只留下"秋风秋雨愁煞人"的口供，在古轩亭口的丁字街上被杀。革命成功六七年以后，鲁迅在《新青年》上发表了一篇《药》，纪念她的事情，夏瑜这名字是很明显的，荒草离离的坟上有人插花，表明中国人不曾忘记了她。

从鲁迅的《药》，可以了解他对"革命"的看法。这一篇小说，"他描写群众的愚昧，和革命者的悲哀；或者说，因群众的愚昧而来的革命者的悲哀；更直截说，革命者为愚昧的群众奋斗而牺牲了，愚昧的群众并不知道这牺牲为的是谁，却还要因了愚昧的见解，以为这牺牲可以享用，增加群众中的某一私人的福利"。革命党人的"浪漫"观点，浪漫主义的革命行为，也是时代的悲剧。

鲁迅之不曾成为革命党人，许景宋（他的夫人）曾经引用了鲁迅自己的话有所解释。鲁迅对于革命的举动，因着自然的耳濡目染，虽则知道得很清楚，似乎还没有肯参加过实际行动。他总说："革命的领袖者，是要有特别的本领的，我却做不到。"有一回，看见某君泰然自若地和朋友谈天说地，而当时当地就有他的部下在实际行动着丢炸弹，做革命暗杀事情。当震耳的响声传到的时候，他想到那实际工作者的可能惨死的境遇，想到那一幕活剧的可怖，就焦躁不堪。的确是这样脾气的，他对于相识的人，怕见他们的冒险。而回顾某君神色都不变，好似和他绝不生关系的一般，使他惊佩不置。所以鲁迅又说："革命者叫你去做，你只得遵命，不许过问。我却要问，要估量这事的价值，所以我不能够做革命者。"在《两地书》中，鲁迅也曾说过："凡做到领导的人，一须勇猛，而我看事情太仔细，一仔细，即多疑虑，不易勇往直前。二须不惜用牺牲，而我最不愿使别人做牺牲（这其实还是革命以前的种种事情的刺激结果），也就不能有大局面。"所以景宋说鲁迅终生是一个思想领导者，而不是实际行动者。

1909 年（清宣统元年）6 月间，鲁迅从日本归国，任浙江两级师范学堂生理学、化学教员。第二年 8 月间改任绍兴中学堂教员兼监学。又明年，辛亥，暑假后离绍中，和孙德钦办报。9 月间，绍兴光复，任绍兴师范学校校长。辛亥革命前，鲁迅的经历，就是如此如此。许寿裳曾说他自己因为学费无着，归国任浙江两级师范学堂教务长（沈衡山任监督）。鲁迅是他向沈氏推荐，延揽来杭的。他说："鲁迅在东京不是好好的正在研究文艺，计划这样，计划那样吗？为什么要归国，任浙江两级师范学堂生理学、化学教员呢？这因为周作人那时在立教大学还未毕业，却已经和羽太信子结了婚，费用不够了，必须由阿哥资助，所以鲁迅只得自己牺牲了研究，回国来做事。"鲁迅教书和研究学问那么认真，那是大家所知道的。他在绍兴中学堂教书，学生中如胡愈之、孙伏园、宋紫佩，后来都在教育文化界卓然有所立的。

辛亥革命到来那一时期，鲁迅十分兴奋，在绍兴尚未光复之顷，城中人心浮动，他曾经召集了全校学生们，整队出发，在市面上游行了一通，镇静人心，结果大家当作革命军已经来了，成为唾手而得的绍兴光复。关于这一段经过，鲁迅在《范爱农》一文中，有生动的描写：

到冬初，我们（他和范爱农）的景况更拮据了，然而还喝酒，讲笑话。忽然是武昌起义，接着是绍兴光复，第二天爱农就上城来，戴着农夫常用的毡帽，那笑容是从来没有见过的。……

我们便到街上去走了一通，满眼是白旗。然而貌虽如此，内骨子是依旧的，因为还是几个旧乡绅所组织的军政府，什么铁路股东是行政司长，钱店掌柜是军械司长……这军政府也到底不长久，几个少年一嚷，王金发带兵从杭州进来了，但即使不嚷或者也会来。他进来以后，也就被许多闲汉和新进的革命党所包围，大做王都督。在衙门里的人物，穿布衣来的，不上十天也大概换上皮袍子了，天气还并不冷。

我被摆在师范学校校长的饭碗旁边，王都督给了我校款二百元。爱农做监学，还是那件布袍子，但不大喝酒了，也很少有工夫谈闲天。

这便是他们所身经的辛亥革命。当时，有几位年青的学生，办了一种报纸，对军政府有所攻击，顶的还是鲁迅的招牌，但是青年们的居心和王都督的手法，都使他十分痛心。

辛亥革命的使人失望，几乎到处都是一样的。许季茀从南京来请鲁迅到南京教育部去，范爱农对他说："这里又是那样，住不得，你快去罢！"这是很凄凉的话头！鲁迅自己也说：见过辛亥革命，见过二次革命，见过袁世凯称帝，见过张勋复辟，看来看去，就看得怀疑起来，于是失望，颓唐得很。他用讽刺的笔法来写阿Q的革命，才勾出了真实的一面。《阿Q正传》第七章开头便标明"宣统三年九月十四日"，举人老爷送箱子来赵家寄存，把革命消息带给了未庄，使得阿Q兴奋起来，在街上发出造反的口号，吓得全村的人十分惊惶。他的警句是："我要什么就要什么，我欢喜谁就是谁。"买了他裌裤的赵白眼想探他的口气，问道："阿Q哥，像我们这样穷朋友是不要紧的吧？"阿Q回答道："穷朋友，你总比我有钱。"据周作人说，这一个场面乃是实有的，确实是阿桂自己的事。那时，杭州已经反正，县城的文武官员都已逃走，城防空虚，人心惶惶，阿桂在街上掉臂走着嚷道："我们的时候来了，到了明天，我们钱也有了，老婆也有了。"有破落的大家子弟对他说："我们这样人家可以不要怕。"阿桂对答得好，"你们总比我有。"有即是说有油水；不一定严格地说钱。在那一天的夜里，嵊县的王金发由省城率队到来，自己立起了军政分府，阿Q一觉醒来，已经失掉了他的机会，他的成功便只是上边所说的那一个时期，这之后他想革命只有静修庵一路，但是那里也已经给秀才与洋鬼子去革过了。

周作人说阿Q在静修庵革命失败，原因是赵秀才与钱假洋鬼子先下了手，这里显示出来他们三人原是一伙儿，不过计划与手段有迟早巧拙之分罢了。《正传》里写士大夫阶级绝不多费笔墨，却可以看出这对于革命有保守与进取两派，也可以说甲是世故派，乙是投机派。举人老爷与钱太爷不曾露面，赵太爷的态度，可以对阿Q的话为证，他反对秀才驱逐阿Q的主张，以为怕要结怨。这是旧的投机派。新的便要更有计划了，第一步是静修庵，第二步则是"柿油党"；有了这银桃子的党章挂在胸前，在乡间就成了土皇帝，什么人都看不在眼里，何况是阿Q呢？阿Q想要投效，前去拜访假洋鬼子，遇着正讲催促洪哥动手的故事，看见阿Q便吆喝滚出去，阿Q从哭丧棒底下逃了出来，不曾被打；但假洋鬼子既然不许可他革命，他的前途便完全没有了。

依郑振铎的说法："像阿Q那样的一个人，终于要做起革命党来，终于受到那样大团圆的结局，似乎连作者他自己在最初写作时也是料不到的。至少在人格上似乎是两个。"鲁迅却不赞同这一种说法，他说："据我的意思，中国倘不革命，阿Q便不做，既然革命，就会做的。我的阿Q的命运，也只能如此，人格也恐怕并不是两个。民国元年已经过去，无可追踪了，但此后倘再有改革，我相信还会有阿Q似的革命党出现。我也很愿意如人们所说，我只写出了现在以前的或一时期，但我还恐怕我所看见的并非现代的前身，而是其后，或者竟是二三十年之后。其实这也不算辱没了革命党，阿Q究竟已经用竹筷盘上他的辫子了。"

《阿Q正传》第八章开头便说:"未庄的人心日见其安静了。据传来的消息,知道革命党虽然进了城,倒还没有什么大异样。"这样简单的一句话里,便包括了辛亥革命后社会上换汤不换药的混沌情形,虽然王金发做了军政分府都督,总揽民政军事之权,本文中说知县和把总还是原官,并不是事实;但见举人老爷也做了什么官的话却是真的,因为当时投机派摇身一变,做了新贵的的确不少。一群旧人都拥上了台,与清朝不同的,便只是少了一根辫子。这是鲁迅笔下的辛亥革命。(他在《阿Q正传》之前,曾写了《怀旧》,立意相同。)

七、民初的潜修生涯

辛亥革命，说穿来只是"盘辫子"与"剪辫子"的革命，其使我们失望，那是必然的。那时的鲁迅，已经到了北京，看了走马式的政治局面，他摸到了病根所在，便沉默下去了。《两地书》中，他在一封复许广平的信中提到了他自己的看法。他说："说起民元的事来，那时确是光明得多，当时我也在南京教育部，觉得中国将来很有希望。自然，那时恶劣分子固然也有的，然而他总失败。一到二年二次革命失败之后，即渐渐坏下去，坏而又坏，遂成了现在的情形。其实这也不是新添的坏，乃是涂饰的新漆剥落已尽，于是旧相又显了出来。使奴才主持家政，哪里会有好样子。最初的革命是排满，容易做到的，其次的改革是要国民改革自己的坏根性，于是就不肯了。所以，此后最要紧的是改革国民性，否则，无论是专制，是共和，是什么什么，招牌虽换，货色照旧，全不行的。但说到这类的改革，便是真叫作'无从措手'。不但此也，现在虽只想将'政象'稍稍改善，尚且非常之难。在中国活动的现有两种'主义者'，外表都很新的，但我研究他们的精神，还是旧货，所以我现在无所属，但希望他们自己觉悟，自动的改良而已。例如世界主义者而同志自己先打架，无政府主义者的报馆而用护兵守门，真不知是怎么一回事。土匪也不行，河南的单知道烧抢，东三省的渐趋于保护鸦片，总之是抱'发财主义'的居多，梁山泊劫富济贫的事，已成为书本子上的故事了。军队里也不好，排挤之风甚盛，勇敢无私的一定孤立，为敌所乘，同人不救，终至阵亡，而巧滑骑墙，专图地盘者反很得意。我有几个学生在军中，倘不同化，怕终不能占得势力，但若同化，则占得势力又于将来何益。……我又无拳无勇，真没有法，在手头的只有笔墨，能写这封信一类的不得要领的东西而已。但我总还想对于根深蒂固的所谓旧文明，施行袭击，令其动摇，冀于将来有万一之希望。而且留心看看，居然也有几个不问成败而要战斗的人，虽然意见和我并不尽同，但这是前几年所没有遇到的。……要成联合战线，还在将来。"

他对于中国的民族性从社会根底上看，可说是十分悲观的。而民初的社会政治，都使他十分失望。

他在另外一篇《灯下漫笔》中有更深切的剖析，他说：实际上，中国人向来就没有争到过"人"的价格，至多不过是奴隶，到现在还如此，然而下于奴隶的时候，却是数见不鲜的。中国的百姓是中立的，战时连自己也不知道属于哪一面，但又属于无论哪一面。强盗来了，就属于官，当然该被杀掠；官兵既到，该是自家人了吧，但仍然要被杀掠，仿佛又属于强盗似的。这时候，百姓就希望有一个一定的主子，拿他们去做百姓，——不敢，是拿他们去做牛马，情愿自己寻草吃，只求他决定他们怎样跑。假使真有谁能够替他们决定，定下什么奴隶规则来，自然就"皇恩浩荡"了。可惜的是往往暂时没有谁能定。举其大者，则如五胡十六国的时候，黄巢的时候，五代的时候，宋末元末的时候，除了老例的服役纳粮以外，都还要受意外的灾殃。张献忠的脾气更古怪了，不服役纳粮的要杀，服役纳粮的也要杀，敌他的要杀，降他的也要杀：将奴隶规则毁得粉碎。这时候，百姓就希望来一个另外的主子，较为顾及他们的奴隶规则的，无论仍旧，或者新颁，总之是有一种规则，使他们可上奴隶的轨道。"时日曷丧，予及汝偕亡！"愤言而已，决心实行的不多见。实际上大概是群盗如麻，纷乱至极之后，就有一个较强，或较聪明，或较狡猾，或是外族的人物出来，较有秩序地收拾了天下。厘定规则：怎样服役，怎样纳粮，怎样磕头，怎样颂圣。而且这规则是不像现在那样朝三暮四的。于是便"万姓胪欢"了；用成语来说，就叫作"天下太平"。因此，他下十分沉痛的结论：任凭你爱排场的学者们怎样铺张，修史时候设些什么"汉族发祥时代""汉族发达时代""汉族中兴时代"的好题目，好意诚然是可感的，但措辞太绕弯子了。有其更直截了当的说法在这里：一、想做奴隶而不得的时代；二、暂时做稳了奴隶的时代。这一种循环，也就是先儒之所谓"一治一乱"。

鲁迅在他的《呐喊·自序》中，说过民初那一时期的心境："这寂寞又一天一天地长大起来，如大毒蛇，缠住了我的灵魂了。……这于我太痛苦。我于是用了种种法，来麻醉自己的灵魂，使我沉入于国民中，使我回到古代去，后来也亲历或旁观过几样更寂寞更悲哀的事，都为我所不愿追怀，甘心使他们和我的脑一同消灭在泥土里的，但我的麻醉法却也似乎已经奏了功，再没有青年时候的慷慨激昂的意思了。S会馆里有三间屋，相传是往昔曾在院子里的槐树上缢死过一个女人的，现在槐树已经高不可攀了，而这屋还没有人住；许多年，我便寓在这屋里抄古碑。客中少有人来，古碑中也遇不到什么问题与主义，而我的生命却居然暗暗的消去了，这也就是我唯一的愿望。"这段话的暗示性非常强，因此，有人要讨论鲁迅抄碑文的心境如何、目的何在、方法如何等等。

民初，袁世凯政权下的政治空气，那是十分低沉的。鲁迅那时在教育部做事，住在 S 会馆补树书屋，抄点古碑，表示对世务不闻不问，这种消极方式，可以避免当局的注意，也是我们所了解的。S 会馆，便是绍兴县馆，原名山（阴）会（稽）邑馆，在北京宣武门外南半截胡同北头，这地段不算很好，因为接近菜市口，幸而民国以后不在那里杀人了，所以出入总还是自由清净的。会馆在路西，进门往南是一个大院子，正面朝东一大间，供着先贤牌位，便是仰蕺堂。堂屋南偏有一条小弄堂，通到堂后的小院子，往北跨过一个圆洞门，那里边便是补树书屋了。补树书屋本身是朝东一排四间房屋，在第二间中间开门，南首住房一间，北首两间相连。鲁迅住时，只使用迤南的三间。鲁迅抄碑就在补树书屋那两间房里，当初是在南偏，后来移到北边的一间去了。据周作人的说法，洪宪帝制活动时，袁世凯的特务如陆建章的军警执法处，大概继承的是东厂的系统，也着实可怕，由它抓去失踪的人至今无可计算。北京文官大小一律受到注意，生恐他们反对或表示不服，以此人人设法逃避耳目，大约只要有一种嗜好，重的嫖赌蓄妾，轻则玩古董书画，也就多少可以放心。教育部里鲁迅的一班朋友，如许寿裳等如何办法，是不得而知，但他们打麻将总是在行的，那么即此也已可以及格了。鲁迅却连"挖花"都不会，只好假装玩玩古董，又买不起金石品，便限于纸张，收集些石刻拓本来看。单拿拓本来看，也不能敷衍漫长的岁月，又不能有这些钱去每天买一张，于是动手来抄。这样一块汉碑的文字，有时候可供半个月的抄写，这是很合算的事。因为这与誊清草稿不同，原本碑大字多，特别汉碑又多断缺漫漶，拓本上一个字若有若无，要左右远近地细看，才能稍微辨别出来，用以消遣时光，是再好也没有的，就只是破费心思也不少罢了。

后来帝制失败了，袁世凯也死了，鲁迅还是继续抄下去，因为他最初抄碑虽是别有目的，但是抄下去，他也发生了一种校勘的兴趣，这兴趣便持续了好几年，后来才被创作和批评的兴趣替代了去。他抄了碑文，拿来和王兰泉的《金石萃编》对比，看出书上错误的很多，于是他立意要来精密地写成一个可信的定本。这是他抄碑的进一步的成就。

鲁迅校勘碑文的方法，是先用尺量定了碑文的高广，共几行，每行几字，随后按字抄录下去，到了行末，便画上一条横线，至于残缺的字，昔存今残，昔缺而今微存形影的，也都一一分别注明。（从前吴山夫的《金石存》，魏稼孙的《绩语堂碑录》，大抵也用比法。）这样的校碑工作，不仅养成他的细密校勘修养，而且有积极的一面。

我们且看鲁迅生平知己许寿裳先生的追忆：自民二以后，他常常看见鲁迅伏案校书，单是一部《嵇康集》，不知道校过多少遍，参照诸本，不厌精详，所以成为校勘最善之书。其序文有云："今此校定，则排摈旧校，力存原文。其为浓墨所灭，不得已而从改本者，则曰字从旧校，以著可疑。义得两通，而旧校辄改从刻本者，则曰各本作某，以存其异。"并作《逸文考》《著录考》各一卷附于末尾，便可窥见他的功夫的邃密。许氏说："鲁迅对于魏汉文章素所爱诵，尤其称许孔融和嵇康的文章，我们读《魏晋风度及文章与药及酒之关系》，便可得其梗

概。为什么这样称许呢？就因为鲁迅的性格，严气正性，宁愿
覆折，憎恶权势，视若蔑如，皓皓焉坚贞如白玉，懔懔焉劲烈
如秋霜，很有一部分和孔嵇二人相类似的缘故。"此外，鲁迅
搜辑并考证历代小说史料，计有《古小说钩沉》《唐宋传奇集》
《小说旧闻钞》三部，是他的中国小说史略的副册，搜罗的勤劬，
考证的认真，允推独步。近年来研究小说者虽渐次加多了，宋
以后的史料虽有所获了，但是搜辑古逸之功，还未见有能及鲁
迅的呢！

　　许氏说到鲁迅中年研究汉代画像，晚年则提倡版画，工作
的范围很广；搜集并研究汉魏六朝石刻，不但注意其文字，而
且研究其画像和图案，是旧时代的考据家、赏鉴家所未曾着手
的。即就碑文而言，也是考证精审，一无泛语，如《南齐吕超
墓志跋》，便见例。这一篇墓志跋，乃是鲁迅所编汉魏六朝石
刻研究中的一节，书未完成，所以全集中未收入。据许氏所知，
吕超墓志石出土以后，便为许氏至戚顾鼎梅所得，藏在杭州。
顾氏及鲁迅均有跋文，考证详明，两人不谋而合。

　　考证校勘之学，在清代原是朴学家的主要功夫。宋明理学
家治儒家的经学，考证校勘，乃其旁枝，不过朱熹弟子如王伯
原，便在这方面有所表现。清初经学大师，如顾炎武、黄宗羲、
王夫之，都于文字训诂名物制度有所考订，已开朴学之先河。
到了皖学（戴东原）吴学（惠氏父子），对于考证，训诂名物，
尤见功夫。考证学所研究的虽是纸片上的文字，而其方法与近
代科学逻辑相合。清代大师孙诒让、章太炎、王国维都是在考
证校勘上下过功夫的。这一方面，鲁迅也还是朴学家的正宗，
继承章太炎这一脉而来的。不独他个人的兴趣，在考索上有所
表现，即其审慎严密的态度，也和清代朴学家相一致的。胡适

从美归国，从新考证学广大了皖学的门庭，汲取西方科学方法以充实考证的技术；他深深佩服鲁迅的考订功夫，鲁迅也推许胡氏的小说考证，这都不是政治偏见所可抹消的。清代思想家，视野广大了，宗派的偏见冲淡了，章太炎的弟子，如钱玄同、周作人、鲁迅，都不拘于今古文的门户之见，也可说是中国学术思想史的新页。

八、托尼学说

　　孙伏园在《鲁迅逝世五周年杂感》中，有这么一段话："从前刘半农先生赠给鲁迅先生一副联语，是'托尼学说，魏晋文章'。当时的友朋，都认为这副联语很恰当，鲁迅先生自己也不加反对。所谓'托尼学说'，'托'是指托尔斯泰，'尼'是指尼采。这两个人都是十九世纪思想界的巨星，著作都极宏富，对于社会的影响深而且大。鲁迅先生的思想之博大精深，自然与他们相比也很恰当。而鲁迅先生在学生时代，很受托、尼二家学说的影响。托、尼二家的学说，一般的说法，是正相反对的。尼采的超人论，推到极端，再加以有意无意的误解，在德国，便成了第一次大战前的裴伦哈特的好战论，和这纳粹主义的侵略论。鲁迅先生却特别喜欢他的文章，例如《苏鲁支语录》（*Thus Spake Zarathustra*），说是文字的刚劲，读起来有金石声。而他的学说的精髓则在鼓励人类的生活、思想、文化，日渐向上，不长久停顿在琐屑的、卑鄙的、只注意于物质的生活之中。至于托尔斯泰的大爱主义，那是导源于基督教的精神，与后来思想上的平民主义、民族自决主义、国际平等主义，都有精神上的联系。直到二次大战时的反侵略阵线，例如对于欧洲被侵略的各小国，虽然它们的军事势力已在国内早被侵略国家所摧毁，还尽量地设法支持它们反侵略的微薄势力，以期共同消灭侵略国家的暴力与野心，这还可以说与托尔斯泰的大爱主义有密切的关系。托尼学说的内容既有很大的不同，而鲁迅先生却同受他们的影响，这在现在看来，鲁迅先生确不像一个哲学家那样，也不像一个领导者那样，为别人了解与服从起见，一定要将学说组成一个系统，有意地避免种种的矛盾，不使有一点罅隙，所以他只是一个作家、学者，乃至思想家或批评家。"这一段话，对于了解鲁迅早期的思想是很重要的，不过笔者所知道所了解的，和孙氏的观感颇有距离，因此，对于孙氏的说法作相当的保留。

原来，19 世纪的哲学，从叔本华到尼采这一派悲观哲学，导源于佛学，脉络非常鲜明。叔本华生于 1788 年，卒于 1860 年，正当 19 世纪前半叶，德国承康德之后，哲学鼎盛，名家辈出之时。"叔本华虽自命为康德嫡嗣，而其学乃似教外别传，与同时哲人如黑格尔、费希特、谢林等相较，颇有空谷佳音、遗世独立之慨。叔本华近承康德，远绍柏拉图，旁搜于印度佛说，遂自创为一家之言。其所以异于并世德国诸哲学家者，特征有四：当时诸哲人，其思想渊源纯出于西方，而叔本华则兼采佛学，有东方之色彩，此其一；当时哲学上传统之假定，以为就根本言，人生乃谐合者，而叔本华则以为人生乃凌乱忧苦，故持悲观，主解脱，此其二；当时哲人多为唯理主义者，重理智与概念，而叔本华则兼尊直觉，此其三；当时哲人，其天性率近科学，运思密栗，而文辞质朴，甚至于晦涩难读，而叔本华则有文学之天才，其文章特为清美朗畅，亹亹动人，此其四。叔本华早年英发，才气甚高，而禀性孤僻，与世寡谐，沉忧善感，易伤哀乐，其论述哲思之书中，时有郁轖之情，孤愤之语，故叔本华可谓诗人式之哲学家。"我们仔细对比，鲁迅的思想、性格，正有着叔本华的影子。鲁迅接受尼采学说，也正是接受叔本华与佛家的悲观哲学，那是不待言的。

章太炎先生以治佛学，讲因明唯识，完成思想体系，也是人所共知的；这一方面，鲁迅也受了太炎的影响。许寿裳说民三以后，鲁迅开始看佛经，用功很猛，别人赶不上。他曾对许氏说："释迦牟尼真是大哲，我平常对人生有许多难解决的问题，而他居然大部分早已明白启示了，真是大哲！"他对于佛经，是当作人类思想发达的史料看，借以研究其人生观的。

依笔者所了解的东西文化思想相互影响的迹象来说，16世纪以后，泛滥于欧洲的自然主义哲学，导源乃由于老庄道家思想的西行，其影响所及，在政治则有法卢梭之《民约论》，在自然科学则有英达尔文、赫胥黎的《进化论》。19世纪欧洲的社会主义思想，可说是无政府主义全盛时期，溯其源也和老庄思想有血缘上的关系，而叔本华、尼采的个人主义哲学，也和道家哲学相通。鲁迅笃好魏晋文人的文字，其于嵇康、阮籍的思想，有最深刻的研究；对于他的爱好赫胥黎《天演论》，笃信尼采学说，可说是相反而实相成的。至于托尔斯泰的大爱主义，出于佛家思想，也是治托氏学说所共知的。（印度的甘地主义，正是托氏大爱主义的实践。）无政府主义固是社会主义的一派，却是极端尊重个人主义，和尼采思想相通。所以从马克思主义观点看来是矛盾的；从无政府主义观点看来，却正是相互发明的，这是笔者和孙伏园氏所了解的不同之点。

鲁迅早期的宇宙论、社会观、人生观，略见于《坟》中所辑集的文字中。（《坟》，鲁迅的散文集，所集系1907至1925

年间的文字。）其中介绍进化论学说的有《人之历史》。他说：
进化之说，创始于希腊哲人德黎 (Thales)，至达尔文而大定。
他说，德国的黑格尔和赫胥黎一般，都是达尔文学说的讴歌者。
关于这一方面思想的发展，他说到瑞典的林那 (K.Linne)、法国
的兰麻克 (J.D.Lamarck) 和德国的歌德 (Goethe)。他是研究生物
科学的，所以条秩源流，非常明白，并不像若干社会科学家，
或主黑格尔（如陈独秀），或主达尔文（如胡适），建立不要融
合的宗派的。

鲁迅并不自悔其少作的，他的《文化偏至论》，便是提倡
极端个人主义的。他说："个人一语，入中国未三四年，号称识
时之士，多引以为大诟，苟被其谥，与民贼同。意者未遑深知
明察，而迷误为害人利己之义也欤？夷考其实，至不然矣。……
盖自法郎西大革命以来，平等自由，为凡事首，继而普通教育
及国民教育，无不基是以遍施。久浴文化，则渐悟人类之尊严；
既知自我，则顿识个性之价值；加以往之习惯坠地，崇信荡摇，
则其自觉之精神，自一转而为极端之主我。且社会民主之倾向，
势亦大张，凡个人者，即社会之一分子，夷隆实陷，是为指归，
使天下人人归于一致，社会之内，荡无高卑。此其为理想诚美
矣，顾于个人特殊之性，视之蔑如，既不加之别分，且欲致之
灭绝。更举黮暗，则流弊所至，将使文化之纯粹者，精神益趋
于固陋，颓波日逝，纤屑靡存焉。盖所谓平社会者，大都夷峻
而不湮卑，若信至程度大同，必在前此进步水平以下。况人群
之内，明哲非多，伧俗横行，浩不可御，风潮剥蚀，全体以沦
于凡庸。非超越尘埃，解脱人事，或愚屯罔识，惟众是从者，
其能缄口而无言乎？物反于极，则先觉善斗之士出矣：德人斯
契纳尔 (M.Stirner) 乃先以极端之个人主义现于世。谓真之进步，

在于己之足下。人必发挥自性,而脱观念世界之执持。惟此自性,即造物主。惟有此我,本属自由;既本有矣,而更外求也,是曰矛盾。自由之得以力,而力即在乎个人,亦即资财,亦即权利。故苟有外力来被,则无间出于寡人,或出于众庶,皆专制也。国家谓吾当与国民合其意志,亦一专制也。众意表现为法律,吾即受其束缚,虽曰为我之舆台,顾同是舆台耳。去之奈何?曰:在绝义务。义务废绝,而法律与偕亡矣。意盖谓凡一个人,其思想行为,必以己为中枢,亦以己为终极:即立我性为绝对之自由者也。"这是鲁迅五十年前所说的话,到今天看起来,不是更切中时弊,批评得最切当吗?

个人主义哲学,自以叔本华为宗匠。鲁迅说:"勖宾霍尔(A.Schopenhauer),则自既以兀傲刚愎有名,言行奇觚,为世稀有;又见夫盲瞽鄙倍之众,充塞两间,乃视之与至劣之动物并等,愈益主我扬己而尊天才也。至丹麦哲学家契开迦尔(S.Kierkegaard)则愤发疾呼,谓惟发挥个性,为至高之道德,而顾瞻他事,胥无益焉。其后有显理伊勃生(易卜生)(Henrik Ibsen)见于文界,瑰才卓识,以契开迦尔之诠释者称。"易卜生说:"我所最期望于你的,是一种真实纯粹的为我主义。要使你有时觉得天下只有关于我的事最要紧,其余的都算不得什么。你要想有益于社会,最好的法子莫如把你自己这块材料铸造成器。有的时候,我真觉得全世界都像海上撞沉了船,最要紧的,还是救出自己。"后来胡适在《新青年》介绍易卜生主义,也就是这一种个人主义。

鲁迅推尼采为个人主义哲学的杰出之士。他说:"希望所寄,惟在大士天才,而以愚民为本位,则恶之不殊蛇蝎。意盖谓治任多数,则社会元气,一旦可隳,不若用庸众为牺牲,以冀一二天才之出世，递天才出而社会之活动亦以萌。"这便是震惊欧洲思想的超人学说，对于民主主义、社会主义作最猛烈的抨击的。因此，反唯物主义的倾向，也和反社会主义、民生主义相呼应。鲁迅介绍主观主义，说："如尼佉伊勃生诸人，皆据其所信，力抗时俗，示主观倾向之极致；而契开迦尔则谓真理准则，独在主观，惟主观性，即为真理。至凡有道德行为，亦可弗问客观之结果若何，而一任主观之善恶为判断焉。"这种说法，和其他学说一样，各有所独至，却也是一偏之论。清末民初，介绍欧西学说的，几乎各宗各派都介绍过来，有的提倡社会主义的，骨子里还是个人主义；有的以民主政治相号召的，满脑子仍是英雄观念，这都是不足为异的。鲁迅的思想，受叔本华、尼采学说的影响，在他自己乃是顺理成章、井然有其一贯体系的。

另外一篇，题名《摩罗诗力说》，提倡浪漫主义的文学，也是鲁迅的前期文艺观。（"天竺古有《韦陀》四种，瑰丽幽复，称世界大文；其《摩诃婆罗多》暨《罗摩衍那》二赋，亦至美妙。厥后有诗人加黎陀萨 (Kalidasa) 者出，以传奇鸣世，间染抒情之篇，日耳曼诗宗瞿提 (W. Von Goethe)，至崇为两间之绝唱。"）浪漫主义，本来和返诸自然的人文哲学精神相吻合。鲁迅说："尼佉 (Fr.Nietzsche) 不恶野人，谓中有新力，言亦确凿不可移。盖文明之朕，固孕于蛮荒，野人狂獉其形，而隐曜即伏于内。文明如华，蛮野如蕾，文明如实，蛮野如华，上征在是，希望亦在是。"他说："由纯文学上言之，则以一切美术之本质，皆在使观听之人，为之兴感怡悦。文章为美术之一，质当亦然，与个人暨邦国之存，无所系属，实利离尽，究理弗存。故其为效，益智不如史乘，诚人不如格言，致富不如工商，弋功名不如卒业之券。特世有文章，而人乃以几于具足。"这一说法，和他晚年的文艺观，颇有出入；但其发挥文艺的一方面意义，也和晚年所发挥的另一方面意义，同为真理之一面，有同样的价值的。

　　晚清文艺界，最激动国人心灵的诗篇，乃是英国诗人拜伦的《哀希腊》，而拜伦的浪漫主义色彩及其传奇性的行为，尤足以鼓舞人心。鲁迅也是推介拜伦的浪漫文学的，他说："裴伦（拜伦）既喜拿坡仑之毁世界，亦爱华盛顿之争自由，既心仪海贼之横行，亦孤援希腊之独立，压制反抗，兼以一人矣。虽然，自由在是，人道亦在是。""故其平生，如狂涛如厉风，举一切伪饰陋习，悉与荡涤，瞻顾前后，素所不知；精神郁勃，莫可制抑，力战而毙，亦必自救其精神；不克厥敌，战则不止。而复率真行诚，无所讳掩，谓世之毁誉褒贬是非善恶，皆缘习俗而非诚，因悉措而不理也。"这是民初的文艺空气，也是鲁迅性格的一面呢！

九、《新青年》时代

　　《新青年》(原名《青年杂志》)，创刊于 1915 年，这是现代中国文化运动的纪程碑。他们倡导思想革命、文学革命；中国的新文化，也就以五四运动为分水岭。不过一般人以为《新青年》一开头就提倡白话文运动，那是错误的，《新青年》本来是用文言体写的，和当初的《甲寅》杂志、《新民丛报》差不多的。(张资平曾对郭沫若批评《新青年》，说是"还差强人意，但都是一些启发的普通的文章，一篇文字的密圈胖点和字数比较起来还要多"。) 那儿所刊载的苏曼殊小说，也还是才子佳人、鸳鸯蝴蝶派的风格。胡适翻译的小说，如都德的《柏林之围》，也是文言体的，连胡适的《文学改良刍议》，也还是用文言体写的。进入思想革命、文学革命阶段，那是 1917 年以后的事。鲁迅的《狂人日记》，才是第一篇白话体的小说。

　　这些掌故，我们还是依照周作人的说法，更为真实些。他说：在张勋复辟之前，鲁迅继续在抄碑，别的什么事都不管，但在这事件以后，渐渐发生了一个转变。这事，鲁迅自己说过，是由金心异的一场议论起来的。金心异即是林琴南送给钱玄同的别名。钱玄同和鲁迅同是章太炎的学生。鲁迅住在北京绍兴会馆，如鲁迅自己所叙记的，"那时偶或来谈的是一个老朋友金心异，将手提的大皮夹放在破桌上，脱下长衫，对面坐下了，因为怕狗，似乎心房还在怦怦地跳动。'你钞了这些有什么用？'有一夜，他翻着我那古碑的钞本，发了研究的质问了。'没有什么用。''那么，你钞它是什么意思呢？''没有什么意思。''我想，你可以做点文章……'我懂得他的意思了，他们正办《新青年》，然而那时仿佛不特没有人来赞同，并且也还没有人来反对，我想，他们许是感到寂寞了，但是说：'假如一间铁屋子，是绝无窗户而万难破毁的，里面有许多熟睡的人们，不久都要闷死了，然而是从昏睡入死灭，并不感到就死的悲哀。现在你大嚷起来，惊起了较为清醒的几个人，使这不幸的少数者来受无可挽救的临终的苦楚，你倒以为对得起他们么？''然而几个人既然起来，你不能说决没有毁坏这铁屋的希望。'是的，我虽然自有我的确信，然而说到希望，却是不能抹杀的，因为希望是在于将来，决不能以我之必无的证明，来折服了他之所谓可有，于是我终于答应他也做文章了，这便是最初的一篇《狂人日记》。"

在与金心异谈论之前，鲁迅早知道《新青年》的了，可是他并不怎么看得起它，周作人就说他初到北京，鲁迅就拿几本《新青年》给他看，说这是许寿裳告诉的，近来有这么一种杂志，颇多谬论，大可一驳，所以买了来的，但是他们翻了一回之后，也看不出什么特别的谬处，所以也随即搁下了。他也说那时《新青年》还是用的文言文，虽然渐渐你吹我唱的在谈文学革命，其中有一篇文章还是用文言所写，在那里骂封建的贵族的古人，总结地说一句，对于《新青年》总是态度很冷淡的，即使并不如许寿裳的觉得它谬。但是在夏夜那一夕谈之后，鲁迅忽然积极起来，这是什么缘故呢？周作人说：鲁迅对于文学革命，即是改写白话文的问题，当时无甚兴趣，可是对于思想革命，却看得极重，这是他从想办《新生》那时代起所有的愿望，现在经钱君来旧事重提，好像是在埋着的火药线上点了火，便立即爆发起来了。这旗帜是打倒吃人的礼教，钱君也是主张文学革命的，可是他的最大志愿如他自己所说，乃是打倒纲伦斩毒蛇，这与鲁迅的意思正是一致的，所以简单的一场话，便发生了效力了。

《狂人日记》是鲁迅的第一篇小说（鲁迅写小说，并不始于《狂人日记》，辛亥冬天，他在家乡时，曾写过一篇《怀旧》的小说，以东邻的富翁为典型，写革命的前夜故事，情质不明的革命军将要进城，富翁与清客闲汉商议迎降，颇富于讽刺的色彩。便是后来《阿Q正传》的底子），作于1918年4月。篇首有一节文言的附记，说明写日记的本人是什么人，这当然是一种烟幕，但模型却也实有其人；不过并不是"余昔日在中学校时良友"，病愈后也不曾"赴某地候补"，只是安住在家里罢了。据周作人说：这人乃是鲁迅的表兄弟，我们姑且称他为刘四，向在西北游幕，忽然说同事要谋害他，逃到北京来躲避，可是没有用。他告诉鲁迅他们怎样地追踪他，住在西河路客栈里，听见楼上的客深夜囊囊行走，知道是他们的埋伏，赶紧要求换房间，一进去，就听到隔壁什么哺哺的声音，原来也是他们的人，在暗示给他知道，已经到处都布置好，他再也插翅难逃了。鲁迅留他住在会馆，清早就来敲窗门，问他为什么这样早，答说今天要去杀了，怎么不早起来，声音十分凄惨。午前带他去看医生，车上看见背枪站岗的巡警，突然失惊，面无人色，据说他那眼神非常可怕，充满了恐怖，阴森森的显出狂人的特色，就是常人临死也所没有的。鲁迅给他找妥人护送回乡,这病后来就好了。因为亲自见过"迫害狂"的病人,又加了书本上的知识,所以才能写出这篇文字。

接着,周作人解释《狂人日记》的中心思想是礼教吃人。这是鲁迅在《新青年》上所放的第一炮,目标是古来的封建道德,以后的攻击便一直都集中在那上面。第三节中云:"我翻开历史一查,这历史没有年代,歪歪斜斜的每页上都写着'仁义道德'几个字。我横竖睡不着,仔细看了半夜,才从字缝里看出字来,满本都写着两个字是'吃人'!"章太炎在东京时,表彰过戴东原,说他不服宋儒,批评理学杀人之可怕,但那还是理论。鲁迅是直截地从书本上和社会上看了来的,野史正史里食人的记载,食肉寝皮的卫道论;近时徐锡麟心肝被吃的事实,证据更是确实了。此外如把女儿卖作娼妓,清朝有些地方的"宰白鸭",便是把儿子卖给富户,充作凶手去抵罪,也都可以算作实例。鲁迅说李时珍在《本草纲目》说人肉可以做药,这自然是割股的根据;但明太祖反对割股,不准旌表,又可见这事在明初也早已有了。礼教吃人,所包含甚广,这里借狂人说话,自然只可照题目实做,这是打倒礼教的一篇宣传文字,文艺与学术问题都是次要的事。

果戈理有短篇小说《狂人日记》,鲁迅非常喜欢,这里显然受它的影响,如题目便是一样的。果戈理自己犯过精神病,有点经验,那篇小说的主人公是发花呆的,原是一个替科长修鹅毛管笔尖的小书记,单相思地爱上了上司的小姐,写得很有意思。鲁迅当初大概也有意思要学它,如说赵贵翁家的狗看了他的两眼,这与果戈理小说里所说小姐的叭儿狗有点相近,后来又拉出古文先生来,也想弄得热闹点,可是写下去时要点集中于礼教，写得单纯起来了。附记中说"以供医家研究"，也是一句幽默话；因为那时报纸上喜欢登载异闻，如三只脚的牛、两个头的胎儿等，末了必云"以供博物家之研究"，所以这里也来这一句。这篇文章，虽然说是狂人的日记，其实思路清澈，有一贯的条理，不是精神病患者所能写得出来的；这里迫害狂的名字，原不过是作为一个样子罢了。（这一节议论观点，多采用周作人先生的话。）

如许寿裳氏所说的，周树人开始用鲁迅的笔名，在《新青年》上写小说，这是鲁迅生活的一个大发展，也是中国文学史上应该大书特书的一章。[鲁迅自言，"鲁迅"这笔名，因为《新青年》编辑者不愿意有别号一般的署名，我从前用过迅行的别号，所以临时命名如此。理由是（一）母亲姓鲁；（二）周鲁是同姓之国；（三）取愚鲁而迅速之意。] 不过鲁迅自己，在当时只是一种助阵的意思。他说："在我自己，本以为现在是已经并非一个切迫而不能已于言的人了，但或者也还未能忘怀于当日自己的寂寞的悲哀罢，所以有时候仍不免呐喊几声，聊以慰藉那在寂寞里奔驰的猛士，使他不惮于前驱。……但既然是呐喊，则当然须听将令的了，所以，我往往不恤用了曲笔，在《药》的瑜儿的坟上凭空添上一个花环，在《明天》里也不叙单四嫂子竟没有做到看见儿子的梦，因为那时的主将是不主张消极的。至于自己，却也并不愿将自以为苦的寂寞，再来传染给也如我那年青时候似的正做着好梦的青年。"他在《自选集》的自序中，说得更明白些："《新青年》上提倡'文学革命'……这一种运动，现在固然已经成为文学史上的陈迹了，但在那时，却无疑地是一个革命的运动。我的作品在《新青年》上，步调是和大家大概一致的，所以我想，这些确是算作那时的'革命文学'。然而我那时对于'文学革命',其实并没有怎样的热情。……既不是直接对于'文学革命'的热情,又为什么提笔的呢? 想起来,大半倒是为了对于热情者们的同感。这些战士,我想,虽在寂寞中,想头是不错的,也来喊几声助助威罢。首先,就是为此。自然,在这中间,也不免夹杂些将旧社会的病根暴露出来,催人留心,设法加以疗治的希望。但为达到这希望计,是必须与前驱者取同一的步调的,我于是删削些黑暗,装点些欢容,使作品比较的显出若干亮色,那就是后来结集起来的《呐喊》……(他的本意,只是'呐喊'。)这些也可以说是'遵命文学'。不过我所遵奉的,是那时革命的前驱者的命令,也是我自己所愿意遵奉的命令,决不是皇上的圣旨,也不是金元和真的指挥刀。"

鲁迅发表在《新青年》上的另外几篇小说:《孔乙己》《药》《一件小事》《风波》……我们从文章风格的发展上看,他是比其他作家更跨远了一步,一开头便采取写实主义的笔触了。《孔乙己》乃是鲁迅所自以为最称心的作品。《孔乙己》,这名字定得很巧妙,对于小说里这主人公是十分合适的。他本来姓孟,大家叫他作孟夫子,他的本名因此失传。这本来也是一个绰号,但只是挖苦读书人而已,没有多大意思。小说里用姓"孔"来影射"孟"字,本来也是平常,又因孔字联想到描红纸上的名字,拿来做他的诨名,妙在半懂不懂,比勉强生造两个字要好得多了。他是一个破落大人家的子弟和穷读书人的代表,著者用了他的故事,差不多就写出了这一群人的末路。他读过书,但终于没有进学,又不会营生,以至穷得几乎讨饭。他替人家抄书,可是喜欢喝酒,有时候连书籍纸笔都卖掉了,穷极时混进书房里去偷东西,被人抓住,硬说是"窃书"不能算偷,这些都是事实。他常到咸亨酒店来吃酒,可能住在近地,却也始终没人知道，后来他用蒲包垫着坐在地上，两手撑了走路，也还来吃过酒，末了便不见了。鲁迅在本家中间也见过类似的人物，不过只是一鳞一爪，没有像他那么整个那么突出的，所以就描写了他；而且说也奇怪，周家的那些人，似乎气味更是恶劣，这大概也是使他选取孟夫子的一个原因吧！（关于鲁迅作品的批判，另见专章，此不具论。鲁迅是首先描写知识阶级的暮景，指点时代变动的一面。）

十、在北京

　　鲁迅跟着南京政府搬到北京，那是 1912 年的事。民初那一段时期，他的苦闷，也许比一般青年更甚。他有一回，在复许广平的信中说："大同的世界，怕一时未必到来，即使到来，像中国现在似的民族，也一定在大同的门外。所以我想，无论如何，总要改革才好。但改革最快的还是火与剑，孙中山奔波一世，而中国还是如此者，最大原因还在他没有党军，因此不能不迁就有武力的别人。近几年似乎他们也觉悟了，开起军官学校来，惜已太晚。中国国民性的堕落，我觉得并不是因为顾家，他们也未尝为'家'设想。最大的病根，是眼光不远，加以'卑怯'与'贪婪'，但这是历久养成的，一时不容易去掉。我对于攻打这些病根的工作，倘有可为，现在还不想放手，但即使有效，也恐很迟，我自己看不见了。由我想来——这只是如此感到，说不出理由——目下的压制和黑暗还要增加，但因此也许可以发生较激烈的反抗与不平的新分子，为将来的新的变动的萌蘖。"他的观点，带着很浓厚的虚无主义色彩，那是很显然的。他自己的家乡，正在败落中的周家子弟，以及北洋派分崩离析所招致的动乱，在他的眼前，都是漆黑一团，这是他所以悲观的主因。他是期待着武力革命的新局势的到来，也和一般人一样，对国民党的建军革命，寄以希望的。（孙伏园说："鲁迅的内心生活是始终热烈的，仿佛地球一般，外面是地壳，内面是熔岩。这熔岩是一切伟大事业的源泉，有自发的力，有自发的光，有自发的热，决不计较什么毁誉。"这也是虚无主义者的人生观。）

在那一段苦闷的长时期中，鲁迅一直住在北京。开头，他们兄弟俩都住在绍兴会馆。到了1919年，他把绍兴东昌坊口的老屋和同住的本家共同售去以后，就在北京购得公用库八道湾大宅，特地回南去迎接老母及全家人来住。这宅子不但房间多，而且空地极大。鲁迅说："我取其空地很宽大，宜于儿童的游玩。"那时，他自己并无子息，这空地，可说是为了侄儿们着想的。鲁迅对于两弟非常友爱，因为居长，所以家务，统由他自己一人主持。据许寿裳所说，后来鲁迅搬出了八道湾，那是周作人的妻子羽太信子所迫成的。他说："羽太信子对于鲁迅，外貌恭顺，内怀忮忌；作人则心地糊涂，轻听妇人之言，不加体察，我虽竭力解释开，毫无效果。从此两人不和，成为参商，一变从前兄弟怡怡的情态。这是作人一生的大损失。"

鲁迅搬出之后，就借钱购得西三条的房子，是一所小小的三开间的四合式。此屋的东间是母太夫人的房，西间是朱夫人的房。北屋的中间，后面接出一间房子去，鲁迅称它为"老虎尾巴"，乃是他的工作室，《彷徨》的全部以及其他许多的译著，皆写成于此。它的北窗用玻璃，光线充足，望后园墙外，即见《野草》第一篇《秋夜》所谓"在我的后园，可以看见墙外有两株树，一株是枣树，还有一株也是枣树"。（南屋是他的藏书室。）关于"老虎尾巴"，许广平曾有过这样一段描写："觉得熄灭了通红的灯光，坐在那间一面满镶玻璃的室中时，是时而听雨声的淅沥，时而窥月光的清幽，当枣树发叶结实的时候，则领略它微风振枝，熟果坠地。"（替鲁迅设计这一寓所，是他的教育部同事李先生，这"老虎尾巴"近乎画室，也是李先生所设计的。）

鲁迅在北京十四年，主要的职务，是教育部佥事；先后兼任北京大学、北京师范大学、北京女子师范大学的讲师。后来参加《新青年》的新文化运动，从事写作，先后在北京《晨报》副刊、《京报》副刊、《语丝》、《莽原》这些报刊上写稿，后面这两种刊物，他是主要的领导者。

他在教育部的工作，外人知道的很少，只有他的知友许寿裳提到他的"提倡美术"。许氏说：蔡元培先生任职教育部长，竭力提倡以美育代宗教，因为美感是普遍性，可以破人我彼此的偏见；美感是超越性，可以破生死利害的顾忌，在教育上应特别注重。这种教育方针，当时能够体会的还很寥寥，唯鲁迅深知其原意；蔡先生也知道鲁迅研究美学和美育，富有心得，所以请他担任社会教育司第一科科长，主管图书馆、博物馆、美术馆等事宜。鲁迅在民元教育部暑期演讲会，曾演讲美术，深入浅出，要言不烦，恰到好处。（他的讲演，曾刊在教育部的《汇报》上。）民元以后的北洋政府，一直不曾安定过，而官僚主义的政府，也用不着什么作为，所以鲁迅不一定有所表现。（鲁迅有一篇《又谈所谓"大内档案"》，乃是官僚主义的最好注释。）此外提到鲁迅在教育部时期的工作时，实在很少，只有周作人说到周瘦鹃翻译《欧美小说译丛》三册，由教育部审定登记，那条赞许周氏的批复，是鲁迅所做的；那时他在社会教育司任科长，知道译介西方文艺的重要，很希望周氏能继续译下去，给新文学增加些力量。

鲁迅在北京大学，教中国小说史，那是周作人所推介的。关于这一经过，周氏有很好的追记。他说："鲁迅所辑录的古小说逸文已完成，定名为《古小说钩沉》。他因为古小说逸文的搜集，后来能够有小说史的著作，说起缘由来很有意思。他对于古小说虽然已有十几年的用力，但因为不喜夸示，平常很少有人知道。那时，我在北京大学中国文学系做票友，马幼渔君正当主任，有一年他叫我讲两小时的小说史，我冒失地答应了回来，同鲁迅说起，或者由他去教更为方便，他说去试试也好，于是我去找幼渔换了别的什么功课，请鲁迅教小说史。后来把讲义印了出来，即是那一部书。其后研究小说史的渐多，如胡适之、马隅卿、郑西谛、孙子书诸君，各有收获，有后来居上之概。但那些似只在后半部，即宋以来的章回小说都有，若是唐以前古逸小说的稽考，恐怕还没有更详尽的著作，这与《古小说钩沉》的工作正是极有关系的。"

鲁迅是有志于写成一部完整的中国文学史全书的，可是在那社会动荡的生活不安定的情况下是无法成书的。他生前曾写信给笔者说：

中国学问，待从新整理者甚多，即如历史，就该另编一部。古人告诉我们唐如何盛，明如何佳，其实唐室大有胡气，明则无赖儿郎，此种物件，都须褫其华衮，示人本相，庶青年不再乌烟瘴气，莫名其妙。其他如社会史、艺术史、赌博史、娼妓史、文祸史……都未有人着手。然而又怎能着手？居今之世，纵使在决堤灌水，飞机掷弹范围之外，也难得数年粮食，一屋图书。我数年前，曾拟编中国字体变迁史及文学史稿各一部，先从作长编入手，但即此长编，已成难事，剪取欤，无此许多书，赴图书馆抄录欤，上海就没有图书馆，即有之，一人无此精力与时光，请书记又有欠薪之惧，所以直到现在，还是空谈。

鲁迅在北京那一时期中，有几场重大事件，笔者且分别追叙一下。我们知道在《新青年》积极推动新文化的进程中，鲁迅已经参加了他们的战斗行列。可是，到了1924年，《新青年》本身有了分化了，五四运动带来的文化高潮，已经慢慢地退落了，所以，他在《彷徨》的序诗中说："寂寞新文苑，平安旧战场。两间余一卒，荷戟独彷徨。"《新青年》的团体散掉了，有的高升，有的退隐，有的前进，我又经验了一回同一战阵中的伙伴还是会这么变化，并且落得一个'作家'的头衔，依然在沙漠中走来走去。"

《新青年》内部的分化，我们从陈独秀、胡适的往来通信中可以看得很明白了。1920年年底，陈独秀从上海到广州去了，《新青年》的编务，交给了陈望道手中。那时的《新青年》，宣传社会革命的气味很浓，社内外人士都不十分满意。所以独秀寄给胡适的信中也说："《新青年》色彩过于鲜明，弟近亦不以为然。陈望道亦主张稍改内容，以后仍以趋重哲学文学为是。"胡适的复言，提到三个办法："（一）听《新青年》流为一种有特别色彩之杂志，而别创一个哲学文学的杂志，篇幅不求多，而材料必须精。（二）若要《新青年》改变内容，非恢复我们不谈政治的戒约，不能做到。我主张趁兄离沪的机会，将《新青年》编辑的事，自九卷一号移到北京来，由北京同人发表一个新宣言，声明不谈政治。孟和说，《新青年》既被邮局停寄，何不暂时停办，此是第三办法。"当时，在北京同人，都赞成归北京编辑，可是，到了结局，《新青年》还是分裂了。当时鲁迅曾表示意见："赞成北京编辑，但我看现在《新青年》的趋势是倾于分裂的，不容易勉强调和统一。无论用第一、第二条办法，结果还是一样。所以索性任它分裂，照第一条做或者倒还好一点。"这是他从《呐喊》到《彷徨》的经过。他说他自己是已经并非一个切近而不能已于言的人了！

鲁迅后来准备从厦门离开时，也曾说到他心头的彷徨："我对于此后的方针，实在很有些徘徊不决，那就是：做文章呢，还是教书？因为这两件事，是势不两立的：作文要热情，教书要冷静。兼做两样的，倘不认真，便两面都油滑浅薄，倘都认真，则一时使热血沸腾，一时使心平气和，精神便不胜困惫，结果也还是两面不讨好。看外国，兼做教授的文学家，是从来很少有的。我自己想，我如写点东西，也许于中国不无小好处，不写也可惜；但如果使我研究一种关于中国文学的事，大概也可以说出一点别人没有见到的话，所以放下也似乎可惜。但我想，或者还不如做些有益的文章，至于研究，则于余暇时做，不过倘使应酬一多，可又不行了。"他在北京时期的彷徨情绪，也是这样的。

在黑漆一团的当时，教育界的混沌，也和政治圈子差不多的，而且无分于南北东西。1925年春间，北京女子师范大学有反对校长杨荫榆事件，杨校长便不到校，后来任意将学生自治会职员六人除名，并且引警察及打手蜂拥入校，学生们不服。迨教育总长章士钊复出，遂有非法解散学校的事，并且命司长刘百昭，雇用流氓女丐殴曳学生们出校。女师大的许多教职员，本极以章、杨二人的措置为非，复痛学生的无端失学，遂有校务维持会的组织，鲁迅本是女师大的讲师，所以成为该会的委员之一，而章士钊视作眼中钉，竟倒填日子，将他的教育部金事职免去了。女师大被解散后，师生在校外重新开学，经过了三个月的相持，女师大就复校了。这其间，就有着"新与旧"、"复古"与"进步"斗争的痕迹，而鲁迅表现了最积极的态度。

十一、《阿 Q 正传》

　　鲁迅的第一个短篇小说集《呐喊》之中,《阿 Q 正传》可说是代表作,也可说是鲁迅一生作品中的代表作。这一篇小说,已经翻译了好几国文字,足与世界名著分庭抗礼。(罗曼·罗兰说:"这是世界的。里面许多讥讽语言,我永远也不会忘记阿 Q 那副忧愁的面孔。")那位对鲁迅最反感,却又最佩服鲁迅的笔法的苏雪林女士说:"现在'阿 Q'二字还说在人们口头,写在人们笔下。自新文学发生以来,像《阿 Q 正传》魔力之大的,还找不出第二例子呢,《阿 Q 正传》这样打动人心,这样倾倒一世,究竟是什么缘故? 说是为了它描写一个乡下无赖汉写得太像了么? 这样文字现在也有,何以偏让它出名? 说是文章轻松滑稽,令人发笑么? 为什么人们不去读《笑林广记》,偏爱读《阿 Q 正传》? 告诉你理由吧,《阿 Q 正传》不单单以刻画乡下无赖汉为能事,其中实影射中国民族普遍的劣根性。《阿 Q 正传》也不单单叫人笑,其中实包蕴着一种严肃的意义。"这的确是《阿 Q 正传》最好的注解。

　　这篇小说,最初发表在北京《晨报》的副刊上。这件事与本文的性格很有些关系。在 1921 年以前,各报都还没有副刊,

《晨报》在第五版上登载些杂感小文，比较有点新气象，大约在那年秋冬之交，蒲伯英（《晨报》社长）发起增加附张，称之曰"副镌"，由孙伏园管编辑的事。蒲伯英又出主意，星期日那一张副刊要特别编得多样出色，读起来轻松，他自己动手写散文随笔，鲁迅便应邀来写小说，这便是《阿Q正传》。在这中间有几个特点：其一，为星期特刊而写的，笔调比平常轻松，却也特别深刻。其二，因为要与青年的小说作者有别，署名改用巴人，一时读者多误是蒲伯英所写；他虽是四川人，与"巴"字拉得上，其实文笔是全不相同的。其三，小说里地点不用鲁镇，改用未庄，那里也出现酒店，并无名字，不叫作成亨了。"正传"共分九节，每星期登载一节，计共历九个星期，小说末后注云："一九二一年十二月。"

我们还是接上作者自己的话吧："孙伏园……正在晨报馆编副刊。不知是谁的主意，忽然要添一栏称为'开心话'的了，每周一次。他就来要我写一点东西。阿Q的影像，在我心目中似乎确已有了好几年，但我一向毫无写他出来的意思。经这一提，忽然想起来了，晚上便写了一点，就是第一章：序。因为要切'开心话'这题目，就胡乱加上些不必有的滑稽，其实在全篇里也是不相称的。署名是'巴人'，取'下里巴人'，并不高雅的意思。谁料这署名又闯了祸了，但我却一向不知道（有人疑心'巴人'是蒲伯英，以为正传所写的，是其人的阴私。因为他和蒲伯英是熟人），……第一章登出之后，便'苦'字临头了，每七天必须做一篇。……（伏园）每星期来一回……于是只得做，……终于又一章。但是，似乎渐渐认真起来了；伏园也觉得不很'开心'，所以从第二章起，便移在'新文艺'栏里。这样地一周一周挨下去，于是乎就不免发生阿Q可要做革命党的问题了。据我的意思，中国倘不革命，阿 Q 便不做，既然革命，就会做的。我的阿 Q 的运命，也只能如此，人格也恐怕并不是两个。……《阿 Q 正传》大约做了两个月，我实在很想收束了，但我已经记不大清楚，似乎伏园不赞成，或者是我疑心倘一收束，他会来抗议，所以将'大团圆'藏在心里，而阿 Q 却已渐渐向死路上走。到最末的一章，伏园倘在，也许会压下，而要求放阿 Q 多活几星期的罢。但是'会逢其适'，他回去了，代庖的是何作霖君，于阿 Q 素无爱憎，我便将'大团圆'送去，他便登出来。待到伏园回京，阿 Q 已经枪毙了一个多月了。"《阿 Q 正传》的创作经过，就是这样的。

从《阿 Q 正传》所发生的社会意义说："阿 Q"是一个中华民族"乏"的方面的典型人物，我们中国人，谁都有点"阿 Q"相，连鲁迅自己也在内。他并不一定讽刺什么人，可是若干人，连我们自己都在内，都在被讽刺之列。高一涵（涵庐）曾经在《现代评论》上有过这么一段闲话：

……我记得当《阿 Q 正传》一段一段陆续发表的时候，有许多人都很栗栗危惧，恐怕以后要骂到他的头上。并且有一位朋友，当我面说，昨日《阿 Q 正传》上某一段仿佛就是骂他自己。因此，便猜《阿 Q 正传》是某人作的，何以呢？因为只有某人知道他这一段私事。从此疑神疑鬼，凡是《阿 Q 正传》中所写的，都以为就是他的阴私；凡是与登载《阿 Q 正传》的报纸有关系的投稿人，都不免做了他所认为《阿 Q 正传》的作者的嫌疑犯了！等到他打听出来《阿 Q 正传》的作者名姓的时候，他才知道他和作者素不相识，因此，才恍然自悟，又逢人声明
说不是骂他的。

可见《阿Q正传》所刺痛的乃是一般人的疮疤，而不是特指的某一个人的痘皮。所以，直到这一篇收在《呐喊》里，也还有人问鲁迅："你实在是骂谁和谁呢？"鲁迅只能悲愤地说："自恨不能使人看得我不至于如此下劣。"鲁迅又说："所写的事迹，大抵有一点见过或听到过的缘由，但决不全用这事实，只是采取一端，加以改造，或生发开去，到足以几乎完全发表我的意思为止。人物的模特儿也一样，没有专用过一个人，往往嘴在浙江，脸在北京，衣服在山西，是一个拼凑起来的脚色。有人说，我的那一篇是骂谁，某一篇又是骂谁，那是完全胡说的。"

不过，从另一方面，即从对《阿Q正传》的艺术欣赏与分析说，既然鲁迅所选取的事迹是用了某人某事的一端，加以改造或生发开去，所拼合的嘴脸，是怎样的甲乙丙丁的来由的，那我们也不妨说一说了。照周作人的说法：在正传里有两三件事情的阿桂，假如真是阿Q本人，那么他是有姓的，他姓谢，他有一个哥哥叫作谢阿有。可是这正传中所要的，并不是呆板的史实，本文说他似乎是姓赵，这样可以让秀才的父亲叫去打嘴巴，说他不配姓赵，从第二日起，他的姓赵的事便又模糊了，所以终于不知道姓什么。其实如说阿Q姓谢，自夸与谢太爷原是本家，被谢太爷打了之后，不准姓谢，也是可以的，但这样也就没有多大意思了。为什么呢？秀才的父亲是赵太爷，这与那假洋鬼子的父亲是钱太爷都是特别有意义的，这百家姓的头两名的姓氏，正代表着中国士大夫的新旧两派，如改为姓谢姓王，意思便要差得多了。社会上有一种游手好闲的人，他们横行乡里，在他们职业上常有挨打的可能；因此在这一方面需要相当的修炼，便是经得起打。鲁迅的一个本家伯父名叫四七，在祠祭时自述的故事，"打翻又爬起，爬起又打翻"，是一个好例，起码要有这样不屈的精神，方才进得他们的一伙里去。在这一点上，阿 Q 却是不够的。他是一个北方所谓"乏人"，什么勇气力气都没有，光是自大，在这里鲁迅正是借了暗指那士大夫的"乏相"。

《阿 Q 正传》中的恋爱悲喜剧，自有一位主人公，原来是桐少爷，他是鲁迅的同高祖的叔辈，是衍太太的亲侄儿，谱名凤桐，号桐生。有一天桐少爷在他们的灶头，不知怎的忽然向老妈子跪下道："你给我做了老婆，你给我做了老婆！"那老妈子吵了起来，伯文（他的族兄）便赶来，拿了大竹杠在桐生的背梁上敲了好几下，这事件便是这样地完结了。至于阿 Q 与小 D 的龙虎斗，小 D 也就是指桐生。至于阿桂本人，虽说是打短工为生，实在还是游手好闲，便用种种方法弄点钱用。其一是做掮客，其次是兼做小偷。这都在鲁迅记忆中有点影子的。可是，阿 Q 真实性，不在真有阿桂其人，而在他代表了中国人的"乏相"。

《阿 Q 正传》，勾画出中华民族的劣根性；这是鲁迅所表现的最深切的爱，也是最无情的剥露。许寿裳氏说到年轻时，他们在日本，鲁迅就常常谈到三个相连的问题：（一）怎样才是理想的人性？（二）中国民族中最缺乏的是什么？（三）它的病根何在？当时他们觉得中国民族最缺乏的东西是诚和爱；换句话说，便是深中了诈伪无耻和猜疑相贼的毛病。口号只管很好听，标语和宣言只管很好看，书本上只管说得冠冕堂皇，天花乱坠，但按之实际，却完全不是这回事。鲁迅曾在一篇《论睁了眼看》的杂感中说："中国人的不敢正视各方面，用瞒和骗，造出奇妙的逃路来，而自以为正路。在这路上，就证明着国民性的怯弱，懒惰，而又巧滑。一天一天的满足着，即一天一天的堕落着，但却又觉得日见其光荣。在事实上，亡国一次，即添加几个殉难的忠臣，后来每不想光复旧物，而只去赞美那几个忠臣；遭劫一次，即造成一群不辱的烈女，事过之后，也每每不思惩凶，自卫，却只顾歌咏那一群烈女。……中国人向来因为不敢正视人生，只好瞒和骗，由此也生出瞒和骗的文艺来，由这文艺，更令中国人更深地陷入瞒和骗的大泽中，甚而至于已经自己不觉得。"看了这段话，我们可以知道《阿Q正传》为什么会变成我们的共同镜子，照出自己的"乏"相来了。

替《阿Q正传》写讲义的，有张天翼、苏雪林和周作人，都写得不错。这儿且节引了苏雪林的说法，她以为《阿Q正传》所影射的中国民族劣根性，荦荦大端，则有：

一、卑怯——阿Q最喜与人吵嘴打架，但必估量对手。口讷的他便骂，气力小的他便打。与王胡打架输了时，便说君子动口不动手；假洋鬼子哭丧棒才举起来，他已伸出头颅以待了。对抵抗力稍为薄弱的小D，则挥拳露臂，摆出挑战的态度；对毫无抵抗力的小尼姑，则动手动脚，大肆其轻薄。都是他卑怯天性的表现。徐旭生与鲁迅讨论中国人的民族性，结果说中国人的大毛病是听天任命与中庸，这毛病，大约是由惰性而来的。鲁迅回答他道："这不是由于惰性，是由于卑怯性。"

二、精神胜利法——阿Q与人家打架吃亏时，心里就想道："我总算被儿子打了，现在世界真不像样，儿子居然打起老子来了。"于是他也心满意足，俨如得胜地回去了。中国人的精神胜利法发明固然很早，后来与异族周旋失败，这方法便更被充分地利用着。（周作人关于"精神胜利"，也有一段注解：如辜鸿铭极力拥护过辫子和小脚，专制和多妻；又说中国人脏，那就是脏得好；《新青年》上登过一首林损的新诗，头两句云：

"美比你不过，我和你比丑。"鲁迅时常引了来说明士大夫的那种怪思想，肮脏胜过洁净，丑胜过美，因此失败至少也总就是胜利。）

三、善于投机——阿Q本来痛恨革命。等到辛亥革命大潮流震荡到未庄，赵太爷父子都盘起辫子赞成革命，阿Q看得眼热，也想做起革命党来了。但阿Q革命的目的，不过为了他自己的利益，所以一为假洋鬼子所拒斥，就想到衙门里去告他们谋反的罪名，好让他满门抄斩。鲁迅在《忽然想到》的杂感中，也曾说："其实这些人是一类，都是伶俐人，也都明白，中国虽完，自己的精神是不会苦的，——因为都变出合式的态度来……然而这一流人是永远胜利的，大约也将永久存在。"

四、夸大狂与自尊癖——阿Q虽是极卑微的人物，而未庄人全不在他眼里，甚至赵太爷的儿子进了学，阿Q也不表示尊敬，以为我的儿子将比他阔得多。加之进了几回城，更觉自负，但为了城里油煎大头鱼的加葱法，和条凳的称呼异于未庄，又瞧不起城里人了。他将自己头上的癞头疮疤，当作高尚光荣的符号，当别人嘲笑他时，就说"你还不配"呢！在自尊的对面，阿Q又那么自卑，给小D揪住辫子在墙上碰头，而且要他自认为"人打畜生"时，他就说"打虫豸！好不好？我是虫豸"了。

鲁迅赋予阿Q以若干劣根性，他若"色情狂""萨满教式的卫道精神""多忌讳""狡猾""愚蠢""贪小利""富幸得心""喜欢凑热闹""糊涂昏聩""麻木不仁"，也是中国民族的普遍存在的病根。他以嬉笑之态出之，其沉痛乃逾于怒骂。茅盾说："如果想在《呐喊》里找一点刺激，得一点慰安，求一条引他脱离'烦闷'的大路：那是十之九要失望的。因为《呐喊》所能给你的，不过是你平日所唾弃——像一个外国人对于中国人的唾弃一般的——老中国的儿女们的灰色人生。说不定，你还在这里面看见了自己的影子！……或者你一定不肯承认那里面也有你自己的影子，那最好是读一读《阿Q正传》。这篇内的冷静宛妙的讽刺，或者会使人忘了——忽略了篇中的精要的意义，而认为只有'滑稽'，但如你读到两遍以上，你总也要承认那中间有你的影子。你没有你的'精神胜利的法宝'么？你没有曾善于忘记受过的痛苦像阿Q么？你潦倒半世的深夜里有没有发过'我的儿子会阔得多啦'的阿Q式的自负？算了，不用多问了。总之，阿Q是'乏'的中国人的结晶；阿Q虽然不会吃大菜，不会说洋话，也不知道欧罗巴，阿美利加，不知道……然而会吃大菜,说洋话……的'乏'的'老中国的新儿女'，他们的精神上思想上不免是一个或半个阿Q罢了。不但现在如此，将来——我希望这将来不会太久——也还是如此。所以，《阿Q正传》的诙谐，即使最初使你笑，但立刻我们失却了笑的勇气，转而为惴惴的不自安了！"

不过，会做小说的人，既赋作品中人物以"典型性"，同时也必赋之以"个性"，否则那人物便会流为一种公式主义，像中国旧剧里的脸谱一样。鲁迅另一位敌手陈西滢说："阿Q不但是一个Type（典型），同时又是一个活泼的人，他大约可以同李逵、刘姥姥同垂不朽了。"这就是说阿Q虽然是个典型人物，同时也是个个性人物。《阿Q正传》之所以获得绝大的成功，这也是主要因素之一。

张天翼氏，曾在论形象化的随笔中说过阿Q之癞，说"儿子打老子"，不能反抗未庄那伙鸟男女而只欺侮小尼姑以及痛恶假洋鬼子及其哭丧棒等等，这的确是《阿Q正传》里的那个阿Q才有的花头，这些，只是属于一个阿Q的。这些是特殊的东西。但这些只是使抽象阿 Q 具体化，使之形象化的一种手段。这是表现阿 Q 性本质的一种艺术手段。换言之，那么，这篇作品里关于阿 Q 的这些形象虽然是特殊的，是仅仅属于"这一个"阿 Q，但它倒正是为了表现一般的阿 Q 性而有的。例如"癞"用来表现忌讳毛病，"儿子打老子"是用来表现"精神胜利法"，而调笑小尼姑则用来表现欺软怕硬，以及排斥异端，诸如此类，所以作品里表现出来的典型人物，又有特殊性，又有许多现实阿 Q 的一般性。而后者则居于主要地位，这是那个典型人物的灵魂，是作者在这作品中所含的哲学，是这作品的内在精神。但那些表现成"这一个"人物的诸形象，艺术家也绝不把它忽略过去。要是忽略了这些，仅仅写出一个不可感觉的灵魂，没有血肉，那么就不像一个人了。不能使我们得到一个印象，不能使我们当作真有这么一个阿 Q 似的那样感受了。并且，要是忽略了这些形势，或者随意处置这些形象的话，那就连那个灵魂都不能充分表现出来，或是不能适如其分地表现出来。所以，《阿 Q 正传》的成功，在他的表现技术上也是很重要的。朱自清先生说："没有什么题旨的，当然不成其为小说；虽有题旨，而并不具有其真实性的，不是好小说；题旨虽不错而形象化不够充分的，也不是好小说。"鲁迅的小说，就够上了这个水准了。

十二、《北晨》副刊与《语丝》

　　鲁迅的《阿Q正传》，原是按期刊在北京《晨报》的副刊上的，上文我们已经说到了。他的文艺创作和杂感文，也就从《北晨》副刊作多方面的发展；后来，才有《语丝》和《京报》副刊。《晨报》副刊，原由孙伏园主编，到1921年10月12日起，扩充篇幅，每日增出半张，改成横幅。这便是新型副刊的开头。（那时，上海《民国日报》有《觉悟》，《时事新报》有《学灯》，也是这一型的副刊。）据鲁迅自述，他是孙伏园个人来约投些稿件的人。"似乎也颇受优待，一是稿子一去，刊登得快；二是每千字二元至三元的稿费，每月底大抵可以取到；三是短短的杂评，有时也送些稿费来。"可是，如他所说的好景不长，因为有一位留学生新从欧洲回来，和《晨报》馆有深关系，甚不满意于副刊，决计加以改革，并且为战斗计，已经得了学者的指示。（《晨报》馆原是研究系的政论机构。）

　　后来，孙伏园的离开《北晨》副刊以及创办《语丝》周刊，和转入《京报》副刊，依照鲁迅自述和孙伏园的追记，都说和鲁迅的一首小诗《我的失恋》有关的。（孙伏园曾于《从〈晨报〉副刊到〈京报〉副刊》详详细细说到这件事。）据鲁迅说："'我辞职了，可恶！'这是有一夜，伏园来访，见面后的第一句话。那原是意料中事，不足异的。第二步，我当然要问问辞职的原因，而不料竟和我有了关系。他说，那位留学生（刘勉己）乘他外出时，到排字房去将我的稿子抽掉，因此争执起来，弄到非辞职不可了。但我并不气忿，因为那稿子不过是三段打油诗，题作《我的失恋》，是看见当时'阿呀阿唷，我要死了'之类的失恋诗盛行，故意做一首用'由她去罢'收场的东西，开开玩笑的。这诗后来又添了一段，登在《语丝》上，再后来就收在《野草》中。"（这首诗的讽刺意味，孙伏园有一大段解释的文字；还有，他为了这首诗的被抽，和刘勉己大闹一场，也是很热闹的。）

　　以下，便是鲁迅说到《语丝》的产生了，他说："但我很抱歉伏园为了我的稿子而辞职，心上似乎压了一块沉重的石头。几天之后，他提议要自办刊物了，我自然答应愿意竭力'呐喊'。至于投稿者，倒全是他独力邀来的，记得是十六人，不过后来也并非都有投稿。于是印了广告，到各处张贴，分散，大约又一星期，一张小小的周刊便在北京——尤其是大学附近——出现了；这便是《语丝》。那名目的来源，听说，是有几个人，任意取一书本，将书任意翻开，用指头点下去，那被点到的字，便是名称。……即此已可知这刊物本无所谓一定的目标，统一的战线；那十六个投稿者，意见态度也各不相同。……不过有些人们，大约开初是只在敷衍和伏园的交情的罢，所以投了两三回稿，便取'敬而远之'的态度，自然离开。连伏园自己，据我的记忆，自始至今，也只做过三回文字，末一回是宣言从此要大为《语丝》撰述，然而宣言之后，却连一个字也不见了。于是《语丝》的固定的投稿者，至多便只剩了五六人，但同时也不意中显了一种特色，是：任意而谈，无所顾忌，要催促新的产生，对于有害于新的旧物，则竭力加以排击，——但应该产生怎样的'新'，却并无明白的表示，而一到觉得有些危急之际，也还是故意隐约其词。"

《语丝》周刊在中国新文学进程上，的确是一方纪程碑；《语丝》所无意中形成的文体，也给新文学以清新的风格。周氏兄弟，的确是《语丝》的支柱。（实际上，周作人在编稿。）不过，当时攻击周氏兄弟的，称之为"语丝派"，称之为青年思想导师，所以鲁迅故意把自己写得不足轻重似的。他说："因为那时还有一点读过尼采的《苏鲁支语录》（Zarathustra）的余波，从我这里只要能挤出——虽然不过是挤出——文章来，就挤了去罢，从我这里只要能做出一点'炸药'来，就拿去做了罢。"在五四文化运动低潮之际，《语丝》是填上了《新青年》的地位了。（鲁迅的《野草》中文字，大都在这周刊刊载的。）

从1918年到1926年，这八年间可说是鲁迅创作力最旺盛的时期。《呐喊》《彷徨》中的短篇小说，都是这一时期的作品。那时期，他在《北晨》副刊、《京报》副刊、《语丝》、《莽原》这些报刊上所发表的散文小品，也是他一生的力作，虽不像他晚年所作杂文那样尖锐，却是十分圆熟，晶莹可爱。他晚年所投掷的是匕首，那时期，却是孙大娘所舞的长剑。

《语丝》这小小刊物，它是那一时代的标志，也创造了时代。有人说他是青年导师，他是讨厌这顶纸糊帽子的。他曾经这么说过："倘说为别人引路，那就更不容易了，因为连我自己还不明白应当怎么走。中国大概很有些青年的'前辈'和'导师'罢，但那不是我，我也不相信他们。我只很确切地知道一个终点，就是：坟。然而这是大家都知道的，无须谁指引，问题是在从此到那的道路。那当然不只一条，我可正不知哪一条好，虽然至今有时也还在寻求。在寻求中，我就怕我未熟的果实偏偏毒死了偏爱我的果实的人。……我的译著的印本，最初，印一次是一千，后来加五百，近时是二千至四千，每一增加，我自然是愿意的，因为能赚钱，但也伴着哀愁，怕于读者有害，因此作文就时常更谨慎、更踌躇。有人以为我信笔写来，直抒胸臆，其实是不尽然的，我的顾忌并不少。我自己早知道毕竟不是什么战士了，而且也不能算前驱，就有这么多的顾忌和回忆。还记得三四年前，有一个学生来买我的书，从衣袋掏出钱来放在我手里，那钱上还带着体温。这体温便烙印了我的心，至今要写文字时，还常使我怕毒害了这类的青年，迟疑不敢下笔。我毫无顾忌地说话的日子，恐怕要未必有了罢。但也偶尔想，其实倒还是毫无顾忌地说话，对得起这样的青年。但至今也还没有决心这样做。"这可以说是鲁迅在《语丝》时期的态度，也可以说是《语丝》的共同态度。他们并无意于做青年的导师，和后来有人俨然要做青年导师，要改造别人的思想，那是大不相同的。

鲁迅的思想，以及文章风格，受尼采的影响那么深切，这也是我所说过的。也许各人对于鲁迅的作品，各有所好，我的选择，却要举出《野草》和《朝花夕拾》来。前者便是刊在《语丝》上的散文（近于诗的散文），后者则在《莽原》上连载的；而他的《野草》，可说是最近于尼采的，也正是和《苏鲁支语录》相比并的哲理杂感文。

鲁迅只是一个凡人，他怎么能够预言？他是抓住了一时代的气氛，反映在他的作品中，他的作品也就成为时代的启示。这一点，也是在《野草》中最可以体味到。那篇《好的故事》，

正是我们这个时代的历史。而《淡淡的血痕中》则是时代的漫
画，他说：

> 目前的造物主，还是一个怯弱者。
>
> 他暗暗地使天变地异，却不敢毁灭这一个地球；暗暗地使
> 生物衰亡，却不敢长存一切尸体；暗暗地使人类流血，却不敢
> 使血色永远鲜秾；暗暗地使人类受苦，却不敢使人类永远记得。
>
> 他专为他的同类——人类中的怯弱者——设想，用废墟荒
> 坟来衬托华屋，用时光来冲淡苦痛和血痕；日日斟出一杯微甘
> 的苦酒，不太少，不太多，以能微醉为度，递给人间，使饮者
> 可以哭，可以歌，也如醒，也如醉，若有知，若无知，也欲死，
> 也欲生。他必须使一切也欲生；他还没有灭尽人类的勇气。
>
> 几片废墟和几个荒坟散在地上，映以淡淡的血痕，人们都
> 在其间咀嚼着人我的渺茫的悲苦。但是不肯吐弃，以为究竟胜
> 于空虚，各各自称为"天之僇民"，以作咀嚼着人我的渺茫的
> 悲苦的辩解，而且悚息着静待新的悲苦的到来。新的，这就使
> 他们恐惧，而又渴欲相遇。
>
> 这都是造物主的良民。他就需要这样。

鲁迅在那一时期，有这么一个"预见"与"期待"：

> 叛逆的猛士出于人间；他屹立着，洞见一切已改和现有的
> 废墟和荒坟，记得一切深广和久远的苦痛，正视一切重叠淤积
> 的凝血，深知一切已死，方生，将生和未生。他看透了造化的
> 把戏；他将要起来使人类苏生，或者使人类灭尽，这些造物主
> 的良民们。

造物主，怯弱者，羞惭了，于是伏藏。天地在猛士的眼中于是变色。

这是道道地地的尼采精神，我们用不着曲解为社会战士的！

那时，《新青年》的一部分战士，就在这一旗帜下集合拢来。鲁迅在追记《语丝》社的始末，就说："《语丝》的销路可只是增加起来，……收支已足相抵，后来并且有了盈余。于是（李）小峰就被尊为'老板'……从此市场中的茶居或饭铺的或一房门外，有时便会看见挂着一块上写'语丝社'的木牌。倘一驻足，也许就可以听到疑古玄同先生的又快又响的谈吐。但我那时是在避开宴会的，所以毫不知道内部的情形。"（鲁迅的话，笔者以为不要呆看，他那时和周作人的情感不很好，所以故意避开说他的弟弟主持编务的话。）那时，刘复（半农）有一信写给周作人，就说："《语丝》毕竟把诸位老友的真吐属，送到我面前；虽然其中也有几位是从前不相识的，但将来总是很好的朋友。""就《语丝》的全体看，乃是一个文学为主，学术为辅的小报。这个态度，我很赞成，我希望你们永远保持着，若然，《语丝》的生命能垂于永远。我想当初《新青年》，原也应当如此，而且头几年已经做到如此。后来变了相，真是万分可惜。"他们当时的想法的确如此。

我说鲁迅当时还是一个坚强的个人主义者。（至少是《语丝》社那一群人有这么一种趋向。）我们且从钱玄同回答刘半农的信中可以看到所引用易卜生的一段话："我所最期望于你的是一种真正纯粹的为我主义。要使你有时觉得天下只有关于我的事最要紧，其余的都算不得什么。你要想有益于社会，最好的法子，莫如把你自己这块材料铸造成器。有的时候，我真觉得全世界都像海上撞沉了船，最要紧的，还是救出自己。"我们不要以为个人主义的战士，就比社会主义战士逊色些。鲁迅所叹息的，乃是战士们不够强韧，他对于《语丝》社朋友也有同样的感想。他说："《语丝》虽总想有反抗精神，而时时有疲劳的颜色，大约因为看得中国的内情太清楚，所以不免有些失望之故罢。由此可知见事太明，做事即失其勇，庄子所谓'察见渊鱼者不祥'，盖不独谓将为众所忌，且于自己的前进亦复大有妨碍也。我现在还要找寻生力军，加多破坏论者。"当时林语堂对于《语丝》也有过评语，他说："半农想念启明之温文尔雅，先生——即玄同之激昂慷慨，尹默之大棉鞋与厚眼镜。此考语甚好，先生何必反对。但是我觉得这正合拿来评近出之三种周刊：温文尔雅，《语丝》也；激昂慷慨，《猛进》也；穿大棉鞋与戴厚眼镜者，《独立评论》也。"《语丝》原是温文尔雅一路。那时，《语丝》已经开始提倡"幽默"，尚未成为林语堂的专卖品。此所以他于《语丝》以外，帮着青年们创办更激进一点的《莽原》半月刊了。那时林语堂的主张：(1) 非中庸；(2) 非乐天知命；(3) 不让主义；(4) 不悲观；(5) 不怕洋习气；(6) 必读政治，并未提倡闲适情调的。

十三、南行

——在厦门

　　1926年8月底，鲁迅从北京南下，到了上海，9月4日，他乘轮到了厦门。第二年1月间，他又从厦门到广州；到了9月，他又从广州北归上海。这一年，正是北洋军阀政权总崩溃，国民革命军北伐成功的时期；他又一度看到了大革命的浪潮，体味到《好的故事》的新的悲哀！（这一部分史料，保留在他和许广平的《两地书》中，最近，陈梦韶编次了《鲁迅在厦门》的小册子，可供参考。）

　　鲁迅到厦门大学去担任教职（国文系教授兼国学院研究教授），原是应林语堂的邀请。他远离了北京那个政治纷扰的圈子，投入这样景物宜人的海滨小城，而且生活比较安定，如他自己所说的："背山面海，风景绝佳……四面几无人家，离市面约有十里，要静养倒好的。"他初到那里，觉得还不坏，打算在那儿住两年，想把先前已经集成的《汉画像考》和《古小说钩沉》印出来。可是，他一住下去，便觉得不对了。后来勉强住满了一学期；他当时的心境，可以下得"淡淡的哀愁"的考语。他说："记得还是去年躲在厦门岛上的时候，因为太讨人厌了，终于得到'敬鬼神而远之'式的待遇，被供在图书馆楼上的一间屋子里。白天还有馆员，钉书匠，阅书的学生，夜九时后，一切星散，一所很大的洋楼里，除我以外，没有别人。我沉静下去了。寂静浓到如酒，令人微醺。望后窗外骨立的乱山中许多白点，是丛冢；一粒深黄色火，是南普陀寺的琉璃灯。前面则海天微茫，黑絮一般的夜色简直似乎要扑到心坎里。我靠了石栏远眺，听得自己的心音，四远还仿佛有无量悲哀，苦恼，零落，死灭，都杂入这寂静中，使它变成药酒，加色，加味，加香。这时，我曾经想要写，但是不能写，无从写。这也就是我所谓'当我沉默着的时候，我觉得充实，我将开口，同时感到空虚'。莫非这就是一点'世界苦恼'么？我有时想。然而大约又不是的，这不过是淡淡的哀愁，中间还带些愉快。我想接近它，但我愈想，它却愈渺茫了，几乎就要发见仅只我独自倚着石栏，此外一无所有。必须待到我忘了努力，才又感到淡淡的哀愁。"这一份心境，我们是体会得到的，笔者曾经和他谈起，其间有着不可解消的隔膜。

鲁迅是从北京到厦门去的。北京的学术空气和上海已经不相同，海派的学术研究，在京派已觉得过于浮浅，若拿这一尺度来衡量其他城市的学术空气，那当然更差一截了。海外人士心目中的国学，尚未脱离"四书五经"阶段，那时的中山大学教授，力主读经，提倡《古文观止》，和陈济棠一鼻孔出气，要驱逐胡适出境，对于鲁迅的辑佚书工作更不能赏识了。那时厦门大学校长林文庆，对国学也是外行，所期待于国学研究所的，也和鲁迅的预想差得很远。一开头便格格不相入，也是势所必至的。鲁迅有一封写给景宋的信，说："这里的学校当局，虽出重资聘请教员，而未免视教员如变把戏者，要他空拳赤手，显出本领来。即如这回开展览会，我就吃苦不少。当开会之前，兼士要我的碑碣拓片去陈列，我答应了。但我只有一张小书桌和小方桌，不够用，只得摊在地上，伏着，一一选出。及至拿到会场去时，则除孙伏园自告奋勇，同去陈列之外，没有第二人帮忙。……兼士看不过去，便自来帮我……"彼此隔膜之情，便是如此。

鲁迅在厦门住了半年，几乎近于不欢而散。固然厦门大学不了解鲁迅，不认识鲁迅；鲁迅呢，也并不认识厦门大学、了解厦门大学。（鲁迅曾经在《海上通信》这么说过："校长林文庆博士，他待我实在是很隆重，请我吃过几回饭，单是饯行，就有两回。"实在他们之间是很隔膜的。）不过，鲁迅虽是操守很严的人，待人有时实在过于苛刻，尤其是他的笔尖；《两地书》乃是他们情侣间的信件，骂起人来更是不留情。笔者特地要提请读者注意，并不是鲁迅所骂的都是坏人，如陈源（西滢）、徐志摩、梁实秋，都是待人接物很有分寸，学问很渊博，文笔也不错，而且很谦虚的。有人看了鲁迅的文章，因而把陈西滢、梁实秋看作十恶不赦的四凶，也是太天真了的！当时，鲁迅离开厦门大学，外间有鲁迅派和胡适派争斗之说，鲁迅也出来否认了；但我们看了《两地书》，就会明白鲁迅派确有和胡适派交恶的事实；这样的门户之见，也是不足取的。在鲁迅的笔下，顾颉刚是十足的小人，连他的考证也不足道。其实，顾颉刚也是笃实君子，做考证，十分认真；比之鲁迅，只能说各有所长，不必相轻。其他，鲁迅提到的人，我也认识了好多，他们文士的习气虽所不免，学者派头，或许十足，却也不是什么小人。（鲁迅有一封信形容顾颉刚在广州时的猥琐样儿，也是有点过分的。）鲁迅有一封10月16日写给许广平的信，对于这一回门户之争，说得很明白。他说："我的情形，……大约一受刺激，便心烦，事情过后，即平安些。可是本校情形实在太不见佳，朱山根之流，已在国学院大占势力，□□又要到这里来做法律系主任了，从此《现代评论》色彩，将弥漫厦大。在北京是国文系对抗着的，而这里的国学院却弄了一大批胡适之陈源之流，我觉得毫无希望。"这不能不说是他的偏见，他当时还怪沈兼士糊涂呢。

中国士大夫党同伐异，气量褊狭，鲁迅最为了解，但他也不能跳出这一圈子，所以，他十分敏感。我觉得鲁迅写厦大欢宴太虚法师那一幕，倒是我所说的"隔膜"二字的最好注释。太虚法师本来是政治性和尚，和天主教之有于斌，伯仲之间。他在中国官场的地位很高，对于佛法研究，却浅薄得很。太虚到南普陀来讲经，佛教青年会提议，拟令童子军捧鲜花，随太虚行踪而散之，以示步步生莲花之意。世俗人的心目中，太虚便是如此人物。有一天下午，南普陀寺和闽南佛学院分宴太虚，邀鲁迅作陪，厦大方面硬要他去，否则外间会说以为厦大看不起他们；顾及团体，鲁迅只得从命。鲁迅写道："罗庸说太虚'如初日芙蓉'，我实在看不出这样，只是平平常常。入席，他们要我与太虚并排上坐，我终于推掉，将一位哲学教员供上完事。太虚倒并不专讲佛事，常论世俗事情，而作陪之教员们，偏好问他佛法，什么'唯识'呀，'涅槃'哪，真是其愚不可及，……其时又有乡下女人来看，结果是跪下大磕其头，得意之状可掬而去。"这明明是三种境界，要他们合拢来，也是不可能的。

鲁迅在厦大，原是林语堂的关系，上文已提到过了。他和林氏的关系究竟怎样呢？他在另一封信中说："这学校，就如一部《三国志演义》，你枪我剑，好看煞人。北京的学界在都市中挤轧，这里是在小岛上挤轧，地点虽异，挤轧则同。但国学院内部的排挤现象，外间却还未知道，……将来一知道，就要乐不可支。我于这里毫无留恋，吃苦的还是玉堂，但我和玉堂的交情，还不到可以向他说明这些事情的程度，即使说了，他是否相信，也难说的。我所以只好一声不响……"这显然又是一重隔膜。

从鲁迅和许广平的通信，和他的回忆文字中，我们体味到他那一时期的寂寞与哀愁。鲁迅本来是一个不甘寂寞的人；不甘寂寞，不一定是"热衷"，"热衷"不一定是想做官。为了恋爱和人世间的挣扎，也可以热衷的。以北京的广大复杂来和这一孤岛的单调对比，当然是十分寂寞了；何况那一时期，又是他和许广平正在热恋的时期。（鲁迅对于山水之胜，素来不感兴趣；他在杭州一年多，也只游过一回西湖。）所以，厦门的南普陀寺，可以容下弘一法师那样高僧在那一海角上终其晚年，却容不下鲁迅这样一个不甘寂寞的人。他曾写道："今夜周围是这么寂静，屋后面的山脚下腾起野烧的微光；南普陀寺还在做牵丝傀儡戏，时时传来锣鼓声，每一间隔中，就更加显得寂静。电灯自然是辉煌着，但不知怎地忽有淡淡的哀愁来袭击我的心。"这便是他的心境。

北京和上海，虽是环境很坏，却是大海，可以容得下他这一大鱼，不至于那么无意义地搅扰他的。笔者曾劝他到青岛去养病，他说，且不说别的，他有了厦门的经验，那些山明水秀之乡，对于他并不是很好的温床，因为那些地方，对于世事太隔绝了。鲁迅在厦门时期，他虽说脱去了北京那个复杂的政治环境，但厦门这一角上，比北京更远离着革命，像他这样一个现代头脑的人，要他远离了世事，也是不可能的。他有一封寄许广平的信中说："此地对于外面的情形，也不大了然。看今天的报章，登有上海电。（但这些电报是什么来路，却不明。）总结起来：武昌还未降，大约要攻击；南昌猛扑数次，未取得；孙传芳已出兵；吴佩孚似乎在郑州，现在与奉天方面暗争保定大名。"在那个国民革命的白热狂潮中，他这个人，不也等于羲皇上人了吗？对外的狂烈战斗，不把他卷进去，他这羲皇上人，也只好在小圈子中间闹小斗争了。

把他那一段时期的生活，放在他的一生中去看，却也不一定如他当时所慨叹的冷落的。他那两部最好的散文集：《朝花夕拾》和《野草》，都是这一时期编成的，还有一部最富启示意味的散文集：《坟》，也是这一时期出版的。（《朝花夕拾》的后面五篇，都是这一时期在集美楼上写的。）他开始写历史小品，那部有名的《故事新编》中，《铸剑》和《奔月》两篇，便是这一时期所写的。

鲁迅编订《古小说钩沉》，这是《中国小说史略》的原料的一部分，原已列入《国学研究院丛书》。这部史料，虽不曾在厦大出版（后来由北新书局出版），却是那一时期整理完成的。他的中国文学史讲义，也在那儿开了头，那部有名的《汉文学史纲要》，便是这时期写成的。依比例来说，他这一时期的成就并不算少。

就是因为地方小，一般人的眼界也小，所以把他当作四脚蛇、独角牛看待。他在学校，谁都可以直冲而入，并无可谈，而东拉西扯，坐着不走，浪费时光，自是可惜的。他曾向许广平诉苦说："将来如到广州去，应该在校中取得一间屋，算是住室，作为预备功课及会客之用，另在外面觅一相当的地方，作为创作及休息之用，庶几不至于起居无节，饮食不时，再踏在北京时之覆辙。"这又是他耐不住世俗生活的一面呢！

十四、广州九月

　　1927 年 1 月 18 日，鲁迅从厦门到了广州，在中山大学任教；就在那年 9 月底，又离开广州北行，到上海去，他在广州差不多住了九个月。这九个月，他的精神也不怎么愉快。最近，上海《文艺月报》发表了一封鲁迅那时写给章川岛的信，倒可以简括说明他的处境。信中这么说：

　　我在这里，被抬得太高，苦极。作文演说的债，欠了许多。阴历正月三日从毓秀山跳下，跌伤了，躺了几天。十七日到香港去演说，被英国人禁止在报上揭载了。真是钉子之多，不胜枚举。

　　我想不做"名人"了，玩玩。一变"名人"，"自己"就没有了。

　　他在广州的生活，他自己写的《怎么写》《在钟楼上》两篇夜记说得很有趣，也很悲凉。他在中大的职务是中国文学系教授兼主任，本来想做点事，他曾对许广平说："到中大后，也许不难择一并不空耗精力而较有益于学校或社会的事。""只要中大的文科办得还像样，我的目的就达到了。""我还想与创造社联合起来，造一条战线，更向旧社会进攻，我再勉力写些文字。"当然，这一希望也就很快地幻灭了。

他到中大，住在最中央而最高的处所，通称大钟楼。一到夜间便有十多只——也许二十多只吧——老鼠出现，驰骋文案。什么都不管，只要可吃的，它就吃，并且能开盒子盖。搅得他晚上不能够睡觉。到清晨时，就有"工友"们大声唱歌，他听不懂的歌。那时，访问他的青年很多，有几个热心于改革的，还希望他对于广州的缺点加以激烈的攻击。他回答得很技巧，说他还未熟悉本地的情形，而且已经革命，觉得无甚可以攻击之处。我们且回想一下，那一年春天，国民革命军已击溃了孙传芳的军队，攻占了南京、上海，广州这个革命的后方根据地，其实已经十分沉寂了。

他当时的广东印象是这样："我于广州无爱憎，因而也就无欣戚，无褒贬。我抱着梦幻而来，一遇实际，便被从梦境放逐了，不过剩下些索漠。我觉得广州究竟是中国的一部分，虽然奇异的花果，特别的语言，可以淆乱游子的耳目，但实际是和我所走过的别处都差不多的。倘说中国是一幅画出的不类人间的图，则各省的图样实无不同，差异的只在所用的颜色。黄河以北的几省，是黄色和灰色画的，江浙是淡黑和淡绿，厦门是淡红和灰色，广州是深绿和深红。我那时觉得似乎其实未曾游行，所以也没有特别的骂詈之辞，要专一倾注在素馨和香蕉上。……到后来，却有些改变了，往往斗胆说几句坏话。然而有什么用呢？在一处演讲时，我说广州的人民并无力量，所以这里可以做'革命的策源地'，也可以做反革命的策源地……当译成广东话时，我觉得这几句话似乎被删掉了。……广东的花果，在'外江佬'的眼里，自然依然是奇特的。我们最爱吃的是'杨桃'，滑而脆，酸而甜，做成罐头的，完全失却了本味。汕头的一种较大，却是'三廉'，不中吃了。我常常宣传杨桃的功德，吃的人大抵赞同，这是我这一年中最卓著的成绩。"这又是一份淡淡的哀愁。

鲁迅在广州的不快意的生活，由于《现代评论》派人士的参加中山大学，重开"厦大"式小圈子里的派系争斗，他只能先离开中山大学的钟楼，接着便离开广州了。不过，鲁迅在广州，有几回虽是并非出于他的乐意的演讲，却是十分出色的。一回是在黄埔军官学校所讲演的《革命时代的文学》，一回是在广州暑期学术演讲会所讲的《魏晋风度及文章及药与酒之关系》，都是独抒卓见，为一般文士所想不到、说不出，而且也不敢说的。那年2月间，鲁迅还到香港讲演过两次，两次都在青年会，一次题为《无声的中国》，一次是《老调子已经唱完》，都是针对着现实的批评。我以为鲁迅的文字，就批评现实的匕首作用说，晚年的杂文自是强韧有力。但要理解他的思想体系，说得完整一点的，还得看他的几篇长的论文和讲稿的。

那时，鲁迅对于革命和文学，有着他自己的看法，并不如后来那些所谓鲁迅的信徒一般，硬拉人另一种面孔中去的。在广州的青年，引了拉狄克的话"在一个最大的社会改变的时代，文学家不能做旁观者"来鞭策他，他说："拉狄克的话，是为了叶遂宁和梭波里的自杀而发的。他那一篇《无家可归的艺术家》译载在一种期刊上时，曾经使我发生过暂时的思索。我因此知道凡有革命以前的幻想或理想的革命诗人，很可有碰死在自己所讴歌希望的现实上的运命；而现实的革命倘不粉碎了这类诗人的幻想或理想，则这革命也还是布告上的空谈。但叶遂宁和梭波里是未可厚非的，他们先后给自己唱了挽歌，他们有真实。

他们以自己的沉没，证明着革命的前行。他们到底并不是旁观者。"这一看法，他在后来另一讲演，题名《文艺与政治的歧途》中，有更详切的说明。（这一篇讲稿，系笔者所记录，鲁迅认为可收入他的文录，见《鲁迅书简》。）他说："我每每觉到文艺和政治时时在冲突之中；文艺和革命原不是相反的，两者之间，倒有不安于现状的同一。惟政治是要维持现状，自然和不安于现状的文艺处在不同的方向。……政治想维系现状使它统一，文艺催促社会进化使它渐渐分离；文艺虽使社会分裂，但是社会这样才进步起来。文艺既然是政治家的眼中钉，那就不免被挤出去。"我们从他这一观点来看他当时的言论，那就可以了解得清楚一点了。

鲁迅在广州所看到的是"奉旨革命"，虽说前几年他在北方常常看到压迫党人，看见捕杀青年，到那里就看不见。后来他才悟到这不过是"奉旨革命"的现象，广州和其他城市一样，"革命"后也并没有多大的进步。他说："我听人家说，广东是很可怕的地方，并且赤化了，既然这样奇，这样可怕，我就要来看，看看究竟怎样；我到这里不过一礼拜，并没看见什么，没有看见什么奇怪的、可怕的。据我两只眼睛所看见的，广东比起旧的社会，没有什么特别的情形，并不见得有两样，我只感觉着广东是旧的。"

他对黄埔军官学校的学生说："在这革命地方的文学家，恐怕总喜欢说文学和革命是大有关系的，例如可以用这来宣传，鼓吹，煽动，促进革命和完成革命。不过我想，这样的文章是无力的，因为好的文艺作品，向来多是不受别人命令，不顾利害，自然而然地从心中流露的东西；如果先挂起一个题目，做起文章来，那又何异于八股，在文学中并无价值，更说不到能否感动人了。为革命起见，要有'革命人'，'革命文学'倒无须急急，革命人做出东西来，才是革命文学。所以，我想：革命，倒是与文章有关系的。"这些话，都说得很切实，很对症，但和一般人的想法都是相反的。

那一时期的鲁迅情怀，我们倒可以从他的另外几篇短文中体会更深刻一点。他到了广东，看见了所谓革命策源地，有了种种感慨。他说："其实是'革命尚未成功'的。革命无止境，倘使世上真有什么'止于至善'，这人间世便同时变了凝固的东西了。不过，中国经了许多战士的精神和血肉的培养，却的确长出了一点先前所没有的幸福的花果来，也还有逐渐生长的希望。倘若不像有，那是因为继续培养的人们少，而赏玩，攀折这花，摘食这果实的人们倒是太多的缘故。"这是一针见血的批评。他有几句辛辣的讽刺的话：

革命，反革命，不革命。

革命的被杀于反革命的。反革命的被杀于革命的。不革命的或当作革命的而被杀于反革命的，或当作反革命的而被杀于革命的，或并不当作什么而被杀于革命的或反革命的。

这是一部中华民国革命史的总结论，哀哉，中国老百姓的劫运！

他对于中华民族的前途是颇悲观的。他在香港青年会的第一次演讲，说道："我们此后实在只有两条路：一是抱着古文而死掉，一是舍掉古文而生存。"他知道大家正在走前一条路。他在第二次演讲，就指出老调子没有唱完。他说："中国的文章是最没有变化的，调子是最老的，里面的思想是最旧的。但是，很奇怪，却和别国不一样。那些老调子，还是没有唱完。这是什么缘故呢？有人说，我们中国是有一种'特别国情'。——中国人是否真是这样'特别'，我是不知道，不过我听得有人说，中国人是这样。——倘使这话是真的，那么，据我看来，这所以特别的原因，大概有两样。第一，是因为中国人没记性，……所以昨天听过的话，今天忘记了，明天再听到，还是觉得很新鲜。做事也是如此，昨天做坏了的事，今天忘记了，明天做起来，也还是'仍旧贯'的老调子。第二，是个人的老调子还未唱完，国家却已经灭亡了好几次了。何以呢？我想，凡有老旧的调子，一到有一个时候，是都应该唱完的，凡是有良心，有觉悟的人，到一个时候，自然知道老调子不该再唱，将它抛弃。但是，一般以自己为中心的人们，却决不肯以民众为主体，而专图自己的便利，总是三翻四复的唱不完。于是，自己的老调子固然唱不完，而国家却已被唱完了。"他是希望一般青年首先是抛弃了老调子，那些旧文章旧思想，都已经和旧社会毫无关系了。生在现今的时代，捧着古书是没有用处了。这句话，直到今天，还是逆耳之言呢！

那回，鲁迅在香港的遭遇是有趣的，他说："我去讲演的时候，主持其事的人大约很受了许多困难，但我都不大清楚。单知道先是颇遭干涉，中途又有反对者派人索取入场券，收藏起来，使别人不能去听；后来又不许将讲稿登报，经交涉的结果，是削去和改窜了许多。"（他讲演中几次提到了元朝，有人就有些不高兴了。）至于鲁迅在广东，他自己也有了幽默的譬说："回想起我这一年的境遇来，有时实在觉得有味。在厦门，是到时静悄悄，后来大热闹；在广东，是到时大热闹，后来静悄悄。肚大两头尖，像一个橄榄。我如有作品，题这名目是最好的，可惜被郭沫若先生占先用去了。"他在寂寞的南方，又经历了一番世故。他也曾幽默地写信给李小峰说："照那时的形势看来，实在也足令认明了我的'纸糊的假冠'的才子们生气。但那……只是报上所表见的，乃是一时的情形；此刻早没有假冠了，可惜报上并不记载。"［他指出：（一）战斗和革命，先前几乎有修改为捣乱的趋势，现在大约可以免了。（二）要他做序的书，已经托故取回。期刊上他的题签，已经撤换。（三）报上说他已经逃走或者说他到汉口去了。］他就是这么寂寞地离开广州了。

十五、上海十年间

　　1927 年秋间，鲁迅从广州北归上海，便在那儿定居着，一直到 1936 年秋间，他在上海逝世。这十年中，他就在那儿过着半安定的生活。其间，他只于 1929 年五六月间到过北平一次，很快就南归的。北平的朋友，留他在那儿教书，他说他已经心野了，不能教书了。其实，他是不十分甘于寂寞的人，所以住不下去。他曾在写给许广平的信中说："为安闲计，住北平是不坏的，但因为和南方太不同了，所以几乎有'世外桃源'之感。我来此虽已十天，却毫不感到什么刺激，略不小心，确有'落伍'之惧的。上海虽烦扰，但也别有生气。"这是他心头的真话。后来，他的病情已重，笔者曾写信劝他到山水胜处休养一些时日，他的回信说：

　　倘能暂时居乡，本为凤愿；但他乡不熟悉，故乡又不能归去。自前数年"卢布说"流行以来，连亲友竟亦有相信者，开口借钱，少则数百，时或五千；倘暂归，彼辈必以为将买肥田，建大厦，辇卢荣归矣。万一被绑票，索价必大，而又无法可赎，则将撕票也必矣，岂不冤哉。

（这虽是带诙谐的话，却真是天地虽大，无可容身，只能在上海尘嚣中过下去的。"一·二八"战役后，他也曾有往北平的打算，看看局势日紧，也就作罢了。）

他在上海那十年中，正是国民政府建都南京，蒋介石渐次稳定他的政权之时。国民党这一政权，本来的领导人孙中山，他是有意建立社会主义的国家，他决定了联俄容共政策，自负为代表农工利益的政党。这一党的决策，孙氏期望在建立党军以后，逐次推行起来。因此，国民革命军的北伐，对北方文化人是极大的诱导力量。哪知就在北伐推进途中，蒋介石已经抛弃党的原定政策，首先和资产阶级携手，促成国共分裂，国民党内部也发生了许多次分裂，引起了几次大规模内战。这一来，文化人对政府的离心倾向，越来越明显了。鲁迅自始不曾对革命寄予过多的希望，不过他到了广州，那个革命策源地，只是失望而已；回到了上海，却看见了许多痛心的现状。他在北洋军阀时代的北京是被迫害的，他在上海却受到了蒋政权的迫害。

蒋介石的统治，一方面接受了苏联的集权方式，以党统军，以军统政，他在政府中的地位，虽有变动，而其掌握党军的实力，则自始不曾变动。一方面接受了德意志的法西斯主义，推行特务政治。在他控制下的权力机构，属于党的有中央党部的调查统计局（简称"中统"）；属于军的，有军事委员会调查统计局（简称"军统"）。而他这个军事委员会委员长侍从室，即以相当于清廷军机处的地位操纵军政大权。那时"中统"方面，便派员长驻上海，和上海市社会局相联系，普遍地对上海文化人监视、逮捕，甚至暗杀。特务机关处置共党分子，手段非常残酷，赵平复（柔石）等被捕之后，外间传鲁迅也被拘或已死了。那样大规模的秘密枪决，到处都有，当局也在找寻鲁迅，也可能遇难的。他受着这沉痛的刺激，曾赋有小诗：

> 惯于长夜过春时，挈妇将雏鬓有丝。
> 梦里依稀慈母泪，城头变幻大王旗。
> 忍看朋辈成新鬼，怒向刀丛觅小诗。
> 吟罢低眉无写处，月光如水照缁衣。

有一部《鲁迅传》（王士菁编），他是把鲁迅在上海的十年，当作被围攻的时期，那是错误的；而另一位写《新文学史稿》的王瑶，把那一段时期，当作鲁迅领导文学运动的时期，也是错误的。国民党主政时期，他对鲁迅的迫害是有的，带恐怖性的谣传也是有的；但国民政府是官僚主义的政府，上海租界又带上几分洋大人的气息，所以他们的斗争手法常是十分可笑的，他们对左翼文人，普遍加以打击，笔者也曾身与其痛，但对有组织的中共文化人，是鞭长莫及的。但鲁迅的声名与地位，一方面既受中共组织所掩护，一方面又为国民党特务所不敢触犯（投鼠忌器），所以那十年间，有惊无险，太严重的迫害，并不曾有过。而他到上海后，便由许寿裳推介，由蔡元培聘任为大学院（即后来教育部）特任著作员，迄"一·二八"战役后国民党政府改组为止，凡五年之久；说起来，还是国民政府教育部的工作人员之一呢！

国民政府建都南京以后，中国的新文化、新文学运动，也随着南移，上海的文化地位，也可说是取北京而代之了。鲁迅的领导地位，他自己既辞了又辞，不曾自居，而在文人相轻的环境中，各以所长，相轻所短，也未必甘于奉鲁迅为盟主，那些被鲁迅称为民族主义文学家的，连王平陵在内，都是毛头小伙子，都是不足数的。

那时，《北晨》副刊和《现代评论》社派的人士，大部分被国民政府所吸引，参加了蒋介石政权的中枢工作，已经退出文化集团的战斗阵线了。一部分也到了广州、上海，在《新月》旗帜之下集合起来的，有胡适、梁实秋、罗隆基、徐志摩等。他们和鲁迅辩论过了一阵，但《新月》社本身，也受蒋政权的迫害，胡适的处境在那时期，并不比鲁迅更自由些。至于受鲁迅所攻击的"第三种人"，即神州国光社的《读书杂志》派（王礼锡所主持）和《现代杂志》派（施蛰存主编），也只是和左联文人对辩，没有围攻鲁迅的作用的。

中共在上海的文化工作，无论左翼作家联盟，或是社会科学工作者联盟，或戏剧工作者联盟，都有主要负责人，如瞿秋白、周扬、潘汉年，他们对于鲁迅，只当作同路人看待，处于尊而不亲的地位。他们有其领导文化运动路线，并非要鲁迅来领导。我们且看鲁迅和徐懋庸的往来信件，就可以明白鲁迅与中共之间也不一定十分协调。不过，中共懂得争取群众，争取鲁迅这样一个文化斗士，有时颇迁就他迎合他的意向。

至于林语堂由《论语》而《人间世》而《宇宙风》时期，提倡幽默，提倡闲适文学，并不有意与鲁迅为敌，却也不曾尊崇鲁迅。他们所推尊的，乃是周氏另一兄弟周作人。当林语堂抬出袁中郎的公安派文体时，鲁迅批评得很多，林氏也很少还手的。其他如邹韬奋之主办《生活》《新生周刊》，陈望道之主办《太白》半月刊，黎烈文之主编《自由谈》，谢六逸之主编《立报·言林》，也只是和鲁迅相接近，并未奉鲁迅为盟主的。鲁迅一生，总是"荷戟独彷徨"的日子为多，他是天空的飞鹫，并非蚁群的首领呢！

　　真正围攻过鲁迅的，倒是创造社的后起小伙子，洪水、太阳社那一群提倡革命文学的人。上文笔者提到鲁迅到广州，原想找郭沫若及其他创造社朋友谈合作的事。哪知他到了广州，成仿吾、郭沫若都已随军北伐了。等到鲁迅回到了上海，太阳社已开始围攻鲁迅，鲁迅又因所作《上海文艺界之一瞥》的讲演，刺痛了郭沫若那一群人。鲁迅和郭沫若便一生未见面，没有合作之可能了。

　　1927 年前后，当革命阵线破裂动乱之日，鲁迅是一个比较懂得世故的文人，依旧想退出阵线，沉默下去，这也是可能的。（他的确不想傻得像秋瑾一般，给一阵拍手鼓励得勇于上断头台，做烈士去的。）他在广州时，宋云彬就问过："鲁迅往哪里躲？"他说："噫嘻！异哉！鲁迅先生竟跑出了现社会，躲向牛角尖里去了。旧社会死去的苦痛，新社会生出的苦痛，多多少少放在他眼前，他竟熟视无睹！他把人生的镜子藏起来了，他把自己回复到过去时代去了。噫嘻！异哉！鲁迅先生躲避了。"这话，也不一定完全黏了边。

　　后来，他到了上海，创造社后期那些年轻作家，向鲁迅挑战，如钱杏邨（阿英）所说的："在这时，鲁迅是停滞在他原来的地方。他没有牢牢地抓住时代的轮轴，随着它的进展而进一步去把握这个已经展开了的新地，重行开始他的新的反封建的创作。这样，显然在鲁迅作品中的世界被破坏了以后，他又进一步地失却了强有力的创作的依据，他只有'吾将上下而求索'了。在什么都求索不到的时候，他只有切断了他的创作的生命，写他的开始生长的悲观哲学，和他的儿时的回忆了。鲁迅在这时又感到了失却了他自己的地球的悲哀。"钱杏邨那一群年轻人，对于时代的了解是不够的，而对于鲁迅的认识，尤其不够。

鲁迅的确在那时停住脚来，"上下而求索"，他却并未停滞在原来的地方，他是面对着现实，睁着眼睛在看的。

他对当时的革命文学家有过这样的批评："各种刊物，无论措辞怎样不同，都有一个共通之点，就是：有些朦胧。这朦胧的发祥地，由我看来……——也还在那有人爱，也有人憎的官僚和军阀。和他们已有瓜葛，或想有瓜葛的，笔下便往往笑眯眯，向大家表示和气，然而有远见，梦中又害怕铁锤和镰刀，因此也不敢分明恭维现在的主子，于是在这里留着一点朦胧。和他们瓜葛已断，或则并无瓜葛，走向大众去的，本可以毫无顾忌地说话了，但笔下即使雄赳赳，对大家显英雄，会忘却了他们的指挥刀的傻子是究竟不多的，这里也就留着一点朦胧。于是想要朦胧而终于透漏色彩的，想显色彩而终于不免朦胧的，便都在同地同时出现了。"这是明明指着创造社那些作家说的。（鲁迅明明提出了成仿吾、冯乃超、钱杏邨这些人来。当时的革命文学家，如蒋光慈，的确把蒋介石、汪精卫的照片放在玻璃板下，称为中国的列宁、托洛茨基的。）

鲁迅先后在燕京大学和上海社会科学研究会所作的演讲，论及《现今的新文学的概观》，说："各种文学，都是应环境而产生的，推崇文艺的人，虽喜欢说文艺足以煽起风波来，但在事实上，却是政治先行，文艺后变。""至于创造社所提倡的，更彻底的革命文学——无产阶级文学，自然更不过是一个题目。这边也禁，那边也禁的王独清的从上海租界里遥望广州暴动的诗，'Pong Pong Pong'铅字逐渐大了起来，只在说明他曾为电影的字幕和上海的酱园招牌所感动，有模仿勃洛克的《十二个》之志而无其力和才。郭沫若的《一只手》是很有人推为佳作的，但内容说一个革命者革命之后失了一只手，所余的一只还能和爱人握手的事，却未免'失'得太巧。五体四肢之中，倘要失去其一，实在还不如一只手；一条腿就不便，头自然更不行了。只准备失去一只手，是能减少战斗的勇往之气的；我想，革命者所不惜牺牲的，一定不只这一点。《一只手》也还是穷秀才落难，后来终于中状元，谐花烛的老调。"在鲁迅看来，浪漫主义的作家，即算提倡革命文学，也还是浪漫主义的幻想的。

鲁迅的散文集，有一种称为《三闲集》，那就是应着成仿吾批评他的话而命名的。（成仿吾说"鲁迅所持的是'闲暇，闲暇，第三个闲暇'，他们是代表着有闲的资产阶级，或者睡在鼓里的小资产阶级。如果北京的乌烟瘴气不用十万两无烟火花炸开的时候，他们也许永远这样过活的罢"。这是一句刺痛了鲁迅的话。）鲁迅曾在《三闲集》序言中说："我是在二七年被血吓得目瞪口呆，离开广东的，那些吞吞吐吐，没有胆子直说的话，都载在《而已集》里。但我到了上海，却遇见文豪们的笔尖的围剿了，创造社、太阳社、'正人君子们'的新月社中人，都说我不好，连并不标榜文派的现在多升为作家或教授的先生们，那时的文字里，也得时常暗暗地奚落我几句，以表示他们的高明。我当初还不过是'有闲即是有钱'，'封建余孽'或'没落者'，后来竟被判为主张杀青年的棒喝主义者了。这时候，有一个从广东自云避祸逃来，而寄住在我的寓里的廖君，也终于愤愤地对我说道：'我的朋友都看不起我，不和我来往了，说我和这样的人住在一处。'那时候，我是成了'这样的人'的。"（他曾幽默地说，要把那些攻击他的文字编成一册，名之《围剿集》。）

他是对创造社采取正面的攻击的，他在《上海文艺之一瞥》的讲演中说："这后来，就有新才子派的创造社的出现。创造社是尊贵天才的，为艺术而艺术的，专重自我的，崇创作，恶翻译，尤其憎恶重译的，与同时上海的文学研究会相对立。……文学研究会却也正相反，是主张为人生的艺术的，是一面创作，一面也看重翻译的，是注意于绍介被压迫民族文学的，这些都是小国度，没有人懂得他们的文字，因此也几乎全都是重译的。并且因为曾经声援过《新青年》，新仇夹旧仇，所以文学研究会这时就受了三方面的攻击。一方面就是创造社，……一方面是留学过美国的绅士派，……第三方面，则就是以前说过的鸳鸯蝴蝶派……创造社的这一战，从表面看来，是胜利的。……到了前年，'革命文学'这名目才旺盛起来了，主张的是从'革命策源地'回来的几个创造社元老和若干新分子。革命文学之所以旺盛起来，自然是因为由于社会的背景，一般群众、青年有了这样的要求。……政治环境突然改变，革命遭了挫折，阶级的分化非常显明，国民党以'清党'之名，大戮共产党及革命群众，而死剩的青年们再入于被迫压的境遇，于是革命文学在上海这才有了强烈的活动。所以这革命文学的旺盛起来，在表面上和别国不同，并非由于革命的高扬，而是因为革命的挫折；……他们，尤其是成仿吾先生，将革命使一般人理解为非常可怕的事，摆着一种极左倾的凶恶的面貌，好似革命一到，一切非革命者就都得死，令人对革命只抱着恐怖。其实革命是并非教人死而是教人活的。这种令人'知道点革命的厉害'，只图自己说得畅快的态度，也还是中了才子＋流氓的毒。"

这一演讲，也真刺痛了郭沫若的心，他特地写了《创造十年正续编》，来说明他们的战斗历程，前面还有一篇《引子》，针对鲁迅的讲演，而有所驳正。他说："就这样，我们鲁迅先生自始至终是要把创造社的几位流痞打进阿鼻地狱里去的。在未革命以前，他们是流氓痞棍，在既革命以后，他们还是流氓痞棍，在以前的文学运动中没有他们的分子，在以后的革命文学运动中也没有他们的分子。我们鲁迅先生真是有一手遮天一手遮地的大本领呀，而且文中的神髓更不好忽略地看过，那是在这样说的：'中国的新文学中，无论革命与反革命的，都只有我鲁迅一个人的！'"他们的争辩，都已动了意气，各以所长相轻所短了。

鲁迅在上海曾经参加过"三盟"："自由运动大同盟""左翼作家联盟"及"民权保障同盟会"。（到他死去为止，他只是一个文化斗士，从未参加政治组织。）1930 年春天，浙江省党部呈请通缉鲁迅，指他是"自由运动大同盟"的主持人。（若干鲁迅传记，都说浙江省党部所以要呈请通缉鲁迅，是因为省党部常委之一的许某，系上海复旦大学毕业生，而鲁迅主编的《语丝》刊载过揭发复旦大学的黑幕，所以怀恨于心。这一说法，似乎太好笑一点。其实，上海市党部、江苏省党部、浙江省党部乃是 CC 系的大本营，那些党老爷最爱干涉文人行动，所以有此决议，和许绍棣及复旦大学无关。）据鲁迅说："自由大同盟"并不是由他发起，当初只是请他去演说。他按时前往，则来宾签名者已有一人，他记得是郁达夫，演说次序是他第一，郁第二，他待郁讲完，便先告归。后来闻当场有人提议要有什么组织，凡今天到会者均作为发起人，到了次日报上发表，则变成鲁迅第一名了。鲁迅又说："浙江省党部颇有我熟人，他们倘来问我一声，我可以告之原委。今竟突然出此手段，那么我也用硬功对付，决不声明，就算由我发起好了。"（那时，朱家骅主浙政，系北京大学旧同事，鲁迅往广东任中山大学中国文学系主任，也是朱家骅任中山大学校长时所聘请的，所以他说颇有我的熟人。）

到了 1933 年，"民权保障同盟会"在上海成立，举蔡元培、宋庆龄为正副会长，鲁迅、杨杏佛、林语堂等为执行委员。这是适应那法西斯统治的黑色恐怖而产生的，他们都是有社会地位的文化人，本着人道主义做救助的工作。那时，蒋介石正在敬慕希特勒、墨索里尼的极权政治，他的特务机构蓝衣社初露锋芒，中共的文化人迭遭杀害，自由主义文化人如《申报》馆社长史量才，也被他们暗杀。他们仇视这一机构，杨杏佛便于那年 6 月间被暗杀。（杨当时系中央研究院副院长，而死于执政的国民政府的特务之手。）那时，谣言纷传，谓鲁迅也在黑名单之列。杨氏下硷之日，鲁迅亲往吊唁。是日大雨，他祭吊回去，赋诗写怀，句云：

岂有豪情似旧时，花开花落两由之。
何期泪洒江南雨，又为斯民哭健儿。

鲁迅是很理智很冷静，却又是一个性格刚强的人，所以并不感情冲突，也不临难苟免的。

那一时期，笔者曾在上海《申报·自由谈》写了一篇杂感：《杀错了人》，说："革命是社会的突变过程；在过程中，好人、坏人与不好不坏的人，总要杀了一些。杀了一些人，并不是没有代价的：于社会起了隔离作用，旧的社会和新的社会截然分成两段，恶势力不会传染到新的组织中来。中国每一回的革命，总是反了常态。许多青年因为参加革命运动，做了牺牲，革命进程中，旧势力一时躲开去，一些也不曾划除掉，革命成功以后，旧势力重复涌了出来，又把青年来做牺牲品，杀了一大批。这样的革命，不但不起隔离作用，简直替旧势力作保镖。因此民国以来，只有暮气，没有朝气，任何事业，都不必谈改革，一谈改革，必积重难返，其恶势力一直贯注到现在。"便是指当时当局的恐怖政府而言，接着，鲁迅也作进一步的推论："我想，中国革命的闹成这模样，并不是因为他们'杀错了人'，倒是因为我们看错了人。"这话，当然说得更真切的。（我们不仅看错了袁世凯，也看错了蒋介石了。）

他初住上海时，提倡革命文学的创造社、太阳社文人，对他的不断攻击，不独见解很浅薄，动机也很无聊，有的正是借攻击鲁迅以自重。不过，这一种斗争，并非中共的决策。到了1930年，"左翼作家联盟"在上海成立，中共的文艺政策，有了一定的路向，而推行这一路向的瞿秋白，也是文学研究会会员，他和上海文坛人士的交谊颇广，他是要争取鲁迅来做有力的支援。鲁迅加入了"左联"，"左联"才显得有力量，而鲁迅的"荷戟彷徨"的孤立时期，由于有了"左联"的卫护，也就过去了。

在"左联"未成立以前，鲁迅曾自述其处境。说："从前年以来，对于我个人的攻击是多极了，每一种刊物上，大抵总要看见'鲁迅'的名字，而作者的口吻，则粗粗一看，大抵好像革命文学家。但我看了几篇，竟逐渐觉得废话太多了。解剖刀既不中膝理，子弹所击之处，也不是致命伤。……我于是想，可供参考的这样的理论，是太少了，所以大家有些糊涂。对于敌人，解剖，咬嚼，现在是在所不免的，不过有一本解剖学，有一本烹饪法，依法办理，则构造味道，总还可以较为清楚，有味。人往往以神话中的 Prometheus 比革命者，以为窃火给人，虽遭天帝之虐待而不悔，其博大坚忍正相同。但我从别国里窃得火来，本意却在煮自己的肉的，以为倘能味道较好，庶几在咬嚼者那一面也得到较多的好处，我也不枉费了身躯：出发点全是个人主义，并且还夹杂着小市民性的奢华，以及慢慢地摸出解剖刀来，反而刺进解剖者的心脏里去的'报复'。梁（实秋）先生说'他们要报复'，其实岂只'他们'，这样的人在'封建余孽'中也很有的。然而，我也愿意于社会上有些用处，看客所见的结果仍是火和光。这样，首先开手的就是《文艺政策》，因为其中含有各派的议论。"

"左联"酝酿于 1929 年的冬间，成立于 1930 年 3 月间。鲁迅曾于"左联成立大会"中发表意见，他说："我以为在现在，'左翼'作家是很容易成为'右翼'作家的。为什么呢？第一，倘若不和实际的社会斗争接触，单关在玻璃窗内做文章，研究问题，那是无论怎样的激烈，'左'，都是容易办到的；然而一碰到实际，便即刻要撞碎了。关在房子里，最容易高谈彻底的主义，然而也最容易'右倾'。西洋的叫作'Salon 的社会主义者'，便是指这而言。……第二，倘不明白革命的实际情形，也容易变成'右翼'。革命是痛苦，其中也必然混有污秽和血，决不是如诗人们所想象的那般有趣，那般完美；革命尤其是现实的事，需要各种卑贱的、麻烦的工作，决不如诗人所想象的那般浪漫；革命当然有破坏，然而更需要建设，破坏是痛快的，但建设却是麻烦的事。所以对于革命抱着罗曼蒂克的幻想的人，一和革命接近，一到革命进行，便容易失望。……还有，以为诗人或文学家高于一切人，他的工作比一切工作都高贵，也是不正确的观念。"接着他提出了今后应注意的几点："第一，对于旧社会和旧势力的斗争，必须坚决，持久不断，而且注重实力。……第二，我以为战线应该扩大。在前年和去年，文学上的战争是有的，但那范围实在太小，一切旧文学旧思想都不为新派的人所注意，反而弄成了在一角里新文学者和新文学者的斗争，旧派的人倒能够闲舒地在旁边观战。……第三，我们应当造出大群的新的战士。……我们急于要造出大群的新的战士，但同时，在文学战线上还要'韧'。……要在文化上有成绩，则非韧不可。最后，我以为联合战线是以有共同目的为必要条件的。……如果目的都在工农大众，那当然战线也就统一了。"从那以后，他的路向就慢慢走稳了。

有一位和鲁迅在上海时往还很密切的冯雪峰（他也是浙东人，和笔者也是浙江第一师范的先后同学），他曾写了一本《回忆鲁迅》。

不过，雪峰对于鲁迅的看法，以及他所说的鲁迅与"左联"的关系，却不是一些勉强替鲁迅戴纸糊帽子的人所能了解的。冯氏说他自己在北京过流浪生活时期，曾经在北京大学旁听过鲁迅的讲课，他得了一些印象，又从别人那里听来了一些，他是一个很矛盾的人。他在心里曾经这样说他："鲁迅，确实非常热情，然而又确实有些所谓冷得可怕的。我看见他号召青年起来反抗一切旧势力和一切权威，并且自己就愿意先为青年斩除荆棘，受了一切创伤也不灰心；可是我觉得他又好像蔑视一切，对一切人都怀有疑虑和敌意，仿佛青年也是他的敌人，就是他自己也是他的敌人似的。总之，我以为他是很矛盾的，同时也认为他是很难接近的人。"凡是和鲁迅相接近的朋友都有这样的感觉，鲁迅，是他自己那一环境所孕育成长的，我们不能忘记他自己所说"有谁从小康人家而坠入困顿的么，我以为在这路途中，大概可以看见世人的真面目"的话，这是使他成为"冷得可怕"的主因，我们实在不必为之隐讳的。（后来冯氏又否定他的看法了，也是政治观点在作祟。）鲁迅曾经这么说过："怎么可以没有希望呢。否则，人也活不下去了。我自然相信有将来，不过将来究竟如何美丽，光明，却还没有怎样去想过。倘说是怎么样才能到达将来，我是以为要更看重现在；无论现在怎么黑暗，却不想离开。我向来承认进化论，以为推翻了黑暗的现状，改革现在，将来总会比现在好。将来实行什么主义好，我也没有去想过；但我以为实行什么主义，是应该说现在应该实行什么主义的。"这些话，都可以使我们了解他的本意的。

我在上文，已经说过"左联"在上海争取进步的文艺作家，那是有的，但"左联"并不曾处于领导地位。"左联"一直就争取鲁迅，但鲁迅也不是"左联"的领导者，这是写《中国新文学史稿》的王瑶所不明白的。冯氏说："'左联'和鲁迅先生是相互发挥的，如果'左联'不是有鲁迅参加发起，经过他的领导，那么左联是不会有像我们所看见的这样的成绩，也不会像我们所看见的这个样子的。我们知道，'左联'有过许多错误，但这些错误都不应由鲁迅来负责。那些更重要的错误，我觉得和那时候，在上海的党中央的'左'和'右'的错误倾向相联系着的，而那次要的错误，则我们简直是常常犯的了。"从"左联"这团体和它的活动来说，这还是更重要的原因，就因为鲁迅在。在那时候，只要有鲁迅存在，"左联"就存在。只要鲁迅不倒，"左联"就不会倒。鲁迅的斗争的顽强和他的权威实在地起了决定的作用。他在"左联"被压迫越来越厉害的时候，几次说："越困难，我们越要坚持！"那神情简直天真到有如一个好斗的儿童，好像对敌人说："咱们试一试罢！"他的这种坚持的顽强态度，就给了大家以无限的力量和信心。这是"左联"依靠着鲁迅，而不是鲁迅领导"左联"呢！

但鲁迅和"左联"也不一定十分和谐的，我们且看他写给徐懋庸的信，说到他和周起应（周扬）见面那一幕（周起应也是中共派在上海执行文艺政策的），就可以明白了（此是后话）。

我们细看鲁迅《华盖集续编》，可以看到他和"正人君子"的《现代评论》派（也称"吉祥胡同"派），有过短兵相接的长时期论争；后来，他到了厦门、广州，也还是和《现代评论》派及胡适之派有过近于派系的论争。（从那一篇《我的"籍"和"系"》中，看得很明白。）到了上海，这一份论争的气息，就从胡适所主编的《新月》上再展开来。鲁迅也就主编了在上海复刊的《语丝》周刊。

新月派文人，有徐志摩、胡适、梁实秋、沈从文、罗隆基等。（这些作家，都有他们的成就的，《语丝》和《现代评论》论争的公案，也一直是结而不解的。）当年，陈西滢写信给徐志摩，曾经毒辣地讽刺了鲁迅一阵，说："鲁迅先生一下笔就想构陷人家的罪状。他不是减，就是加，不是断章取义，便捏造些事实。他是中国'思想界的权威者'，轻易得罪不得的。有人同我说：鲁迅先生缺乏的是一面大镜子，所以永远见不到他的尊容。我说他说错了，鲁迅先生的所以这样，正因为他有一面大镜子。你见过赵子昂画马的故事罢。他要画一个姿势，就对镜伏地做出那个姿势来。鲁迅先生的文章也是对了他的大镜子写的，没有一句骂人的话不能应用在他自己的身上。要是你不信，我可以同你打一个赌。"自从这封毒辣的信刊出来以后，鲁迅就和他们明识暗讽对骂了一年半，而今又移到《新月》上来了。

《新月》的发刊词，便是一封挑战书，他们提出了"健康与尊严"原则说："不幸我们正逢着一个荒歉的年头，收成的希望是枉然的。这又是一个混乱的年头，一切价值的标准是颠倒了的。先说我们这态度所不容的，我们不妨把思想比作一个市场，我们来看看现代我们这市场上看得见的是些什么。如同在别的市场上，这思想的市场上，也是摆满了摊子，开满了店铺，排满了招牌，贴满了广告，这一眼看去，辨认得清的至少有十来种行业，各有各的色彩，各有各的引诱。（他们列举了十三种派别。）商业上有自由，不错，思想上言论上有充分的自由，不错。但得在相当的条件下，最主要的条件是（一）不妨害健康的原则，（二）不折辱尊严的原则。"这段申明，可以说是很含混的，也可以说是很鲜明的。接着便是梁实秋那篇《文学与革命》，他认为革命的文学这个名词根本就不能成立，说：伟大的文艺乃是基于固定的普遍的人性，人性是测量文学的唯一的标准。文学就不是大多数的，绝无阶级的分别。鲁迅便起来应战了，他说："这样的山羊（指新月派的绅士）……脖子还挂着一个小铃铎，作为智识阶级的徽章。……能领了群众稳妥平静地走去，直到他们应该走的所在。……这是说：虽死也应该如羊，使天下太平，彼此省力。"

他批评梁实秋的论点说："文学不借人，也无以表示'性'，一用人，而且还在阶级社会里，即断不能免掉所属的阶级性，无需加以'束缚'，实乃出于必然。自然，'喜怒哀乐，人之情也'，然而穷人绝无开交易所折本的懊恼，煤油大王哪会知道北京捡煤渣老婆子身受的酸辛，饥区的灾民，大约总不去种兰花，像阔人的老太爷一样，贾府上的焦大，也不爱林妹妹的。'汽笛呀！''列宁呀！'固然并不就是无产文学，然而'一切东西呀！''一切人呀！''可喜的事来了，人喜了呀！'也不是表现'人性'的'本身'的文学。倘以表现最普通的人性的文学为至高，则表现最普遍的动物性——营养,呼吸,运动,生殖——的文学，或者除去'运动'，表现生物性的文学，必当更在其上。

倘说，因为我们是人，所以以表现人性为限，那么，无产者就因为是无产阶级，所以要做无产文学。"这一场争论，倒是不十分长久，便过去了。

鲁迅初住上海那两年，曾经应李小峰之请，编过《语丝》周刊的。（那时，李小峰已经把北新书局办起来了，那时的北新颇有朝气，和开明、生活书店鼎立为三。）这份时代纪程碑的刊物，到了上海，内伤外感，却也失去了初期的光芒了。鲁迅曾以沉痛的心怀写过那篇《我和〈语丝〉的始终》，说到向来编法的"糟""乱"。（凡社员的稿件，编辑者并无取舍之权，来则必用，只有外来的投稿，由编辑者略加选择，必要时且或略有所删改，所以他应做的，不过后一段事，而且社员的稿子实际上也十之九直写北新书局，由那里运送印制局的，等到他看见时，已在印订成书之后了。所谓"社员"，也并无明确的界限，最初的撰稿者，所余早已无多，中途出现的人，则在中途忽来忽去。）他说："经我担任了编辑之后，《语丝》的时运就很不济了，受了一回政府的警告，遭了浙江当局的禁止，还招了创造社式'革命文学'家的拼命的围攻。警告的来由，我莫名其妙，有人说是因为一篇戏剧；禁止的缘故也莫名其妙，有人说是因为登载了揭发复旦大学内幕的文字，而那时浙江的党务指导委员老爷却有复旦大学出身的人们。至于创造社派的攻击，那是属于历史底的了，他们在把守'艺术之宫'，还未'革命'的时候，就已经将'语丝派'中的几个人看作眼中钉的。……但《语丝》本身，却确实也在消沉下去。一是对于社会现象的批评，几乎绝无，连这一类的投稿也少有，二是所余的几个较久的撰稿者，这时又少了几个了。前者的原因，我以为是在无话可说，或有话而不敢言，警告和禁止，就是一个实证。后者，我恐怕是其咎在我的。举一点例罢，自从我万不得已，选登了一篇极平和的纠正刘半农先生的'林则徐被俘'之误的来信以后，他就不再有片纸只字；江绍原先生绍介了一篇油印的《冯玉祥先生……》来，我不给编入之后，绍原先生也就从此没有投稿了。并且这篇油印文章不久便在也是伏园所办的《贡献》上登出，上有郑重的小序，说明着我托词不载的事由单。"在鲁迅看来，这又是《新青年》的旧戏重演了。他有几句沉痛的结语："虽然因为毁坏旧物和戳破新盒子而露出里面所藏的旧物来的一种突击之力，至今尚为旧的和自以为新的人们所憎恶，但这力是属于往昔的了。"

从那一时期的政治社会气氛来说，鲁迅之在上海，处于国民党政权之下，也和北洋军阀统治的北京时代，并无不同，甚至更低沉得多。他之所以转向积极反抗的路，也还是这一种低沉的气压迫出来的。他曾经这么说过："倘若有人问我，可曾预料在'革命'的广州也会有那样的屠杀？我直说，我真没有料到。姑不论我也是抱着'美梦'到广州去的，在那里，还在'合作'时候，我就亲眼见过那些嘴脸，听过那些誓言。说我深于世故，一切世故都会没有用的。……还是太老实，太相信了'做戏的虚无党'，真上了大当……我终于吓得口呆目瞪……血的代价，得的教训就只有明白了这上当。"

他说："我只是弄弄文字的人，以为对于战斗的青年有些小帮助，有时还是特意为了满足他们的希望而鞭策自己，政治上的事情不曾怎样去细想过。到我那里来的青年，有的大概真是共产党员罢，但我也只是风闻，他自己不说，我是不去问的。头几天还见过面的，忽然知道他已经不在世上了。""这回也还是青年教训了我。……我相信进化论，以为青年总胜于老人，世间压迫杀戮青年的大概是老人，老人要早死，所以将来总要好一些。但是不然，杀戮青年的，就是青年，或者告密，或者亲自捕人。过去军阀杀青年，我悲愤过，这回我还来不及悲愤，早已吓昏了。我的进化论完全破产！"他看见了新的阿Q时代，一切一切，都是如此。

从1927年到1931年，这五年间，蒋介石所发动的内战（所谓"剿共"以外的军阀战争），以及国民党内部的"苦迭打"，一直不曾停止过。其间有蒋、汪合作时期，也有蒋、胡合作时期，有改组派南走粤北走燕与地方军阀合作反蒋的时期，也有西山会议派与地方军合作反蒋的时期。就为政局动荡不定，所以控制文化的力量有强有弱，有紧有松。对于鲁迅大体是不利的，却也没有什么大不利，因为他一直过着"且介亭"生活。（鲁迅晚年的杂文，都以"且介亭"为名。"且介亭"即"租界"二字之半，意谓住在北四川路底，过着半租界生活。）上海以外，当然是国民党党老爷的天下，对于书报的检查，各行其是，对于上海出版界是大不利的。

鲁迅曾在《二心集》的序言，说到1930年间他自己的生活。他说：当十九年的时候，期刊已渐渐的少见，有些是不能按期出版了，大约是受了逐日加深的压迫。《语丝》和《奔流》，则常遭邮局的扣留，地方的禁止，到底也还是敷衍不下去。那时，他能投稿的，就只剩了一个《萌芽》，而出到五期，也被禁止了，接着是出了一本《新地》。此外还有曾经在学校里演讲过两三回，那时无人替他记录，他说：当时讲了些什么，连他自己也记不清楚了。只记得在一个大学里演讲的题目，是《象牙塔和蜗牛庐》。大意是说：象牙塔里的文艺，将来绝不会出现于中国，因为环境并不相同，这里是连摆这"象牙之塔"的处所也已经没有了;不久可以出现的,恐怕至多只有几个蜗牛庐。蜗牛庐者,三国时所谓"隐逸"的在那焦先曾经居住的那样的草窠,大约和现在江北穷人手搭的草棚相仿,不过还要小,光光的伏那里面,少出少动,无衣无食无言。因为那时是军阀混战,任意杀掠的时候,心里不以为然的人,只有这样才可以苟延他的残喘。但蜗牛角里哪里会有文艺呢,所以这样下去,中国的没有文艺,是一定的。

自从鲁迅加入了"左联",左翼作家拿着苏联的卢布之说,在当时的大小报上纷纷宣传起来。他说:"卢布之谣,我是听惯了的。……上海的《晶报》上就发表过'现代评论社主角'唐有壬先生的信札,说是我们的言动,都由于莫斯科的命令。这又正是祖传的老谱,宋末有所谓'通虏',清初又有所谓'通海',向来就用了这类的口实,害过许多人们的。所以含血喷人,已成了中国士君子的常经,实在不单是他们的识见,只能够见到世上一切都靠金钱的势力。"(唐有壬,汪精卫派要角之一。)

1931年春间,鲁迅曾经替美国《新群众》月刊写过一篇报道文字,题为《黑暗中国的文艺界的现状》,曾经说过:"现在,在中国,无产阶级的革命的文艺运动,其实就是唯一的文艺运动。因为这乃是荒野中的萌芽,除此以外,中国已经毫无其他文艺。属于统治阶级的所谓'文艺家',早已腐烂到连所谓'为艺术的艺术'以至'颓废'的作品也不能生产,现在来抵制左翼文艺的,只有诬蔑、压迫、囚禁和杀戮;来和左翼作家对立的,也只有流氓、侦探、走狗、刽子手了。"(禁期刊、禁书籍,不但内容略有革命性的,而且连书面用红字的,俄国的作品,连契诃夫和安特莱夫的有些小说,也都在禁止之列。)

他又说:"这样子,左翼文艺仍在滋长。但自然是好像压于大石之下的萌芽一样，在曲折地滋长。所可惜的，是左翼作家之中，还没有农工出身的作家。一者，因为农工历来只被迫压，榨取，没有略受教育的机会；二者，因为中国的象形——……的方块字，使农工虽是读书十年，也还不能任意写出自己的意见。"他的话当然是带愤激之情说的，可是十分真实的。

十六、晚年

　　鲁迅在 1936 年 10 月 19 日去世，那时还只有五十六岁。他患肺结核症，是一种可怕的病症。据肺病专家美国 D 医师的诊断，鲁迅是最能抵抗疾病的人。关于这一点，鲁迅在他的《死》中，有一段最有趣的记叙："大约实在是日子太久，病象太险了的缘故罢，几个朋友暗自协商定局，请了美国的 D 医师来诊察了。他是在上海的唯一的欧洲的肺病专家，经过打诊、听诊之后，虽然誉我为最能抵抗疾病的典型的中国人，然而也宣告了我的就要灭亡；并且说，倘是欧洲人，则在五年前已经死掉。这判决使善感的朋友们下泪。我也没有请他开方，因为我想，他的医学从欧洲学来，一定没有学过给死了五年的病人开方的法子。然而 D 医师的诊断却实在是极准确的，后来我照了一张用 X 光透视的胸像，所见的景象，竟大抵和他的诊断相同。"那是那年 5 月间的事，再挨了四个月，他便去世了。

　　笔者就把 1932 年以后，鲁迅在上海这五年，属之于他的晚年写出。他晚年的第一件大事，便是淞沪战争爆发。原来，日本军阀的侵略东北，发动于先一年的 9 月 18 日。那晚，日军攻陷了沈阳，便是有名的"九一八"事件，那年冬天，整个东北都沦陷了，这一年的1月28日晚间，日军突犯闸北，我驻防十九路军总指挥蒋光鼐、军长蔡廷锴率部迎战，也正是有名的"一·二八战役"。（这一战役的经过，可参阅拙著《中国抗战画史》。）那时，鲁迅的寓所正在火线中，他们一家的遭遇，见之他给许寿裳的信札中颇为详尽。

（甲）二月二十二日信

季芾兄：

因昨闻子英登报招寻，访之，始知兄曾电询下落。此次事变，殊出意料之外，以致突陷火线中，血刃塞途，飞丸入室，真有命在旦夕之概。于二月六日，始得由内山君设法，携妇孺走入英租界，书物虽一无取携，而大小幸无恙，可以告慰也。现暂寓其支店中，亦非久计，但尚未定迁至何处。

（注）一月二十八日下午，日方所提要求条件，我方已完全接受，而日军仍进攻闸北，故云"殊出意料之外"。

（乙）三月二日信

季芾兄：

顷得二月二十六日来信，谨悉种种。旧寓至今日止，闻共中四弹，但未贯通，故书物俱无恙，且亦未遭劫掠。以此之故，遂暂蛰伏于书店楼上，冀不久可以复返，盖重营新寓，为事甚烦，屋少费巨，殊非目下之力所能堪任。倘旧寓终成灰烬，则拟挈眷北上，不复居沪上矣。

被裁之事，先已得教部通知，蔡先生如是为之设法，实深感激。惟数年以来，绝无成绩，所辑书籍，迄未印行，近方图自印《嵇康集》，清本略就，而又突陷兵火之内，存佚盖不可知。

教部付之淘汰之列，固非不当，受命之日，没齿无怨。现北新书局尚能付少许版税，足以维持，希释念为幸。

（注）鲁迅原任国民政府大学院（后为教育部）著作员，到此被裁。

（丙）三月十五日信

季黻兄：

快函已奉到。诸事至感。在漂流中，海婴忽生疹子，因于前日急迁至大江南饭店，冀稍得温暖，现视其经过颇良好，希释念。昨去一视旧寓，除震破五六块玻璃及有一二弹孔外，殊无所损失，水电瓦斯，亦已修复，故拟于二十左右，回去居住。但一过四川路桥，诸店无一开张者，入北四川路，则市廛家屋，或为火焚，或为炮毁，颇荒漠，行人亦复寥寥。如此情形，一时必难恢复，则是否适于居住，殊属问题，我虽不惮荒凉，但若购买食物，须奔波数里，则亦居大不易耳。总之，姑且一试，倘不可耐，当另作计较，或北归，或在英法租界另觅居屋，时局略定，租金亦想可较廉也。

（注）3月2日，淞沪战线，我军后退，双方已入半休战状态。

1931年以后，鲁迅并不想住在上海，他的心意中还是怀念着北京，北京的文化空气比上海切实，但是，长城战役以及"塘沽协定"以后的华北，已经逐渐变色，文化人纷纷南下，他当然不能再北去了。上海以外的城市，他尝试过厦门和广州，也是不适合他的久住的，结果，只能在上海住下去。他所住的北四川路底山阴路大陆新村，乃是半租界范围，属于日本军人的势力。（日海军陆战队建造一所堡垒式的司令部，恰在北四川路底,山阴路一带都在机枪扫射中。)在那样恶劣的政治空气中,他不能不在半租界地区苟安着,帮着他的忙,有一个久住上海经营书业的内山完造。(他在北四川路底开了一家内山书店。)鲁迅和内山交游之密切,在一般朋友之上,我们从他们两人的谈话中可以看见。鲁迅差不多在重大困难时,总能获得内山的帮助,而内山恰巧是一个日本人;在那个中日仇恨益深的时期,这样的交谊,也是十分困难的。我们且看内山回忆录中所说到的他们之间的谈论片段,其中有着最丰富的人情味。有一天,鲁迅对内山说:"老板,孔老夫子如果此刻还活着的话,那么他是亲日呢?还是排日呢?"内山笑道:"大概有时亲日,有时排日吧。"鲁迅听了,他就哈哈大笑起来了。他们接着又谈到时事上去,鲁迅问他:"老板,你以为胡汉民到不到南京来?"内山说:"我不晓得,政治家的动向,对于我是没有兴趣的,所以我还没有想过哩!"鲁迅接着又说:"胡是亲日呢?还是排日呢?"内山也说:"大概有时亲日,有时排日吧。"鲁迅也笑道:"那我们不能赌输赢啦!"民族之间的情绪,紧张到那么程度,而私人的交谊,深切到如此地步,这也可以说是一段佳话;可是鲁迅之能在上海住下去,有赖于内山完造的支持,也是显然的。(由此看来,内山也正是一个富有人情味的人。)

从"一·二八"到"淞沪协定"那半年间,政局相当混乱,其后不久,蒋介石又从暂时退隐的溪口,回到南京,重复抓回政权,他很快又回到"安内"政策上去。其间,除了打击十九路军在福建所组织的人民政府以外,依旧继续他在江西的"剿共"军事行动。(此外,和西南的粤桂军人,一直在对立着。)到了1933年冬间,中共的军队,从赤都瑞金撤出,开始向西北转进,即所谓二万五千里长征。蒋介石随着他的追剿计划,不仅迫着中共远遁，而且完成了对大西南的统一局面。这一来，他便开始他的追随希特勒的法西斯统治。上海文化界，才受到了最冷酷的镇压，那是鲁迅处境最困苦的时期。（上面说到的蔡元培和孙夫人所领导的"民权保障同盟会"，便是那一时期成立的。）那时期，南京、上海成立了图书杂志检查委员会，在上海检查尤为严格。鲁迅的文章，几乎没地方可以发表。他时常更换笔名，有时一篇文章，一个笔名。笔迹也换人抄过，仍被检查者抽去，或大遭删削。（当然，也有张冠李戴的，如唐弢另有其人，检查眼光不够，硬派定是鲁迅的文字呢。）鲁迅叹息道：别国的检查不过是删去，这里却是给作者改文章。那些人物，原是做不成作家，这才改做官的，现在却来改文章了，你想被改者冤枉不冤枉。即使在删削的时候，也是删而又删，有时竟像讲昏话，使人看不懂。许寿裳曾说：鲁迅有时也感到寂寞，对我诉说独战的悲哀，一切人的靠不住。我默然寄以同情，但我看他的自信力很强，肯硬着头皮苦干。我便鼓励着说："这是无足怪的，你的诗'两间余一卒，荷戟独彷徨'，已成为'两间余一卒，挺戟独冲锋'了。"笔者那时期，开始和鲁迅有往还，虽不十分密切，却也了解他的心境，我知道他是孤独的，并不如一般人所想象的成为青年的领袖呢！

鲁迅在晚年所写的杂文，量既很多，质也很好，也可说是他的创作欲最旺盛的时期。那几年的散文集，有《南腔北调集》《伪自由书》《准风月谈》《且介亭杂文》一、二、末编三集。他的杂文，以上海《申报·自由谈》为主要阵地，我们可以称之为"自由谈"时期。其他则散见于《十字街头》《文学月报》《北斗》《现代》《涛声》《论语》《申报月刊》《文学》等刊物。

鲁迅和《自由谈》的关系（那时，黎烈文主编，后来改由张梓生继任），他在《伪自由书》前记中曾经提到过。他说："我到上海以后，日报是看的，却从来没有投过稿，也没有想到过，并且也没有注意过日报的文艺栏，所以也不知道《申报》在什么时候开始有了《自由谈》，《自由谈》里是怎样的文字。大约是去年的年底罢（1931 年），偶然遇见郁达夫先生，他告诉我说，《自由谈》的编辑新换了黎烈文先生了，但他才从法国回来，人地生疏，怕一时集不起稿子，要我去投几回稿。我就漫应之日：那是可以的。"（《自由谈》原由周瘦鹃主编，到了黎烈文接编，才成为新文艺副刊的。鲁迅所写的，可以说是"刊头文"，一个长方块，约一千三百字上下。那时，鲁迅写了三分之一，笔者也写了三分之一，其他朋友也写了三分之一。）"但从此我就看看《自由谈》，不过仍然没有投稿。……给《自由谈》的投稿……第一篇《崇实》；又因为我旧日的笔名有时不能通用，便改题了'何家干'，有时也用'干'或'丁萌'。这些短评，有的由于个人的感触，有的则出于时事的刺戟，但意思都极平常，说话往往也很晦涩，我知道《自由谈》并非同人杂志，'自由'更当然不过是一句反话，我决不想在这上面去驰骋的。我之所以投稿，一是为了朋友的交情，一则在给寂寞者以呐喊，也还是由于自己的老脾气。然而我的坏处，是在论时事不留面子，砭痼弊常取类型，而后者尤与时宜不合。盖写类型者，于坏处，恰如病理学上的图，假如是疮疽，则这图便是一切某疮某疽的标本，或和某甲的疮有些相像，或和某乙的疽有点相同。而见者不察，以为所画的只是他某甲的疮，无端侮辱，于是就必欲制你画者的死命了。"自从鲁迅参加《自由谈》的短评，这一副刊，就生气勃勃，为国人所注意，尤其是青年读者。那一时期的《自由谈》，可以说是继当年的《学灯》《觉悟》，成为领导思想动向的灯塔了。鲁迅的稿子．既这么引起读者的注意，政府检查员那就格外注意他的文字了。如鲁迅所说的："我的投稿，平均每月八九篇，但到五月初，竟接连的不能发表了，我想，这是因为其时讳言时事而我的文字却常不免涉及时事的缘故。这禁止的是官方检查员，还是报馆总编辑呢，我不知道，也无须知道。"1933年5月25日，《自由谈》编者，刊出了"吁请海内文豪，从兹多谈风月"的启事，外间的压力便更强了。鲁迅曾在《准风月谈》的前记中说："我的谈风月也终于谈出了乱子来，不过也并非为了主张'杀人放火'。其实，以为'多谈风月'，就是'莫谈国事'的意思，是误解的。'漫谈国事'倒并不要紧，只是要'漫'，发出去的箭石，不要正中了有些人物的鼻梁，因为这是他的武器，也是他的幌子。从六月起的投稿，我就用种种的笔名了，一面固然为了省事，一面也省得有人骂读者们不管文字，只看作者的署名。然而这么一来，却又使一些看文字不用视觉，专靠嗅觉的'文学家'疑神疑鬼，而他们的嗅觉又没有和全体一同进化，至于看见一个新的作家的名字，就疑心是我的化名，对我呜呜不已，有时简直连读者都被他们闹得莫名其妙了。"这是他在写稿中的真实遭遇。

鲁迅曾在一篇《从讽刺到幽默》中说："因为所讽刺的是这一流社会，其中的各分子便各各觉得好像刺着了自己，就一个个的暗暗迎出来，又用了他们的讽刺，想来刺死这讽刺者。"他写杂文所碰到的敌人就是如此的。

《自由谈》那么小小的副刊，在那时期却十分热闹，影响非常之大，我们且看《伪自由书》《准风月谈》二书那两篇长长的后记，就可以了解他当时所处的环境，以及他那些杂感文所激起的反应。（若不重看他的《后记》，几乎记不起当年文坛一些重大的事故了。)

那是"法西斯狂"渗透到文艺界来的时期，蒋介石正在羡慕他的西方伙伴希特勒、墨索里尼的神武，他的党徒也开始要送他到高高在上的神龛去。所谓新生活运动，除了"四维八德"那些口号以外，加上了对"委员长"的肃然起敬，只要有人说到"蒋委员长"，就得立正一下。也许被"棒喝"二字所鼓舞，他们也要表演恐怖统治的威力。《申报》馆的老板史量才和中央研究院的副院长杨杏佛，就在那一时期被暗杀的。牛兰夫妇、陈独秀、丁玲，都是那一时期被捕的。(那时，外传丁玲已被处死，笔者有一天忽接鲁迅来信，信中附了一首悼丁君的诗："如磐夜气压重楼，剪柳春风导九秋。瑶瑟凝尘清怨绝，可怜无女耀高丘。"刊在《涛声》周刊上。其实丁玲并没有死，不久便出狱了。)此外还有更精新的"全武行"，艺华影片公司的沪西摄影场，曾被"影界铲共同志会"捣毁，"暴徒"分投各办事室肆行捣毁，并散发纸印刷的小传单和一种油印宣言，其他"联华""明星""天一"等公司也被恫吓，如不改变方针，今后当准备更激烈手段应付。同时他们警告各电影院，拒演田汉、沈端先（夏衍）、卜万苍所编导之影片，良友图书公司、神州国光社及光华书局也先后被捣毁被恫吓，他们还捣毁了《中国论坛报》的印刷所。他们警告各书局，不得刊行、登载、发行鲁迅、茅盾、沈端先、钱杏邨及其他赤色作家之作品，看起来颇像棒喝团起义的镜头了。实际上，乃是政府当局所指使，由张道藩主其事，王平陵为官方发言人。我们把这一线索看明白了，就可以体会到那一时期鲁迅杂感文所批评的对象，以及骨子里的含义了。

当时，有一批从共方"感化"过来，成为政府的特务文人的，他们办了一种《社会新闻》，不时有惊人的"异闻"。有时说鲁迅、茅盾是《自由谈》的台柱;有时说黎烈文拉曹某人"左联";有时又说《自由谈》态度转变,左翼作家纷纷离沪;说鲁迅赴青岛,沈雁冰在浦东乡间,郁达夫往杭州,陈望道回家乡。这些消息,后来看看十分可笑,但他们却以为是文化战斗的好手笔。鲁迅呢,他也幽默得很,就把这些材料,以类相从,整理成为一篇《后记》,使那些攻击的人哭笑不得。他曾经有过一段极诙谐的话:"记得《伪自由书》出版的时候,《社会新闻》曾经有过一篇批评,说我的所以印行那一本书的本意,完全是为了一条尾巴——《后记》。这其实是误解的。我的杂文,所写的常是一鼻,一嘴,一毛,但合起来,已几乎是或一形象的全体,不加什么原也过得去的了。但画上一条尾巴,却见得更加完全。所以我的要写后记,除了我是弄笔的人,总要动笔之外,只在要这一本书里所画的形象,更成为完全的一个具象,却不是'完全为了一条尾巴'。"《准风月谈》的"内容也还和先前的一样,批评些社会的现象,尤其是文坛的情形。因为笔名改得勤,开始倒还平安无事。然而'江山好改,秉性难移',我知道自己终于不能安分守己。《序的解放》碰着了曾今可,《豪语的折扣》又触犯了张资平,此外在不知不觉之中得罪了一些别的什么伟人,我还自己不知道。但是,待到做了《各种捐班》和《登龙术拾遗》以后,这案件可就闹大了"。那一时期,他所讽刺的,已经不是梁实秋、陈西滢,而是曾今可、王平陵、杨邨人、施蛰存了。

有人说鲁迅在上海时期的领导工作(他自己并不愿处于领导地位,同时"左联"也不让他去领导,直到他死后才奉他为神明,好似他是那时期的领导者),以为他对于"第三种人"的攻击,也是一场重要的争辩。鲁迅的文艺观,我们可以从他的论文及演讲中看到。他认为"文艺和政治时时在冲突之中;……政治想维系现状使它统一,文艺催促社会进化使它渐渐分离;文艺虽使社会分裂,但是社会这样才进步起来。文艺既然是政治家的眼中钉,那就不免被挤出去。""文学和革命是大有关系的,例如可以用这来宣传,鼓吹,煽动,促进革命和完成革命。不过我想,这样的文章是无力的,因为好的文艺作品,向来多是不受别人命令,不顾利害,自然而然地从心中流露的东西;如果先挂起一个题目,做起文章来,那又何异于八股,在文学中并无价值,更说不到能否感动人了。"所以,他说"政治家既永远怪文艺家破坏他们的统一,偏见如此,所以我从来不肯和政治家去说"。从这些话看来,他虽反对为艺术而艺术,却也反对为政治而艺术(他是主张为人生而艺术的)。

不过,那时期的政治环境,在国共政治斗争尖锐化的当中,迫着他非接近了被压迫的一面,成为中共的同路人(这也是他的倔强个性使然)。依我的看法,他还是孤军作战的,并不受中共的领导(我和冯雪峰的看法相反)。

关于文艺自由的论辩,胡秋原首先在《文化评论》上提出"自由人"的口号,这是罗曼·罗兰写给蒿普特曼信中的话,他说:"文艺至死是自由的、民主的。""艺术虽然不是至上,然而绝不是至下的东西。将艺术堕落到一种政治的留声机,那是艺术的叛徒。""文化与艺术之发展,全靠各种意识互相竞争,才有万华缭乱之趣;中国与欧洲文化,发达于自由表现的先秦与希腊时代,而僵化于中心意识形成之时。用一种中心意识独裁文坛,结果,只有奴才奉命执笔而已。"他的说法,和鲁迅的说法,也不见得有多大的差别。

所不同者,鲁迅认识社会文化在独裁政治下被迫害,有不能袖手旁观做"第三种人"之势，所以他支持维护正义拔刀相助，以抗在上的黑暗政治。（他认为在这时期袖手旁观，便等于帮助了恶势力。）笔者也了解自称"第三种人"的苏汶（戴杜衡）所说的，也代表着若干在国共斗争夹缝中的文人的意见。他说："在'智识阶级的自由人'和'不自由的、有党派的'阶级斗争争着文坛霸权的时候，最吃香的，却是这两种人之外的'第三种人'。这'第三种人'便是所谓作者之群。作者，老实说，是多少带点我前面所说起的死抱住文学不肯放手的气味的；终于文学不再是文学了，变为连环图画之类；而作者也不再是作者了，变为煽动家之类。死抱住文学不放手的作者们是终于只能放手了。然而你说他们舍得放手吗？他们还在恋恋不舍地要艺术的价值。"参加这一论争的作者很多，鲁迅的说法是这样："左翼作家并不是从天上掉下来的神兵，或国外杀进来的仇敌，他不但要那同走几步的'同路人'，还要招致那站在路旁看看的看客也一同前进。"这是向两方面说的，一方面不要关门，一方面也要放弃旁观的态度。

他又说："他（苏汶）以为左翼的批评家，动不动就说作家是'资产阶级的走狗'，甚至于将中立者认为非中立，而一非中立，便有认为'资产阶级的走狗'的可能，号称'左翼作家'者既然'左而不作'，'第三种人'又要作而不敢，于是文坛上便没有东西了。然而文艺据说至少有一部分是超出于阶级斗争之外的，为将来的，就是'第三种人'所抱住的真的、永久的文艺。——但可惜，被左翼理论家弄得不敢作了，因为作家在未作之前，就有了被骂的预感。我相信这种预感是会有的，而以'第三种人'自命的作家，也愈加容易有。我也相信作者所说，现在很有懂得理论，而感情难变的作家。然而感情不变，则懂得理论的度数，就不免和感情已变或略变者有些不同，而看法也就因此两样。苏汶先生的看法，由我看来，是并不正确的。""生在有阶级的社会里而要做超阶级的作家，生在战斗的时代而要离开战斗而独立，生在现在而要做给与将来的作品，这样的人，实在也是一个心造的幻影，在现实世界上是没有的。要做这样的人，恰如用自己的手拔着头发，要离开地球一样，他离不开，焦躁着，然而并非因为有人摇了摇头，使他不敢拔了的缘故。"他那时的观点，便是如此。

林语堂主编的《论语》半月刊，创刊于 1932 年，那正是"淞沪协定"订立以后，国难日趋严重之时。林语堂和鲁迅本来是朋友，鲁迅到厦门大学去教书，也是林语堂所推荐的。林氏本来是《语丝》社的基本社友之一，他的主张，本来和《语丝》那一群人一样积极的。他曾说过："凡有独立思想，有诚意私见的人，都免不了有多少要涉及骂人。骂人正是保持学者自身的尊严，不骂人时，才是真正丢尽了学者的人格。所以有人说《语丝》社是土匪，《猛进》社尽是傻子，这也是极可相贺的事体。"可以说是赞成鲁迅的讽刺文体的。他把"幽默"译介过来，也是《语丝》时期的事，直到《论语》出版，才大吹大擂捧上幽默来。《论语》也可以说是《语丝》的一支，但和鲁迅的路向有了距离了。那时，鲁迅就对于林氏所提倡的"幽默"，提出忠告式的异议。他说："老实说罢，他所提倡的东西，我是常常反对的。先前，是对于'费厄泼赖'，现在呢，就是'幽默'。我不爱'幽默'，并且以为这是只有爱开圆桌会议的国民才闹得出来的玩意儿，在中国，却连意译也办不到。我们有唐伯虎，有徐文长；还有最有名的金圣叹，'杀头，至痛也，而圣叹以无意得之，大奇！'虽然不知道这是真话，是笑话；是事实，还是谣言。但总之：一来，是声明了圣叹并非反抗的叛徒；二来，是将屠户的凶残，使大家化为一笑，收场大吉。我们只有这样的东西，和'幽默'是并无什么瓜葛的。"（当时的《论语》，林语堂所写的半月《论语》，也还是带着刺的，所以即算是提倡幽默，也还是到处碰壁的。）《论语》在当时那么流行，鲁迅的批判是这样："然而社会讽刺家究竟是危险的，尤其是在有些'文学家'明明暗暗地成了'王之爪牙'的时代。人们谁高兴做'文字狱'中的主角呢，但倘不死绝，肚子里总还有半口闷气，要借着笑的幌子，哈哈地吐他出来。笑笑既不至于得罪别人，现在的法律上也尚无国民必须哭丧着脸的规定，并非'非法'，盖可断言的。我想：这便是去年以来，文字上流行了'幽默'的原因，但其中单是'为笑笑而笑笑'的自然也不少。"

到了 1933 年，林语堂主编了提倡闲适小品的《人间世》半月刊出来，主张："小品文，以自我为中心，在闲适为格调，与各体别，西方文学所谓个人单调是也。""今之所谓小品文，盖诚所谓宇宙之大，苍蝇之微，无不可入我范围矣。"的确有些钻牛角尖，引起了鲁迅的批判，他指出小品文之危机，说："'小摆设'当然不会有大发展。到五四运动的时候，才又来了一个展开，散文小品的成功，几乎在小说戏曲和诗歌之上。这之中，自然含着挣扎和战斗，但因为常取法于英国的随笔（Essay），所以也带一点幽默和雍容；写法也有漂亮和缜密的，这是为了对于旧文学的示威，在表示旧文学之自以为特长者，白话文学也并非做不到。以后的路，本来明明是更分明的挣扎和战斗，因为这原是萌芽于'文学革命'以至'思想革命'的。但现在的趋势，却在特别提倡和那旧文章相合之点，雍容、漂亮、缜密，就是要它成为'小摆设'，供雅人的摩挲，并且想青年摩挲了这'小摆设'，由粗暴而变为风雅了。"鲁迅对林语堂的忠告是恳切的，在上海时期，他们也时常往还的，可是到了1933年以后，就彼此疏远了。笔者觉得十分怅然的，他们最后会面，还是那年秋天，在我家中那一席晚饭呢！

鲁迅对林语堂的正面批评，曾见于其寄许寿裳的信中，说道："语堂为提倡语录体，在此几成众矢之的，然此公亦太浅陋矣！"他回我的信也说："语堂是我的老朋友，我应以朋友待之。当《人间世》还未出世，《论语》已很无聊时，曾经竭了我的诚意，写一封信，劝他放弃这玩意儿，我并不主张他去革命，拼死，只劝他译些英国文学名作，以他的英文程度，不但译本于今有用，在将来恐怕也有用的。他回我的信是说，这些事等他老了再说。这时我才悟到我的意见，在语堂看来是暮气，但我至今还自信是良言，要他于中国有益，要他在中国存留，并非要他消灭。他能更急进，那当然更好，但我看是决不会的，我决不出难题给别人做。不过另外也无话可说了。"

笔者回想到1933年秋天，我们刚筹办《太白》半月刊的时候（那时，《涛声》周刊已经停刊，《芒种》半月刊刚出版。《太白》半月刊系生活书店的刊物，陈望道主编，和傅东华主编的《文学》、艾寒松主编的《大众生活周刊》，称为"生活三大刊物"），陈望道综其成，在文化运动上有所施为，总可以获得鲁迅的支持。我们商谈讨论，鲁迅很少在座，但他的步调，每每和我们相一致。有些史家，把《芒种》《太白》代表小品文的另一面，和提倡闲适情调的《人间世》相对立，鲁迅是站在我们这一面的。他说："小品文的生存，也只仗着挣扎和战斗的。晋朝的清言，早和它的朝代一同消歇了。唐末诗风衰落，而小品放了光辉。但罗隐的《谗书》，几乎全部是抗争和愤激之谈；皮日休和陆龟蒙自以为隐士，别人也称之为隐士，而看他们在《皮子文薮》和《笠泽丛书》中的小品文，并没有忘记天下，正是一塌糊涂的泥塘里的光彩和锋芒。明末的小品虽然比较的颓放，却并非全是吟风弄月，其中有不平，有讽刺，有攻击，有破坏。这种作风，也触着了满洲君臣的心病，费去了许多助虐的武将的刀锋，帮闲的文臣的笔锋，直到乾隆年间，这才压制下去了。以后呢，就来了'小摆设'。"这是正对着林语堂所提倡的奉袁中郎为宗师，以李笠翁一家言为经典的语录体，加以抨击。他说："生存的小品文，必须是匕首，是投枪，能和读者一同杀出一条生存的血路的东西；但自然，它也能给人愉快和休息，然而这并不是'小摆设'，更不是抚慰和麻痹，它给人的愉快和休息是休养，是劳作和战斗之前的准备。"我们在《芒种》《太白》所提倡的杂文，正是这一面的文字，也可以说是接着《语丝》的本来路向走的。[《太白》包含三种意思：（一）比"白话"更接近大众的口头语；（二）《太白》代表黎明气象；（三）革命的旗帜。]

那年夏天，我们（陈望道、夏丏尊、叶圣陶、徐懋庸、金仲华、陈子展、乐嗣炳和我，一共八个人）提倡大众语，一面反对汪懋祖的复兴文言，也反对林语堂的语录体，在《申报·自由谈》（那时已由张梓生主编）、《文学》和《社会日报》（陈灵犀主编）各报刊上展开论战。发动之初，我们讨论了好几回，提出了几个要点，分别写文章，引起普遍注意。他们要我征求鲁迅的意见，他就回我那封信。提出几个具体主张："（一）制定罗马字拼音；（赵元任的太繁，用不来的）；（二）做更浅显的白话文，采用较普通的方言，姑且算是向大众语去的作品，至于思想，那不消说,该是'进步'的;(三)仍要支持欧化文法,当作一种后备。"这封信许多人称引过,但大众语运动的主要主张,还在其他各人的文章中,鲁迅也只是一种意见而已。(王士菁的《鲁迅传》和王瑶的《现代中国新文学史稿》所记载的,与事实全不相合,我相信鲁迅也并不要戴这样一顶虚妄的纸糊帽子。)

当时,鲁迅应了我的请求,写了一篇《门外文谈》,那倒是大众语运动中最有力量的文字,一面是尝试他所说的"做更浅显的白话文",一面也对大众语作建设性的支持。他说:"中国的言文,一向就并不一致的,大原因便是字难写,只好节省些。当时的口语的摘要,是古人的文;古代的口语的摘要,是后人的古文。""文字在人民间萌芽,后来却一定为特权者所收揽。据《易经》的作者所推测,'上古结绳而治',则连结绳就已是治人者的东西。待到落在巫史的手里的时候,更不必说了,他们都是酋长之下,万民之上的人。社会改变下去,学习文字的人们的范围也扩大起来,但大抵限于特权者。至于平民,那是不识字的,并非缺少学费,只因为限于资格,他不配。而且连书籍也看不见。……因为文字是特权者的东西,所以它就有了尊严性,并且有了神秘性。"所以,鲁迅是并不赞成停止大众语阶段,而主张普遍采用新文字的。

谈大众语运动的,都看重鲁迅回复我那封信中的几个具体的建议。我却颇注意他开头所说那几句话:"现在的有些文章觉得不少是'高论',文章虽好,能说而不能行,一下子就消灭,而问题却依然如故。"大众语运动,结果只是纸面上热闹了一阵,没有多大的成就。连那纸面上的热闹,也只支持了两个多月,到了后来,还是吴稚晖的回信,投下了一块巨石似的,激起了一阵浪花,依旧如鲁迅所说的"问题却依然如故"。

鲁迅自己，在这一方面，倒切实去推动了一下，那便是拉丁化新文字运动。他认为，"汉字和大众是势不两立的"，方块字存在的话，大众语便无法产生。他说："文学的存在条件首先要会写字，那么，不识字的文盲群里，当然不会有文学家的了，然而作家却有的。……我想，人类是在未有文字之前，就有了创作的，可惜没有人记下，也没有法子记下。……到现在，到处还有民谣、山歌、渔歌等，这就是不识字的诗人的作品；也传述着童话和故事，这就是不识字的小说家的作品；他们，就都是不识字的作家。……要这样的作品为大家所共有，首先也就是要这作家能写字，同时也还要读者们能识字以至能写字，一句话：将文字交给一切人。"他指出将文字交给大众的事实，从清朝末年，就已经有了的劳乃宣、王照，都曾推行过他们的拼音简字，吴稚晖、钱玄同、赵元任、黎锦熙都曾提倡过注音字母拼音，推行罗马拼音字，教会中尤其热心去推行。我们就在苗族地区看见过拼音苗文《圣经》。鲁迅所提倡时，便是比教育部所颁布的国语罗马字稍为简单化的拉丁化新文字。它只有二十八个字母，拼法也容易学。他说，中国究竟还是讲北方话的人多，将来如果真有一种到处流行的大众语，那主力也恐怕还是北方话吧。为今之计，只要酌量增减一点，使它合于该地方所特有的音，也就可以用到无论什么穷乡僻壤去了。那么，只要认识二十八个字母，学一点拼法和写法，除懒虫和低能外，就都能够写得出，看得懂了。

他也主张在开首的启蒙时期，各地方各写它的土话，用不着顾到和别地方意思不相通。但一面又要渐渐地加入普通的语法和语汇了。先用固有的，是一地方的语文的大众化，加入新的去，是全国的语文的大众化。"此后当然还要做。年深月久之后,语文更加一致,和'炼话'一样好,比古典还要活的东西,也渐渐地形成,文学就更加精彩了。"(他回答新文字研究会的话,意思也和《门外文谈》中所说的大致相同。)不过,拉丁化拼音新文字,在推行上所碰到的艰苦,比预想大得多:虽说注音字可是政府所公布的,罗马国音字,也是政府所"钦定"为第二种国音字母的,但政府当局却把拉丁化新文字看得和洪水猛兽那么危险,好似文字仍是中共的宣传工具,由于这一类印刷品而无辜入狱的青年,各地都有。所以鲁迅当时就叹息道:"他们却深知道新文字对于劳苦大众有利,所以在弥漫着白色恐怖的地方,这新文字是一定要受摧残的。现在连并非新文字,而只是更接近口语的'大众语',也在受着苛酷的压迫和摧残。"(中共执政以后,拉丁化新文字仍在研究阶段,并未普遍推行,目前所做的,依旧是普及注音字母、简体字及普及北京话,那都是我们当时所提倡的几种语文工作。)也确有想象不到的艰苦,他有一段鼓励我们的话:"我也同意于一切冷笑家所冷嘲的大众语的前途的艰难,但以为即使艰难,也还要做;愈艰难,就愈要做。改革,是向来没有一帆风顺的,冷笑家的赞成,是在见了成效之后,如果不信,可看提倡白话文的当时。"从这一观点,他也支持"连环图画";那时,有人嘲笑这一种艺术品的庸俗;新文化运动,本来是为大众着想的。他说:"'连环图画'便是取'出相'的格式,收《智灯难字》的功效的,倘要启蒙,实在也是一种利器。"他对于一切文化运动,都是这么积极在呐喊的。

许寿裳毕竟是鲁迅的知己朋友,他懂得鲁迅的远大的一面。他说到鲁迅的为将来,可以拿他的儿童教育问题为代表。"救救孩子"这句话是他一生的狮子吼,自从他的《狂人日记》的末句起，中间像《野草》的《风筝》，说儿童的精神虐杀，直到临死前，愤于《申报》儿童专刊的谬说，作《立此存照》（七）有云："真的要'救救孩子'。"他的事业目标都注于此。在他的《二十四孝图》中说："诅咒一切反对白话，妨害白话者。"就是为的儿童的读物。在他的《我们现在怎样做父亲》中有云："自己背着因袭的重担，肩住了黑暗的闸门，放他们到宽阔光明的地方去；此后幸福地度日，合理地做人。"因之对于儿童读物，费了不少心血，他的创作不待言，他的译品就有了多篇是童话，例如《表》的译本，真是又新鲜，又有益。"为了新的孩子们，是一定要给他新作品，使他向着变化不停的新世界，不断地发荣滋长的。""十来年前，叶绍钧先生的《稻草人》是给中国的童话开了一条自己创作的路的。不料此后不但并无蜕变，而且也没有人追踪，倒是拼命地在向后转。"不仅此也，鲁迅对于儿童看的画本，也有严正的指示。他说："画中人物，大抵倘不是带着横暴冥顽的气味，甚而至于流氓模样的，过度的恶作剧的顽童，就是钩头耸背，低眉顺眼，一副死板板的脸相所谓'好孩子'。这虽然由于画家本领的欠缺，但也是取儿童为范本的，而从此又以作供给儿童仿效的范本。我们试一看别国的儿童罢，英国沉着，德国粗豪，俄国雄厚，法国漂亮，日本聪明，都没有一点中国似的衰惫的气象。观民风是不但可以由诗文，也可以由图画，而且可以由不为人们所重的儿童画的。顽劣、钝滞，都足以使人没落、灭亡。童年的情形，便是将来的命运。我们的新人物，讲恋爱，讲小家庭，讲自立，讲享乐了，但很少有人为儿女提出家庭教育的问题，学校教育的问题，社会改革的问题。先前的人，只知道'为儿孙作马牛'，固然是错误的，但只顾现在，不想将来，'任儿孙作马牛'，却不能不说是一个更大的错误。"（许氏也说到鲁迅的北京西三条胡同住屋，不但房间多，而且空地极大。鲁迅对他说过，取其空地很宽大，宜于儿童的游玩。那时，鲁迅并无子息，而其两弟作人和建人都有子女，他钟爱侄儿们，视同自己的所出，处处实行他的儿童本位的教育。）

1929 年 9 月，景宋夫人生产了一个男孩，那便是海婴。许寿裳氏有一段很有趣的记载："海婴生性活泼，鲁迅曾对我说：'这小孩非常淘气，有时弄得我头昏，他竟问我：爸爸可不可吃的？我答：要吃也可以，自然是不吃的好。'我听了一笑，说他正在幻想大盛的时期，而本性又是带神经质的。鲁迅颇首肯，后来他作《答客诮》一诗，写出爱怜的情绪云：'无情未必真豪杰，怜子如何不丈夫。知否兴风狂啸者，回眸时看小於菟！'"我们且看鲁迅另外一篇《从孩子的照相说起》，意义更是深长。他说："因为长久没有小孩子，曾有人说，这是我做人不好的报应，要绝种的。房东太太讨厌我的时候，就不准她的孩子们到我这里玩，叫作'给他冷清冷清，冷清得他要死！'但是，现在却有了一个孩子，虽然能不能养大也很难说，然而目下总算已经颇能说些话，发表他自己的意见了。不过不会说还好，一会说，就使我觉得他仿佛也是我的敌人。他有时对于我很不满，有一回，当面对我说：'我做起爸爸来，还要好……'甚而至于颇近于'反动'，曾经给我一个严厉的批评道：'这种爸爸，什么爸爸？！'我不相信他的话。做儿子时，以将来的好父亲自命，待到自己有了儿子的时候，先前的宣言早已忘得一干二净了。况且我自以为也不算怎么坏的父亲，虽然有时也要骂，甚至于打，其实是爱他的。所以健康，活泼，顽皮，毫没有被压迫得瘟头瘟脑。

如果真的是一个‘什么爸爸’，他还敢当面发这样反动的宣言么？”他自己的孩子曾在日本的照相馆里照过一张相，满脸顽皮，也真像日本孩子，后来又在中国的照相馆里照了一张相，相类的衣服，然而面貌拘谨、驯良，是一个道地的中国孩子了。他乃慨然道：“驯良之类并不是恶德。但发展开去，对一切事无不驯良，却决不是美德，也许简直倒是没出息。‘爸爸’和前辈的话，固然也要听的，但也须说得有道理。假使有一个孩子，自以为事事都不如人，鞠躬倒退；或者满脸笑容，实际上却总是阴谋暗箭，我实在宁可听到当面骂我‘什么东西’的爽快，而且希望他自己是一个东西。”

鲁迅和“左联”的关系，究竟和谐到什么程度？我以为并不是找不到的答案，不过有人要强调鲁迅怎样怎样支持中共的文艺政策，所以要把这一类答案掩盖着。就在鲁迅临死前那八个月，鲁迅为了抗日统一战线和徐懋庸闹得破脸那一回事，该是一件不愉快的事。那时，懋庸和我住在一起，而且是无话不谈的（当然，他对于党的机密是不谈的），但朋友们问我：“他们两人之间，究竟为什么要破坏？”我是无从作答的。依我的看法，鲁迅一向富于正义感，那时对于当局所压迫的在野党，如中共救国会的言行，他是拔刀相助的；可是并不一定完全左袒执行政策的人士。我们且看他们往来信中所说的话，就可以明白了。

徐懋庸写给鲁迅的信（1936 年 8 月 1 日，离鲁迅的死，只有两个月了）开头就说：“自先生一病，加以文艺界的纠纷，我就无缘再亲聆教诲，思之常觉怆然！”（那半年中，他们之间，已经没有书信往来，我是知道的。因为，鲁迅复徐氏的信，常是由我转的，忽然，信中不再提到徐氏，我知道此中必有变化。）

接着，他对鲁迅的朋友们批评得十分露骨，说："在目前，我总觉得先生最近半年来的言行，是无意地助长着恶劣的倾向的。以胡风的性情之诈，以黄源的行为之谄，先生都没有细察，永远被他们据为私有，眩惑群众，若偶像然，于是从他们的野心出发的分离运动，遂一发不可收拾矣。胡风他们的行动，显然是出于私心的、极端的宗派运动，他们的理论，前后矛盾，错误百出。……对于他们的言行，打击本极易，但徒以有先生作着他们的盾牌，人谁不爱先生，所以在实际解决和文字斗争上都感到绝大的困难。我很知道先生的本意。先生是唯恐参加统一战线的左翼战友放弃原来的立场，而看到胡风们在样子上尚左得可爱，所以赞同了他们的。但我要告诉先生，这是先生对于现在的基本政策没有了解之故。……我觉得不看事而只看人，是最近半年来先生的错误的根由。"这可真把鲁迅激怒了，他的回信，那么破口大骂的神情，也是鲁迅以往论战文字所不曾有过的。（这封信，正面所攻击的，不仅是徐懋庸，而是周扬。）他说："以上，是徐懋庸给我的一封信……人们也不免因此看得出：这发信者倒是有些'恶劣'的青年！……在国难当头的现在，白天里讲些冠冕堂皇的话，暗夜里进行一些离间、挑拨、分裂的勾当的，不就正是这些人么？"他就老老实实提出了一段事实："其次，是我和胡风、巴金、黄源诸人的关系。我和他们，是新近才认识的，都由于文学工作上的关系，虽然还不能称为至交，但已可以说是朋友。不能提出真凭实据，而任意诬我的朋友为'内奸'，为'卑劣'者，我是要加以辩正的，这不仅是我的交友的道义，也是看人看事的结果。徐懋庸说我只看人，不看事，是诬枉的，我就先看了一些事，然后看见了徐懋庸之类的人。胡风我先前并不熟识，去年的有一天，一位名人约我谈话了，到得那里，却见驶来了一辆汽车，从中跳出四条汉子：田汉、周起应（扬），还有另两个，一律洋服，态度轩昂，说是特来通知我：胡风乃是内奸，官方派来的。我问凭据，则说是得自转向以后的穆木天口中。转向者的言谈，到左联就奉为圣旨。这真使我口呆目瞪。再经几度问答之后，我的回答是：证据薄弱之极，我不相信！当时自然不欢而散，但后来也不再听人说胡风是'内奸'了。然而奇怪，此后的小报，每当攻击胡风时，便往往不免拉上我，或由我而涉及胡风……同时，我也看人：即使胡风不可信，但对我自己这人，我自己总还可以相信的，我就并没有经胡风向南京讲条件的事。因此，我倒明白了胡风耿直，易于招怨，是可接近的，而对于周起应之类，轻易诬人的青年，反而怀疑以至憎恶起来了。"这一封信，对于"左联"的打击是很重的，只不过其中的最高当局是要争取鲁迅的，鲁迅一死，这一论争，也就过去了。（笔者当时参加"文艺家协会"，并非参加"文艺工作协会"，绝无左袒鲁迅之意。这儿的叙述，只是存真，证明有人所说鲁迅领导大众语运动，领导统一战线，都是和事实完全不合的。）

十七、死

　　鲁迅有一篇以《死》为题的杂感文，那是1936年9月5日写的，再过一个半月，他真的死去了。我还记得9月中旬，看见他，病后虽是消瘦得很，危机却已过去了。那篇文章，只能说是他由凯绥·珂勒惠支的画题而引申出来的感想，并非真的要立遗嘱的。他自己也不相信，已经迫近死期了，虽说那位在上海的唯一的欧洲的肺病专家，宣告他五年前已经该死去了。他说："我并不怎么介意于他的宣告，但也受了些影响，日夜躺着，无力谈话，无力看书。连报纸也拿不动，又未曾炼到'心如古井'，就只好想，而从此竟有时要想到'死'了。不过所想的也并非'二十年后又是一条好汉'，或者怎样久住在楠木棺材里之类，而是临终之前的琐事。在这时候，我才确信，我是到底相信人死无鬼的。我只想到过写遗嘱，以为我倘曾贵为宫保，富有千万，儿子和女婿及其他一定早已逼我写好遗嘱了，现在却谁也不提起。但是，我也留下一张罢。当时，好像很想定了一些，都是为给亲属的，其中有的是：

　　一、不得因为丧事，收受任何人的一文钱。——但老朋友的，不在此例。

二、赶快收殓，埋掉，拉倒。

三、不要做任何关于纪念的事情。

四、忘记我，管自己生活。——倘不，那就真是糊涂虫。

五、孩子长大，倘无才能，可寻点小事情过活，万不可去做空头文学家或美术家。

六、别人应许给你的事物，不可当真。

七、损着别人的牙眼，却反对报复，主张宽容的人，万勿和他接近。

此外自然还有，现在忘记了。只还记得在发热时，又曾想到欧洲人临死时，往往有一种仪式，是请别人宽恕，自己也宽恕了别人。我的怨敌可谓多矣，倘有新式的人问起我来，怎么回答呢？我想了一想，决定的是：让他们怨恨去，我也一个都不宽恕。"

他的遗嘱，恰正如嵇康的遗嘱，满是讽刺的味儿，而最大的讽刺，他遗嘱中所说的话，对于他的亲属等于耳边风。鲁迅死了，就送上神龛去，大家拼命在做纪念他的事，并不曾忘记他，埋是埋掉的，并未"拉倒"。鲁迅一生讨厌戴纸糊帽子，他死了以后，只好让别人替他戴上纸糊帽子。

那一段时期鲁迅的病情起伏，我们可以看看许景宋的实录，她说："今年的一整个夏天，正是鲁迅先生被病缠绕得透不过气来的时光，许多爱护他的人，都为了这个消息着急。然而病状有些好起来了。在那个时候，他说出一个梦：'他走出去，他见两旁埋伏着两个人，打算给他攻击，他想：你们要当着我生病的时候攻击我？不要紧，我身边还有匕首呢，投出去掷在敌人身上.'他梦后不久,病更减轻了。一切坏的症候逐渐消灭了。他可以稍稍散步些时,可以有力气拔出身边的匕首投向敌人,还可以看看电影,生活生活。我们战胜'死神',在讴歌、在欢愉。他仍然可以工作,和病前一样。"那是他的垂死的回光返照,他自己不觉得,她们也并未想到呢!

那些日子,鲁迅还是照样写点文章,到了 10 月 18 日黎明,鲁迅写了一张最后的字条给内山老板:

老板几下:

没想到半夜又气喘起来。因此,十点钟的约会去不成了,很抱歉。

拜托你给须藤先生挂个电话,请他速来看一下。

草草顿首

L 拜 十月十八日

这便是他的遗笔了。

鲁迅的病情,就在 10 月 18 日这一天剧变的。据须藤医生的诊断:"颜色苍白,呼吸短微,冷汗淋漓,热度 35.7℃,脉细实,时有停滞,腹部扁平,两肺时有喘鸣。"他认为病势突变,形势不佳,随即用酸素注射两针,都无效验。当时特请一位日籍看护田岛,他还深以为怪,问道:"我的病,如此严重了吗?"那天下午 2 时,绩延松井、石井两医生会同诊治,又注射酸素,仍无效果,他们认为病情已至绝境了。当晚复加注强心针,胸内甚闷,心部感有压迫,终夜冷汗下流,不能入眠。19 日晨 4 时,天犹未晓,苦闷益加,辗转反侧。但尚能以极微弱的声息,向其妻说"要茶"二字,这便是逝世前最后一语。以后即入弥留状态，至 5 时 25 分，心脏麻痹，呼吸停止，溘然长逝了。当时在侧的，仅许广平及胞弟建人、看护田岛等三人。

我们赶去吊唁时，只见他遗体安详地躺在卧室靠左的一张床上，身上盖了一条粉红色棉质夹被，脸上也蒙着一方洁白的纱巾。他的口眼紧闭着，一头黑发也有几根白丝，浓浓的眉和须，面容虽然消瘦一点，却也并不怎样难看。我一眼看去，那房间的情形是这样，离床头靠窗就是一张半新的书桌，上面杂乱地堆着些书籍、原稿，两支金不换毛笔挺立在笔插里，旁边有一只有盖的瓷茶盅。房中这时显得很杂乱，桌子横头是他在那时一篇文章里曾经提到的藤躺椅。靠着一张方桌上满满堆着书，床头床脚各有架小小书柜，壁上挂着些木刻和油画，一张是凯绥·珂勒惠支的版画，一张则是油绘的婴孩油画，题着"海婴生后十六月肖像"字样。海婴是鲁迅先生唯一的爱儿，那时年七岁，这天真的孩子，似乎还不懂得人生的忧患，跳跳蹦蹦的。

先生的丧仪由蔡元培、宋庆龄、内山完造、史沫特莱、沈钧儒、沈雁冰、萧三等八人组织治丧委员会，办理一切，当日发出讣告："即日移置万国殡仪馆，由二十日上午十时至下午五时，为各界人士瞻仰遗容的时间。依先生的遗言：'不得因为丧事收受任何人的一文钱'，除祭奠和表示哀悼的挽词花圈以外，谢绝一切金钱上的赠送。"从 21 日早晨到 22 日下午，先后前往瞻仰致祭的有一万多人。22 日下午 2 时，自动参加送殡的行列，有六七千人，沿途唱着哀歌，这是大众的殡葬。先生的灵柩，安在沪西万国公墓。如内山完造所说的，一个僧侣也没有，一个牧师也没有，一切都由八个治丧委员办了，这等等，毫无遗恨地发挥着被葬者的人格。

关于死了以后的事，鲁迅自己是谈过的。他说："大约我们的生死久已被人们随意处置，认为无足重轻，所以自己也看得随随便便，不像欧洲人那样的认真了。有些外国人说，中国人最怕死。这其实是不确的，——但自然，每不免模模糊糊的死掉则有之。大家所相信的死后的状态，更助成了对于死的随便。谁都知道，我们中国人是相信有鬼（近时或谓之'灵魂'）的，既有鬼，则死掉之后，虽然已不是人，却还不失为鬼，总还不算是一无所有。不过设想中的做鬼的久暂，却因其人的生前的贫富而不同。穷人们是大抵以为死后就去轮回的，根源出于佛教。……也许有人要问，既然相信轮回，那就说不定来生会堕入更穷苦的景况，或者简直是畜生道，更加可怕了。但我看他们是并不这样想的，他们确信自己并未造出该入畜生道的罪孽，他们从来没有能堕畜生道的地位、权势和金钱。然而有着地位、权势和金钱的人，却又并不觉得该堕畜生道，他们倒一面化为居士，准备成佛，一面自然也主张读经复古，兼做圣贤。他们像活着时候超出人理一样，自以为死后也超出了轮回的。至于小有金钱的人，则虽然也不觉得该受轮回，但此外也别无雄才大略，只预备安心做鬼。所以年纪一到五十上下，就给自己寻葬地，合寿材，又烧纸锭，先在冥中存储，生下子孙，每年可吃羹饭。这实在比做人还享福。"他是在生前，看穿了一般人对于生命的执着，而有所启悟的，只不知他死了之后，有没有更进一步的悟道呢？

　　鲁迅死了以后，当然不会埋掉拉倒的，正如一位法国大思想家法朗士（Anatole France）所说的："人生而为伟大的人物，实为大不幸事，他们生前备受痛苦，及其死后，又硬被别人作弄，变成与其自身毫不相同的方式。"反正他已经死了，谁爱怎样去解释他，他也只好让你去替他抹花脸了。仿佛有许多人要接鲁迅的道统，为了答复这一问题，他的妻子许广平是说冯雪峰可以认为鲁迅文学遗产的"通人"的。而上海成为孤岛时期，唐弢、桑弧他们刊行了《鲁迅风》，桂林也有《野草社》的一群，都是以鲁迅的继承人自命的。依笔者看来，就没有一个有着鲁迅风格的作家，因为他们都不够广大，而且也缺乏鲁迅的胸襟与识力。

关于纪念鲁迅的事，我们可以看到许多极有趣的画面。当时，有人建议国民政府把绍兴改为鲁迅县，国民党的政权，本来十分颟顸的，也许是可能的，终于不可能，否则对于鲁迅自己也是一个讽刺。为了鲁迅县的搁浅，连改绩溪为胡适县，也作罢论。留下来的倒是那位官方发言人王平陵，在他的溧阳县，首先有了平陵路了。这也是一种讽刺。为了纪念鲁迅，中共就在延安来纪念，设立了鲁迅艺术学院。在那儿，训练了抗战时期的革命青年。中共是懂得政治宣传的。中共的首领中，值得纪念的，非无其人，而独纪念了鲁迅，这是他们的聪明手法，显得蒋介石政权的愚蠢。

笔者曾经看到过一张手令，上面写着"副刊文字中，以不见鲁迅的姓名为上，否则也要减至极少的限度"。这一手令大概是从张道藩那边来的。全国各地，也只有桂林、重庆、昆明这几处地方，可以举行鲁迅逝世纪念会的，其他大小城市，也有着不成文的禁令，好似纪念鲁迅便是代表了革命。

以我所知，鲁迅和郭沫若之间并不怎样和谐的，所以他们在生前从未见过面。鲁迅死后，郭沫若才开始说鲁迅的好话（和《革命春秋》中所说的大不相同的话），他说："考虑到在历史上的地位，和那简练有力，极尽了曲折变化之能事的文体，我感觉着鲁迅有点像'文起八代之衰而道济天下之溺'的韩愈，但鲁迅的革命精神，他对于民族的荣誉贡献和今后的影响，似乎是有过之而无不及。"郭氏也是当代的能文之士，这一段话，却是使我们看不明白，即非违心之论，必是敷衍了事的纪念文字，而鲁迅呢，平生却最讨厌韩愈，风格也相去得很远。

徐懋庸和斯诺（Snow）都说鲁迅像法国的伏尔泰，"鲁迅以一支深刻冷酷的笔，冷嘲热讽地撕破了道学家的假面具，针砭了一切阻滞中国民族前进发展的封建余毒，像伏尔泰写他的'憨第德'（Candide）的动机，是为了打破了定命论者的谬说——永久的宽容，鲁迅也供着阿Q的人生观来讽刺中国人的'定命论'，对于穷苦、虐政，一切环境的不良，伏尔泰是高喊反抗而切恨宽容的，他燃烧了法国革命。""伏尔泰的生前，尽凭怎样地遭放逐、下狱，几乎每出一册书都被政府和教会的谄媚之徒查禁，然而他毕竟替他的真理猛烈地打开一条道路。"其他，还有人将鲁迅比作俄国的普希金，也有人比之为高尔基，但他们却忘记了鲁迅思想是受着托尔斯泰和尼采的影响的，而刘复送给他的"托尼学说，魏晋文章"的联语，则是鲁迅所首肯的。

有些天真的青年，似乎对于鲁迅这样富于战斗精神而并未参加共产党，乃引为恨事。许广平还特地对他们解释了一番；假如鲁迅在世的话，他会同意她的解释吗？我看未必如此。鲁迅对于政治生活，不一定十分感兴趣的呢！

十八、印象记

　　我是认识鲁迅的，有人问我对他的印象如何？我说："要我把他想象为伟大的神，似乎是不可能的。"鲁迅自己也说过："书上的人大概比实物好一点，《红楼梦》里面的人物，像贾宝玉、林黛玉这些人物，都使我有异样的同情；后来，考究一些当时的事实，到北京后，又看看梅兰芳、姜妙香扮的贾宝玉、林黛玉，觉得并不怎样高明。"所以，要把鲁迅形容得怎样伟大，也许表面上是褒，骨子里反而是对他的嘲笑呢！（笔者在这儿申明几句：以上各章，记叙鲁迅生平事实，总想冷静地撇开个人的成见，从直接史料中找出真实的鲁迅。正如克林威尔所说："画我须似我。"以下各章中，笔者要说说我对鲁迅的看法，有如王船山的《读通鉴论》，不一定苟同前人的评论，也不一定要立异以为高的。）

　　我说：鲁迅的样儿，看起来并不怎样伟大，有几件小事，可以证明。有一回，鲁迅碰到一个人，贸贸然地被问道："那种特货是哪儿买的？"他的脸庞很消瘦，看起来好似烟鬼，所以会有这样有趣的误会的。又有一回，他到上海南京路外滩惠中旅馆去看一位外国朋友（好像是史沫特莱），他走进电梯去，那开电梯的简直不理他，要他走出去，从后面的扶梯走上去。看样子，他是跟苦工差不多的。我们且看一位小妹妹的描写吧，这女孩子叫马珏，马衡的女儿，她写她初次见鲁迅的印象是这样："鲁迅这人，我是没有看见过的，也不知道他是什么样子，在我想来，大概和小孩子差不多，一定是很爱同小孩子在一起的。不过我又听说他是老头儿，很大年纪的。爱漂亮吗？大概是爱穿漂亮西服罢；一定拿着 STICK，走起来，棒头一戳一戳的。分头罢，却不一定，但是要穿西服，当然是分头了。我想他一定是这么一个人，不会错误。"后来，鲁迅到她们家中去了，她从玻璃窗外一看，只见一个瘦瘦的人，脸也不漂亮，不是分头，也不是平头。她父亲叫她去见见鲁迅，她看他穿了一件灰青长衫，一双破皮鞋，又老又呆板，她觉得很奇怪，她说："鲁迅先生，我倒想不到是这么一个不爱收拾的人；他手里老拿着烟卷，好像脑筋里时时刻刻在那儿想什么似的。我心里不住地想，总不以他是鲁迅，因为脑子里已经存了鲁迅是一个小孩似的老头儿，现在看了他竟是一个老头儿似的老头儿，所以不很相信。这时，也不知是怎么一回事，只看着他吃东西，看来牙也是不受使唤的，嚼起来是很费力的。"那时，鲁迅还不到五十岁，却已显得十分衰老了。

另外一位女学生吴曙天，她记她和孙伏园去看鲁迅的印象，说："在一个很僻静的胡同里，我们到了鲁迅先生之居了。房门开了，出来一个比孙老头儿更老的老年人，然而大约也不过五十岁左右罢，黄瘦脸庞，短胡子，然而举止很有神，我知道这就是鲁迅先生。我开始知道鲁迅先生是爱说笑话了，我访过鲁迅先生的令弟启明先生，启明先生也是爱说笑话。然而鲁迅先生说笑话时，他自己并不笑，启明先生说笑话时他自己也笑，这是他们哥儿俩说笑话的分别。"曙天是绘画的，她所勾画的鲁迅轮廓，也就是这样的。

另外，一位上海电车中的卖票员，他写在内山书店看见鲁迅的情形。他说："店里空得已没有一个顾客，只有店后面长台子旁边有两个人用日本话在谈笑，他们说得很快，听不清说些什么。有时忽然一阵大笑，像孩子一样的天真。那笑声里仿佛带着一点'非日本'的什么东西。我向里面瞧了一下，阴天，暗得很，只能模糊辨出坐在南首的是一个瘦瘦的、五十上下的中国人，穿一件牙黄的长衫，嘴里咬着一支烟嘴，跟着那火光的一亮一亮，腾起一阵阵的烟雾。……原来和内山说笑话的那老人，咬着烟嘴走了出来。他的面孔是黄黑带白，使得教人担心，好像大病新愈的人，但是精神很好，没有一点颓唐的样子。头发约莫一寸长，原是瓦片头，显然好久没有剪了，却一根一根精神抖擞地直竖着。胡须很打眼，好像浓墨写的隶体'一'字。"

这便是他们对鲁迅的印象。

鲁迅死了以后，周作人在北平和记者们谈到鲁迅的性格，说："他这肺病，本来在十年前，就已隐伏着了；医生劝他少生气，多静养；可是他的个性偏偏很强，往往因为一点小事，就和人家冲突起来，动不动就生气，静养更没有这回事，所以病状就一天一天的加重起来。说到他的思想，起初可以说是受了尼采的影响很深的，就是树立个人主义，希望超人的实现，可是最近又有变转到虚无主义上去了。因此，他对一切事，仿佛都很悲观。他的个性不但很强，而且多疑，旁人说一句话，他总要想一想，这话对于他是不是有不利的地方。他在上海住的地方很秘密，除了建人和内山书店的人知道以外，其余的人，都很难找到。"那位记者所笔录的，大致该和周先生所说的相符合，以他的博学多识，益以骨肉之亲，这些话该是十分中肯的。

当然，像鲁迅这样一个性格很强的人，他的笔锋又那么尖刻，那要人人对他有很好的印象，也是不可能的。那位和他对骂得很久的陈源（西滢），说："鲁迅先生一下笔就想构陷人家的罪状。他不是减，就是加，不是断章取义，便捏造些事实。有人同我说，鲁迅先生缺乏的是一面大镜子，所以永远见不到他的尊容。我说他说错了，鲁迅先生的所以这样，正因为他有了一面大镜子。你见过赵子昂画马的故事罢！他要画一个姿势，就对镜伏地做出那个姿势来。鲁迅先生的文章也是对了他的大镜子写的，没有一句骂人的话不能应用在他自己的身上。他常常散布流言和捏造事实，但是他自己又常常地骂人'散布流言''捏造事实'，并且承认那样是'下流'。他常常无故骂人，要是那人生气，他就说人家没有幽默。可是要是有人侵犯了他一言半语，他就跳到半天空骂得你体无完肤，还不肯罢休。"他又说："有人说，他们兄弟俩都有他们贵乡的刑名师爷的脾气。这话，启明先生自己也好像曾有部分的承认，不过我们得分别，一位是没有做过官的刑名师爷，一位是做了十几年官的刑名师爷。"陈西滢的笔也是很尖刻的，他那封写给徐志摩的信，说："可惜我只见过他一次，不能代他画一幅文字的像。……说起画像，忽然想起了本月二十三日《京报副刊》里林语堂先生画的'鲁迅先生打叭儿狗图'。要是你没有看见过鲁迅先生，我劝你弄一份看看。你看他面上八字胡子，头上皮帽，身上厚厚的一件大衣，很可以表出一个官僚的神情来。不过林先生的打叭儿狗的想象好像差一点。我以为最好的想象是鲁迅先生张着嘴立在泥潭中，后面立着一群悻悻的狗，'一犬吠影，百犬吠声'，不是俗语么？可是千万不可忘了那叭儿狗，因为叭儿狗能今天跟了黑狗这样叫，明天跟了白狗那样叫，黑夜的时候，还能在暗中猛不防地咬人家一口的。"他们之间，一刀一枪，也真是够瞧的。

笔者虽是一个史人，有志于写比较合理近情的传记，但我知道我自己也无法成为一面镜子，反映出那真实的形容来。我有我的偏见，我自以为很公正的批判，也正是透过了《中尘》的《新论》。有一回，社会教育学院学生和我谈到鲁迅，要我说我自己的看法。我说："人总是人，人是戴着面具到世界来演戏的，你只能看他演得好不好，至于面具下面那个真实的人，那就不是我们所能看见了。你们要我说真话，说了真话，你们一定很失望，因为我把你们的幻想打破了。你们要听假话，那就不必要我说了。"依我的说法，鲁迅为人很精明，很敏感，有时敏感过分了一点。我们从他的言论中，听出他对青年不一定有多大好感，而且上了无数次的当，几乎近于失望，然而，他知道这个世界是属于青年，所以他对中年人，甚至于对他们的朋友，都不肯认输，不肯饶一脚的，独有对青年，他真的肯让步肯认输，这虽是小事，却不容易，五四运动那些思想领袖，如陈独秀、胡适，都是高高在上，和青年脱了节的。（连从学生运动出来的学生代表，如傅斯年、罗家伦、潘公展，都也做了官，离开了青年群众的了。）只有鲁迅，有站到青年圈子中去的勇气，他无意于领导青年，而成为不争的思想领导者。他死了以后，他的声名更大，更为青年所崇拜，他几乎成为"神"了。

茅盾的《鲁迅论》中，曾引用了张定璜的一段话："鲁迅先生站在路旁边，看见我们男男女女在大街上来去，高的矮的，老的少的，肥的瘦的，笑的哭的，一大群在那里蠢动。从我们的眼睛、面貌、举动上，从我们的全身上，他看出我们的冥顽、卑劣、丑恶的饥饿。饥饿！在他面前经过的有一个不是饿得慌的人吗？任凭你拉着他的手，给他说你正在救国，或正在向民众去，或正在鼓吹男女平权，或正在提倡人道主义，或正在做这样做那样，你就说了半天也白费。他不信任你。他至少是不理你，至多，从他那支小烟卷儿的后面他冷静地朝你的左腹部望你一眼，也懒得告诉你他是学过医的，而且知道你的也是和一般人的一样，胃病。……我们知道他有三个特色，那也是老于手术富于经验的医生的特色，第一个，冷静；第二个，还是冷静；第三个，还是冷静。你别想去恐吓他、蒙蔽他。不等到你开嘴说话，他的尖锐的眼光已经教你明白了他知道你也许比自己知道的还更清楚。他知道怎么样去抹杀那表面的细微的，怎么样去检查那根本的扼要的。你穿的是什么衣服，摆的是哪种架子，说的是什么口腔，这些他都管不着，他只要看你这个赤裸裸的人，他要看，他于是乎看了的。虽然你会打扮得漂亮时新的，包扎得紧紧贴贴的，虽然你主张绅士体面或女性的尊严。这样，用这种大胆的强硬的甚至于残忍的态度，他在我们里面看见赵家的狗，……一群在饥饿里逃生的中国人。曾经有过这样老实不客气的剥脱么？曾经存在过这样沉默的旁观者么？……鲁迅先生告诉我们，偏是这些极其普通、极其平凡的人事里含有一切的永久的悲哀。鲁迅先生并没有把这个明明白白地写出来告诉我们，他不是那种人。但这个悲哀毕竟在那里，我们都感觉到他。我们无法拒绝他。他已经不是那可歌可泣的青年时代的感伤的奔放，乃是舟子在人生的航海里饱尝了忧患之后的叹息，发出来非常之微，同时发出来的地方非常之深。"这是我所看见的写鲁迅印象最好的文字。

当时，茅盾还补充了一段话："然而我们也不要忘记，鲁迅站在路旁边，老实不客气地剥脱我们男男女女，同时他也老实不客气地剥脱自己。他不是一个站在云端的超人，嘴角上挂着庄严的冷笑，反来指世人的愚莽卑劣的，他不是这样的'圣哲'，他是实实地生根在我们这愚笨卑劣的人间世，忍住了悲悯热泪，用冷讽的微笑，一遍一遍不惮烦地向我们解释人类是如何衰弱，世事是多么矛盾；他绝不忘记自己也分有这本性上的脆弱和潜伏的矛盾。"在我眼中，总忘不了他那抽小烟儿冷冷看人的神情。

十九、性格

　　前几年，有一回，我答复一位比较知心的朋友的问话（他问我，究竟为什么到香港来的？）道："我是为了要写许多人的传记，连自传在内，才到香港来的。第一部，就是要写《鲁迅评传》。"这位朋友，还不十分了解我的苦心。其实，蔡邕临死时，也只想续成《汉书》，而黄梨洲、万斯同晚年唯一寄托就在编次明史。先前，我也还有埋首研究，做不配盛业的雄心。而今，我恍然明白了，我若不赶快把所知道的写起来，那先父梦岐先生在蒋畈六十年的文化工作，就等于一个泡沫，在转眼之间，就消失得干干净净了。而说鲁迅的，也只能让聂绀弩、王士菁、郑学稼颠倒黑白，乱说一阵了。我要把真实的事实，鲁迅的真面孔，摆在天下后世的人的面前。（那些接近鲁迅的人，都已没有胆量把真实的鲁迅说出来了。）

　　笔者写到这儿，似乎鲁迅坐在我的面前，我要笑着对他说："你只能让我来写你了，因为你已经没有来辩论的机会了！"有一位替罗斯福作传的人说："罗斯福不是个简单的人，将来会有许多记述罗斯福的书，但是不会有两本书对他作同样的描写的，因为不会有两个人从他的一生中看到过相同之处。而一切对于他的描绘，其种类之多，矛盾之甚，会是骇人听闻的。知道他，以及生活在他的时代的人们，都和他相处过于密切，并且对于他党派观念也太强，他们不是偏护他，便是反对他，因此，都缺乏必须具备的客观性。"我想，对于鲁迅，大概也是如此吧。

这儿，可以让我来谈谈他的性格了。我们且先听听鲁迅生前的一段话。他的这段话是从前人骂嵇康、阮籍开头的。（鲁迅可说是千百年来嵇康、阮籍的第一个知己。）"人云亦云，一直到现在，一千六百多年。季札说：'中国之君子，明于礼义而陋于知人心。'这是确的，大凡明于礼义，就一定要陋于知人心的，所以古代有许多人受了很大的冤枉。……还有一个实证，凡人们的言论，思想，行为，倘若自己以为不错的，就愿意天下的别人，自己的朋友都这样做。但嵇康阮籍不这样，不愿意别人来模仿他。竹林七贤中有阮咸，是阮籍的侄子，一样的饮酒。阮籍的儿子阮浑也愿加入时，阮籍却道不必加入，吾家已有阿咸在，够了。假若阮籍自以为行为是对的，就不当拒绝他的儿子，而阮籍却拒绝自己的儿子，可知阮籍并不以他自己的办法为然。至于嵇康，一看他的《绝交书》，就知道他的态度很骄傲的；……但我看他做给他的儿子看的《家诫》——当嵇康被杀时，其子方十岁，算来当他做这篇文章的时候，他的儿子是未满十岁的——就觉得宛然是两个人。他在《家诫》中教他的儿子做人要小心，还有一条一条的教训。有一条是说长官处不可常去，亦不可住宿；官长送人们出来时，你不要在后面，因为恐怕将来官长惩办坏人时，你有暗中密告的嫌疑。又有一条是说宴饮时候有人争论，你可立刻走开，免得在旁批评，因为两者之间必有对与不对，不批评则不像样，一批评就总要是甲非乙，不免受一方见怪。还有人要你饮酒，即使不愿饮也不要坚决地推辞，必须和和气气地拿着杯子。我们就此看来，实在觉得很稀奇：嵇康是那样高傲的人，而他教子就要他这样庸碌。因此，我们知道，嵇康自己对于他自己的举动也是不满足的，所以批评一个人的言行实在难。"这段话，我们仔细看一看，就可以知道他所启发的意义太深刻了。我们绝不能说是看了几部鲁迅的作品，几篇鲁迅的散文，就算了解鲁迅了。鲁迅表现在文章的是一面，而他的性格，也许正和文章所表现的完全不相同。那些要把鲁迅捧入孔庙中的人，怕不使鲁迅有"明于礼义而陋于知人心"之叹呢！

我曾经对鲁迅说："你的学问见解第一，文艺创作第一，至于你的为人，见仁见智，难说得很。不过，我觉得你并不是一个难以相处的人。"他也承认我的说法，依孟子的标准来说，他是属于"圣之清者也"。

鲁迅是一个"世故老人"，他年纪不大，但看起来总显得十分苍老。他自幼历经事变，懂得人世辛酸以及炎凉的世态，由自卑与自尊两种心理所凝集，变得十分敏感，所以他虽不十分欢喜"世故老人"的称谓，却也只能自己承认的。鲁迅曾对许广平说："我自己知道是不行的……我看事情太仔细，一仔细，即多疑虑，不易勇往直前。……我又最不愿使别人做牺牲，也就不能有大局面。""醒的时候要免去若干苦痛，中国的老法子是'骄傲'与'玩世不恭'，我觉得我自己就有这毛病，不大好。……一、走'人生'的长途，最易遇到的有两大难关。其一是'歧途'，倘是墨翟先生，相传是恸哭而返的。但我不哭也不返，先在歧路头坐下，歇一会，或者睡一觉，于是选一条似乎可走的路再走，倘遇见老实人，也许夺他食物来充饥，但是不问路，因为我料定他并不知道的。如果遇见老虎，我就爬上树去，等它饿得走去了再下来，倘它竟不走，我就自己饿死在树上，而且先用带子缚住，连死尸也决不给它吃。但倘若没有树呢？那么，没有法子，只好请它吃了，但也不妨咬它一口。其二，便是'穷途'了，听说阮籍先生也大哭而回。我却也像在歧路上的办法一样，还是跨进去，在刺丛里姑且走走。但我也并未遇到全是荆棘毫无可走的地方过，不知道是否世上本无所谓穷途，还是我幸而没有遇着。二、对于社会的战斗，我是并不挺身而出的，我不劝别人牺牲什么之类者就为此。欧战的时候，最重'壕堑战'，战士伏在壕中，有时吸烟，也歌唱，打纸牌，喝酒，也在壕内开美术展览会，但有时忽向敌人开他几枪。中国多暗箭，挺身而出的勇士容易丧命，这种战法是必要的罢。但恐怕也有时会逼到非短兵相接不可的；这时候，没有法子，就短兵相接。总结起来，我自己对于苦闷的办法，是专与袭来的苦痛捣乱，将无赖手段当作胜利，硬唱凯歌，算是乐趣，这或者就是糖罢。但临末也还是归结到'没有法子'，这真是没有法子！"（这也可说是他的阿Q精神）这些话，都是世故老人的说法。他的性格，正是从幼年的忧患与壮岁的黑暗环境中陶养而成的。芥川龙之介，他看了章太炎先生，比之为鳄鱼，我觉得他们师徒俩，都有点鳄鱼的气味。

鲁迅有一回，因为悼念刘半农（复），因而连带说到陈独秀和胡适之的为人。他说："假如将韬略比作一间仓库罢，独秀先生的是外面竖一面大旗，大书道：'内皆武器，来者小心！'但那门却开着的，里面有几支枪，几把刀，一目了然，用不着提防。适之先生是紧紧的关着门，门上粘一条小纸条道：'内无武器，请勿疑虑。'这自然可以是真的，但有些人——至少是我这样的人——有时总不免要侧着头想一想。半农却是令人不觉其有武库的一个人，所以我佩服陈、胡，却亲近半农。"这段论人文字，写得极好，而且就这么把他们三个都论定终身了。至于鲁迅自己的为人呢？我以为他是坐在坦克车里作战的，他先要保护起自己来，再用猛烈火力作战，它爬得很慢，但是压力很重。他是连情书也可以公开的十分精明的人，他说："常听得有人说，书信是最不掩饰，最显真面目的文章，但我也并不，我无论给谁写信，最初，总是敷敷衍衍，口是心非的，即在这一本中，遇有较为紧要的地方，到后来也还是往往故意写得含糊些。"毕竟他是从绍兴师爷的天地中出来，每下一着棋，都有其谋略的。

前人有一句爱用的成语："一成为文人，便无足观。"这句话，也许是一句感慨的话，也许是一句讽刺的话，我就一直没有看懂过。有一天，恍然有悟，文人自己有自己的王国的，一进入文艺王国，就在那个天地中历劫，慢慢和世俗这个世界脱节了，所以，世俗人看来，文人总是傻里傻气的，再了不得，也是看得见的。鲁迅也和其他文人一样，对外间的种种感觉是很灵敏的，他比别人还灵敏些；这些不快意的情绪，很容易变得很抑郁（自卑与自尊的错综情绪）。但我们把这种情绪转变为文学写了出来，经过了一次轮回，便把这份抑郁之情宣泄出去，成为创作的快感了！现代文人，还有一个便利的机会，便是笔下所写的，很快就见之于报刊，和千千万万读者相见，很快获得了反应；这又是一种新获的快感，对我们是一种精神上的补偿。古代文人，还有得君行其道一种野心，现代文人，就安于文艺王国的生活，并不以为"一成为文人，便无足观"的。（萧伯纳并不羡慕丘吉尔的相位，他自觉得在文艺王国中，比丘吉尔更崇高些，也就满意了。）鲁迅可以说是道地的现代文人，他并不是追寻隐逸生活，他住在都市之中，天天和世俗相接，而能相忘于江湖，看起来真是恬淡的心怀。不过在文艺王国中，他的笔锋是不可触犯的，他是不饶人的。有的人，以为鲁迅之为人，一定阴险狠鸷得很，不容易相处的。我当初也是这么想，后来才知道他对人真是和易近人情，极容易相处的。我觉得胡适的和气谦恭态，是一种手腕，反而使人不敢亲近；鲁迅倒是可以谈得上君子之交淡如水的。

孙伏园先生，他在中学时期，便是鲁迅的学生，后来，在北京在广州和鲁迅往来很密切，他曾说过一些小事，倒可以帮助我们了解鲁迅的性格。他说他们到陕西去讲学，一个月得了三百元酬金。鲁迅和他商量："我们只要够旅费，应该把陕西人的钱，在陕西用掉。"后来打听得易俗社的戏曲和戏园经费困难，他们便捐了一笔钱给易俗社。西北大学的工友们，招呼他们很周到，鲁迅主张多给点钱，另外一位先生不赞成，说："工友既不是我们的父亲，又不是我们的儿子；我们下一次，不知什么时候才来；我以为多给钱没有意义。"鲁迅当面也不说什么，退而对伏园说："我顶不赞成他说的'下一次不知什么时候才来'的话，他要少给，让他少给好了，我们还是照原议多给。"君子观人于微，从这些小节上，可以看出他的真襟怀来！

伏园说鲁迅的家常生活非常简单，衣食住几乎全是学生时代的生活。他在教育部做了十多年事，也教了十多年书，可是，一切时俗的娱乐，如打牌、看京戏、上八大胡同，他从来没沾染过。教育部同人都知道他是怪人，但他并不故意装出怪腔，只是书生本色而已。在北京那样冷的天气，他平常还是不穿棉裤的人；周老太太叫伏园去帮助他，他说："一个独身人的生活，决不能常往安逸方面着想的。岂但我不穿棉裤而已，你看我的棉被，也是多少年没有换的老棉花，我不愿意换。你再看我的铺板，我从来不愿意换藤绷或棕绷，我也从来不愿意换厚褥子。生活太安逸了，工作就被生活所累了。"鲁迅很早就过非常简单的生活，他的房中只有床铺、网篮、衣箱、书桌这几样东西；什么时候要走，一时三刻，随便拿几件行李，就可以走了。伏园说到他和鲁迅一同出门，他的铺盖，都是鲁迅替他打理的。（我想：这一种生活，还是和他早年进过军事学校有关的。）

我常拿着鲁迅的性格和先父梦岐先生相比，他们都是廉介方正的人；但先父毕竟是旧时的理学家，而鲁迅则是新时代的人。

二十、日常生活

要写鲁迅的日常生活，笔者当然不是最适当的人；我只能说，我也有我了解的方面。说鲁迅能过刻苦朴素的生活，那是不错的；说他过的是刻苦朴素的生活，那就可以保留了。所谓小资产阶级知识分子者，是从田间来的，知道稼穑之艰难的，但也懂得都市的资产阶级的种种物质享受，在许多场合，我看见他肆应自如，和洋人在一起，也显得从容自在，毫无拘谨之态。林语堂在依定盘路那大洋楼的派头，可说是十足洋化的；鲁迅坐在那儿，也毫无寒碜之色。他毕竟是绍兴人，而且在北京住过多年，见过大世面的，一举手一投足，都是合乎大雅之堂，不像笔者这么寒酸的。他生前最赞同笔者一句话："君子可使居贫贱也。"居贱不易，居贫更不易，"见大人则藐之"，要不做到佯狂态度才对。（我觉得鲁迅的态度，比吴稚晖显得很自然些，他并不故意装得寒酸的样子。笔者也见过许多文坛怪人，鲁迅倒并不怪。）

为了要使读者对这位思想家的生活了解亲切些，笔者且节引了许广平的追记。她说，"囚首垢面而谈诗书"，这是古人的一句成语，拿来形容鲁迅是很恰当的。（照这么说，容易联想到那位对桓温扪虱而谈的王猛，鲁迅却没有寒碜到这么程度，也许我们在上海看到他，已经改变了一点了。）她说："沉迷于自己的理想生活的人们，对于物质的注意是很相反的。另外的原因，他对于衣服极不讲究，也许是一种反感使然。据他自己说，小的时候，家人叫他穿新衣，又怕新衣弄污，势必时常监视警告，于是坐立都不自由了，是一件最不舒服的事。因此，他宁可穿得坏些，布制的更好。方便的时候，譬如吃完点心糖果之类，他手边如果没有揩布，也可以很随便地往身上一揩。初到上海的时候，穿久了的蓝布夹袄破了，我买到蓝色的毛葛换做一件，做好之后，他无论如何不肯穿上身，说是滑溜溜不舒服的，没有法子，这件衣服转赠别人，从此不敢做这一类质地的衣料了。直到他最后的一年，身体瘦弱得很，经不起重压，特做一件丝绵的棕色湖绉长袍，但是穿不到几次，就变成临终穿在身上的殓衣，这恐怕是成人以后最讲究的一件了。"（孙伏园也说："一天，我听周老太太说，鲁迅先生的裤子还是三十年前留学时代的，已经补过了多少回，她实在看不过去了，所以叫周太太做一条棉裤，等鲁迅上衙门的时候，偷偷地放在他的床上，希望他不留神能换上，万不料竟给他撺出来了。"）

鲁迅的起居，也是无定时的，他在北京时，每天常是到子夜才客散。之后，如果没有什么急待准备的工作，稍稍休息，看看书，2时左右就入睡了。他并不以睡眠为主而以工作为主的；假如倦了，也就倒在床上，睡两三小时，衣也不脱，被也不盖，就这样打一个盹儿，翻个身醒了，抽一支烟，起来泡杯浓清茶，有糖果点心呢，也许多少吃些就动笔了。有时，写作的意兴很浓，放不下笔，直到东方发白，是常有的事。《伤逝》那篇小说，他是一口气写成功的。他的妻子劝他休息，他说："写小说是不能够休息的,过了一夜,那个创造的人物、性格也许会变得两样,和预想的相反了呢。"他又说:"写文章的人,生活是无法调整的,我真佩服外国作家能够定出时间来动笔,到了时候,又可以立刻停笔去做别的事,我却没有这种本领。"(依心理活动方式说,这种习惯,是可以养成的,鲁迅却没有做惯记者的生活,所以他的写作,必须一气呵成的。)

鲁迅自幼是爱书的,而且是十分爱惜书的,周作人曾经说到他买冈元凤所著的《毛诗品物图考》的故事:他从大街的书店买来一部,偶然有点纸破或墨污,总不能满意,便拿去掉换,至再至三,直到伙计烦厌了,戏弄说,这比姐姐的面孔还白呢,何必掉换。乃愤然出来,不再去买书。他们自幼压岁钱略有积蓄,便开始买书。我们看他们兄弟的日记,以及通信中所谈及的,很多是买书和读书的心得。如壬寅二月初八日,鲁迅带给周作人的书,就有《汉魏丛书》《徐霞客游记》《前汉书》《古文苑》《剡录》《中西纪事》、谭嗣同《仁学》《人民学》《科学丛书》《日本新政考》,这么一大批,可见他们兴趣的多方面。他们兄弟俩,都不是书呆子,不仅是博,而且真正的"通"了。

许广平说,鲁迅处理自己的书籍文具,似乎比生命还看重,若看他的衣着,是不会想到这么一个相反的对照的。(以笔者所知,钱玄同和胡适的书房,都是一塌糊涂的,但胡适的衣着,倒是齐齐整整,不像鲁迅这样不修边幅的。)比如书龌龊了,有时也会用衣袖去揩拭,手不干净的话,他也一定洗好了才去翻看。书架上的书,摆得齐齐整整,一切文房用品,他必亲自经手,有一定的位置,不许放乱。鲁迅常说:"东西要有一定的位置,拿起来才便当。譬如医师用的药瓶,随手乱摆,配药的就会犯配错药的危险。"他处理书房的种种,就像药房那样整齐有序，平时无论怎么忙，写完了字，一定把桌面收拾好了，才去做别的事，他的抽屉，也是井然有条有理，不愿别人去翻动的。他在北京时，那小小的寝室，便是他的会客室，他把那些自己爱好的书放在隐僻所在，免得别人去翻乱。他最不愿意借书给别人，除非万不得已，有时他宁愿另买一本送那朋友的。（这是文人们的通病了。）一部新书到手了，他就连忙依着分类要急急包裹起来。连许广平都不能获得先看的权利，只有海婴是例外，他可以等他翻看了再说的。他把连续的期刊，按年月按卷数包起来，扎好了，写上书刊名及期数，有如图书馆的分类。他所包扎的书，方方正正，连用绳子都有讲究，总以不至于损及书页为主。有时，他接到一本期刊，装订得不整齐，一定另外再买一本。他对于自己的著作，印好了，也先拣好两部，包藏起来。他对于线装书的整理，自有一番手脚，有时拆散修理，重行装订。那部名贵的《北平笺谱》，还添了青布包面。偶有缺页，他也自己动手拆添完善，才算了事。装订用双线，敷得平平整整，不让它扭绞起来。这些地方，都显得他的细心忍耐性，他的确不独有文学天才，而且有艺术天才的。（许氏对于这些小事，知道懂得，却说得不周全，我只能替她另写一遍。）

鲁迅自幼绘画，便很有耐性，一丝不苟。有一回，他在堂前廊下，影描马镜江诗中画，影描中，因事他去，他的祖母看看好玩，就去补画几笔，却画坏了，他就扯去另画，以至他的祖母也觉得过意不去。许广平也说到鲁迅亲手做信封的事，有时就用别人寄来的信封，翻转面来重做，有时就用一张长方硬纸；折叠得齐整匀称，比书坊买来的还挺括些。他平日把一切包裹纸、纸袋折得平平整整，绳子也卷好，随时可以应用。他就是这么节省物力，丝毫不会浪费，这些小地方，更显得他的修养。

鲁迅自己写字，是用毛笔的，他的全集的原稿，也就是毛笔写成的；还有那二十五年的日记和几千通的书简，也都是用毛笔写的；但他对于社会提倡毛笔字，禁止学生用铅笔、墨水笔作文，却表示反对，他认为用墨水笔可以节省青年学生的时间，没有禁用的理由。他为着社会大众着想，绝不固执迂拘的。

替鲁迅生活作标志的，似乎是烟，而不是酒。每一个和他熟悉的人，都知道他是烟不停手的，一面和客人谈笑，一面烟雾弥漫；工作的时候也是这样，工作越忙，烟也抽得越多。每天总在五十支左右。有一时期，他病了，医生警告他，多抽烟，服药也是没有用的，他却还是吸烟不停，关心他的人再加监视也没有用。他抽的都是廉价品，有一种"品海牌"香烟，那是清末香烟刚流行时的出品，和后来他所爱抽的"红锡包"差不多。他在北京时，抽的是"红锡包"，到了上海，爱吸"黑猫牌"，价钱都是差不多的。这类香烟，质料本来不好，再加了他吸得多，吸得深，总是快吸完了才丢掉，对于他的肺病当然是影响极大的。鲁迅是学医的，但对于吸烟，却有古怪的理论，说："我吸烟虽是吸得多，却是并不吞到肚子里去的。"

他是绍兴人，而且也懂得喝酒的味道。(《在酒楼上》开头，就说了喝酒的内行话，他的小说，也时常以酒店为背景。)不过，他并不是酒鬼，从来不闹酒，自己闹到烂醉如泥的。如果有事要做，他就适可而止，绝不多饮。他的父亲是个酒鬼，喝醉了时常发酒疯骂人，这一印象给他很深刻，他因此就自己节制自己，不让酒来使他糊涂了。他在厦门大学时期，曾经醉过一回，因为那一时期，环境很恶劣，他气愤不过，把胸中的话说出来了。他就喝了大量的酒，有些醉了，回到住所，靠在椅子上抽烟睡熟了，香烟的火头把他的棉袍烧了一大块，等他惊醒过来，身上热烘烘，眼前一团火，倒是一幕趣剧。大概他情绪不好时，也就喝点酒来浇愁的。（他是性子刚的人，在这些小节目上，最能反映他的性格。）

鲁迅爱喝清茶，他所爱的不是带花的香片，而是青涩的龙井茶。笔者曾对他说："我和你是茶的知己，而不是西湖的知己。我喜欢龙井茶，尤其喜欢西湖；你呢，对于西湖，并没有多大好感。"鲁迅艺术修养很深，却不喜游山玩水；我呢，最爱泉石胜处，却对于美术是外行：人的性格，就是这么不同。鲁迅也不是喝工夫茶的人，不过，茶要喝得浓，浓浓一杯热茶，也是一种刺激，一种享受，他却又不和林语堂一样提倡这类生活享受。

鲁迅也爱吃糖果，吃的也是几角钱一磅的廉价品。他也爱洋点心，北京东城有一家法国点心铺，蛋糕做得很好，他偶尔也买来享受一番的。我们有一回谈起生活享受的下意识作用，如他《在酒楼上》所写的"油豆腐也煮得十分好"。"茴香豆、冻肉、油豆腐、青鱼干"，对于他是永久的蛊惑，要骗了他一辈子的。同时，一个乡下人对于城市型生活的欣羡，一个贫穷中过来人对于阔佬的享受方式的神往，也在我们心胸盘旋着。这便是小资产阶级知识分子的典型意识。他有一回对我说："我们都是马二先生，吴敬梓写马二先生那么馋，吴敬梓自己一定很馋的。"我说："我每回看到煮好的油豆腐加辣酱，也是很馋的，比鱼翅海参还够味。"

许广平说鲁迅爱看电影（鲁迅不爱看京戏，甚至于有反感），这是他的精神休息。他要坐楼座，付最高的票价，把心神松下去，好好欣赏一番的。他不一定选择好的片子，几乎侦探片、打斗片、滑稽片、生活风景片，他都看；也爱看五彩卡通片，他就和海婴一样的开心。倒是那部有名的《仲夏夜之梦》，他看不出好的意义在哪里；这因为他自己对于莎士比亚剧本有所理解，而好莱坞的戏剧却很浅薄的缘故。他最后看的是一部苏联片《复仇艳遇》，那是他去世前十天的事。

二十一、社会观

　　鲁迅先生，不独在他的死后成为当代论客所谈论的人物；即在他的生前，早已成为争论的箭垛。但即令如苏雪林那样对他深恶痛绝，她也不能不对鲁迅的创作艺术表示钦佩。而且一直讥刺鲁迅的创造社作家，如成仿吾、郭沫若、钱杏邨，也对他回复了敬意。笔者觉得鲁迅一生的最大贡献，乃在剖解中国的社会，他是一个冷静地暴露中国社会黑暗面的思想家。张定璜（张氏那篇《鲁迅先生》，可说是一切批评鲁迅文字中最好的一篇，连茅盾的《鲁迅论》在内）说："鲁迅先生是位艺术家，是一个有良心的，那就是说，忠于他的表现的，忠于他自己的艺术家。无论什么时候，什么地方，他绝不忘记他对于自己的诚实。他看见什么，他描写什么。他把他自己的世界展开给我们，不粉饰，也不遮盖。那是他最熟识的世界，也是我们最生疏的世界。我们天天过活，自以为耳目聪明，其实多半是聋子兼瞎子，我们视而不见，听而不闻。且不说别的，我们先就不认识我们自己，待到逢见少数的人们，能够认识自己，能够辨得自己所住的世界，并且能够把那世界再现出来的人们，我们才对于从来漠不关心的事物重新感到小孩子的惊奇，我们才明白许多不值一计较的小东西都包含着可怕的复杂的意味；我们才想到人生、命运、死，以及一切的悲哀。鲁迅便是这些少数人们里面的一个，他嫌恶中国人，咒骂中国人，然而他自己是一个纯粹的中国人，他的作品满熏着中国的土气，他可以说是眼前我们唯一的乡土艺术家，他毕竟是中国的儿子，毕竟忘不掉中国，我们若怪他的嫌恶咒骂不好，我们得首先怪我们自己不好，因为他想夸耀赞美而不得，他才想到了这个打扫厕所的办法。让我们别厌烦他的啰唆，但感谢他的勤勉罢。至于他的讽刺呢，我以为讽刺家和理想家原来是一个东西的表里两面。我们不必管讽刺得难受不难受，或对不对，只问讽刺得好不好，就是说美不美。我不敢说鲁迅的讽刺全是美的，我敢说他的大都是美的。"因此，笔者就首先评价他的社会观。（笔者和冯雪峰的看法有点不同，我以为鲁迅的观察深刻，与眼光远大，并不由于接受了唯物史观的论据，而由于他的科学头脑以及尼采超人哲学的思想。我们不必阿附时论，替他戴上一顶不必有的帽子。）

要了解鲁迅的社会观，当然该从他的杂感文中去体会。他对于中国的民族性，是带着悲观的口吻在说的。有一回，他在《略论中国人的脸》中说："日本的长谷川如是闲是善于做讽刺文学的。去年，我见过他的一本随笔集叫作《猫·狗·人》；其中有一篇就说到中国人的脸。大意是初见中国人，即令人感到较之日本人或西洋人，脸上总欠缺着一点什么。久而久之，看惯了，便觉得这样已经尽够，并不缺少东西；倒是看得西洋人之流的脸上，多余着一点什么。这多余着的东西，他就给它一个不大高妙的名目：兽性。中国人的脸上没有这个，是人，则加上多余的东西，即成了下列的算式：人 + 兽性 = 西洋人。他借了称赞中国人，贬斥西洋人，来讽刺日本人的目的，这样就达到了。自然不必再说这兽性的不见于中国人的脸上，是本来没有的呢，还是现在已经消除。如果是后来消除的，那么，是渐渐净尽而只剩了人性的呢，还是不过渐渐成为驯顺。野牛成为家牛，野猪成为家猪，狼成为狗，野性是消失了，但只是使牧人喜欢，于本身并无好处。人不过是人，不再夹杂着别的东西，当然再好没有了。倘不得已，我以为还不如带些兽性。"笔者和他几回谈论中，关于这一点，彼此最相同意，我们都认为中国民族性，是由于外族长时期统治而失去了"兽性"的，两宋以后，辽、金、元、清这五六百年间渐渐驯服下来的"奴隶性格"，实在是一种耻辱。

周作人说："鲁迅写小说散文有一特点，为别人所不能及者，即对于中国民族深刻的观察。大约现代文人中对于中国民族抱着那样一片黑暗的悲观的难得有第二个人吧。他从小喜欢杂览，读野史最多，受影响亦最大。在书本里得来的知识上面，又加上亲自从社会里得来的经验，结果便造成一种只有苦痛与黑暗的人生观，让他无条件（除艺术的感觉外）的发现出来就是那些作品。"此处他所说的人生观，我以为还是换作社会观比较适当，沈雁冰曾说："他的胸中燃着少年之火，精神上，他是一个'老孩子'！他没有主义要宣传，也不想发起一种什么运动，然而他的著作里，也没有'人生无常'的叹息，也没有暮年的暂得宁静的钦羡与自慰（像许多作家常有的），反之，他的著作里，却充满了反抗的呼声和无情的剥露。反抗一切的压迫，反抗一切的虚伪！老中国的毒疮太多了，他忍不住拿着刀一遍一遍尽自刺着。我们翻看他的杂感集三种来看，看见鲁迅除奋勇剜剔毒疮而外，又时有'岁月已非，毒疮依旧'的新愤慨。"

鲁迅写给许广平的第二封信，说到他的看法："中国大约太老了，社会上事无大小，都恶劣不堪，像一只黑色的染缸，无论加进什么新东西去，都变成漆黑。可是除了再想法子来改革之外，也再没有别的路。我看一切理想家，不是怀念'过去'，就是希望'将来'，而对于'现在'这一个题目，都缴了白卷，因为谁也开不出药方。所有最好的药方，即所谓'希望将来'的就是。'将来'这回事，虽然不能知道情形怎样，但有是一定会有的，就是一定会到来的，所虑者到了那时，就成了那时的'现在'。然而人们也不必这样悲观，只要'那时的现在'比'现在的现在'好一点，就很好了，这就是进步。这些空想，也无法证明一定是空想，所以也可以算是人生的一种慰安，正如信徒的上帝。你好像常在看我的作品，但我的作品，太黑暗了，因为我常觉得惟'黑暗与虚无'乃是'实有'，却偏要向这些作绝望的抗战，所以很多着偏激的声音。其实这或者是年龄和经历的关系，也许未必一定的确的，因为我终于不能证实：惟黑暗与虚无乃是实有。"他自己也看到一种结局："要彻底地毁坏这种大势的，就容易变成'个人的无政府主义者'，如《工人绥惠略夫》里所描写的绥惠略夫就是。这一类人物的运命，在现在——也许在将来——是要救群众，而反被群众所迫害，终至于成了单身，忿激之余，一转而仇视一切，无论对谁都开枪，自己也归于毁灭。"

他说得很明白，他的观点，乃是他的年龄和经历所形成的。他总觉得周围有长城围绕。这长城的构成材料，是旧有的古砖和补添的新砖。两种东西连为一气，造成了城壁，将人们包围。他叹息着：何时才不给长城添新砖呢？他看看报章上的论坛，反改革的空气浓厚透顶了，满车的"祖传""老例""国粹"等等，都想来堆在道路上，将所有的人家完全活埋下去。他想，

现在的办法，首先还得用那几年以前《新青年》上已经说过的
"思想革命"，还是这一句话，虽然未免可悲，但他以为除此没
有别的办法。他终于愤然道："难道所谓国民性者，真是这样地
难于改变的么？倘如此，将来的命运便大略可想了，也还是一
句烂熟的话：古已有之。"他自叹无拳无勇，只能用他的笔墨，
对于根深蒂固的所谓旧文明，施行袭击，令其动摇，冀其将来，
有万一之希望。他说："《语丝》虽总想有反抗精神，而时时有
疲劳的颜色。大约因为看得中国内情太清楚，所以不免有些失
望之故罢。由此可知见事太明，做事即失其勇，庄子所谓'察
见渊鱼者不祥'，盖不独谓将为众所忌，且于自己的前进亦有
碍也。"

徐旭生和鲁迅讨论中国民族性的问题，说："人类思想里
面，本来有一种惰性的东西，我们中国人的惰性更深，惰性表
现的形式不一，而最普通的，第一就是听天任命，第二就是中
庸。听天任命和中庸的空气打不破，我国人的思想，永远没有
进步的希望。"鲁迅说："我以为这两种态度的根柢，怕不可仅
以惰性了之，其实乃是卑怯。遇见强者，不敢反抗，便以'中
庸'这些话来粉饰，聊以自慰。所以中国人倘有权力，看见别
人奈何他不得，或者有'多数'作他护符的时候，多是凶残横恣，
宛然一个暴君，做事并不中庸；待到满口'中庸'时，乃是势
力已失，早非'中庸'不可的时候了。一到全败，则又有'命
运'来做话柄，纵为奴隶，也处之泰然，但又无往而不合乎圣道。
这些现象，实在可以使中国人败亡，无论有没有外敌。要救正
这些，也只好先行发露各样的劣点，撕下那好看的假面具来。"
鲁迅的小说、杂感，大部分都是从这一观点出发的。

五四运动以后，中国思想界，很快又走回头路，有的提倡

东方精神文明，有人整理国故。鲁迅在《灯下漫笔》中发深切的感喟；他就从民初中（国）交（通）票的挤兑说起，"我当一包现银塞在怀中，沉甸甸地觉得安心，喜欢的时候，却突然起了另一思想，就是：我们极容易变成奴隶，而且变了之后，还万分喜欢。假如有一种暴力，'将人不当人'，不但不当人，还不及牛马，不算什么东西；待到人们羡慕牛马，发生'乱离人，不及太平犬'的叹息的时候，然后给予他略等于牛马的价格，有如元朝定律，打死别人的奴隶，赔一头牛，则人们便要心悦诚服，恭颂太平的盛世。为什么呢？因为他虽不算人，究竟已等于牛马了。我们不必恭读《钦定二十四史》，或者入研究室，审察精神文明的高超。只要一翻孩子所读的《鉴略》，——还嫌烦重，则看《历代纪元编》，就知道'三千余年古国古'的中华，历来所闹的就不过是这一个小玩意儿。……实际上，中国人向来就没有争到过'人'的价格，至多不过是奴隶，到现在还如此，然而下于奴隶的时候，却是数见不鲜的。""现在入了那一时代，我也不了然。但看国学家的崇奉国粹，文学家的赞叹固有文明，道学家的热心复古，可见于现状都已不满了。然而我们究竟正向着那一条路走呢？百姓是一遇到莫名其妙的战争，稍富的迁进租界，妇孺则避入教堂里去了，因为那些地方都比较的'稳'，暂不至于想做奴隶而不得。总而言之，复古的、避难的，无智愚贤不肖，似乎都已神往于三百年前太平盛世，就是'暂时做稳了奴隶的时代'了。"

他又说到鹤见祐辅（日本的政论家）在《北京的魅力》中，记一个白人将到中国，预定的暂住时期是一年，但五年之后还在北京，而且不想回去了。有一天，他们两人一同吃晚饭，"在圆的桃花心木的食桌前坐定，川流不息地献着山海的珍味，谈话就从古董、画、政治这些开头。电灯上罩着支那式的灯罩，淡淡的光洋溢于古物罗列的屋子中。什么无产阶级呀，Proletariat 呀那些事，就像不过在什么地方刮风。我一面陶醉在支那生活的空气中，一面深思着对于外人有着'魅力'的这东西。元人也曾征服支那，而被征服于汉人种的生活美了；满人也征服支那，而被征服于汉人种的生活美了。现在西洋人也一样，嘴里虽然说着 Democracy 呀，什么什么呀，而却被魅于支那人费六千年而建筑起来的生活的美。一经住过北京，就忘不掉那生活的味道。大风时候的万丈的沙尘，每三月一回的督军们的开战游戏，都不能抹去这支那生活的魅力。"这些话，作为对中国的赞颂固可，作为对中国的嘲讽亦无不可。鲁迅乃以沉重的心情在说："这些话我现在还无力否认他。我们的古圣先贤既给予我们保古守旧的格言，但同时也排好了用子女玉帛所做的奉献于征服者的大宴。……待到享受盛宴的时候，自然也就是赞颂中国固有文明的时候；但是我们的有些乐观的爱国者，也许反而欣然色喜，以为他们将要开始被中国同化了罢。"

鲁迅的社会圈子，本来是很狭小的；他的生活经验，也是很单纯的；他的朋友和他的敌人，也都是这一小圈子中人。这一小圈子，便是小资产阶级知识分子，而且属于文人方面的多；和他接近的青年，也都是对文艺有兴趣的（他和教育界人士的关系也并不多）。笔者曾经冷眼看他们几个人，郭沫若有兴趣地和军政有权威的人往来，他并不甘于以文人终其身的。（鲁迅虽和陈仪有交谊，也并不往来的。）茅盾和工商界往来，彼此利害不冲突，可以放言高论，一笑了之。鲁迅就因为和文人这小圈子朋友往来，一群冬天的豪猪，是难得处好的。鲁迅死后，大家推尊他，成为神庙中人物；在他的生前，别个文人还是"各以所长,相轻所短"的。(笔者和他相处,一直就保持着一段距离,所以结果还不错。)这一方面,我希望青年读者看了不要失望,因为鲁迅毕竟不曾住在你们的楼上,幻想中的大文豪,当然很神圣的。

他的广大视野,乃从历史中来;他对过去中国的了解,比当前中国社会深刻;诚所谓"日光之下,并无新事",他看透了过去的中国,也就看透了当前的社会。但当我们进一步解剖分析当前现实社会,就会明白鲁迅的眼光,也只是一方面的。(他自己也知道所了解不多,所以说:失望之为虚妄,与希望同。)他所揭开的疮疤,乃是属于知识分子的。他最和吴敬梓相近,那冷隽的笔法也很相似。他曾对许广平说:"文章的看法,也是因人不同的,我因为自己好作短文,好用反语,每遇辩论,辄不管三七二十一,就迎头一击,所以每见和我的办法不同者便以为缺点。其实畅达也自有畅达的好处,正不必故意减缩。例如玄同之文,即颇汪洋,而少含蓄,使读者览之了然,无所疑惑,故以表白意见,反为相宜,效力亦复很大。我的东西却常招误解,有时竟大出于意料之外。"

鲁迅《论睁了眼看》,便是对于中国人没有勇气正视社会现象有所讽刺。他说:"文人究竟是敏感人物,从他们的作品上看来,有些人确也早已感到不满,可是一到快要显露缺陷的危机一发之际,他们总即刻连说'并无其事',同时便闭上了眼睛。这闭着的眼睛便看见一切圆满,当前的苦痛不过是'天之将降大任于斯人也,必先苦其心志,劳其筋骨,饿其体肤,空乏其身,行拂乱其所为'。于是无问题,无缺陷,无不平,也就无解决,无改革,无反抗。因为凡事总要'团圆',正无须我们焦躁;放心喝茶,睡觉大吉。再说废话,就有'不合时宜'之咎。""中国婚姻方法的缺陷，才子佳人小说作家早就感到了，他于是使一个才子在壁上题诗，一个佳人便来和，由倾慕——现在就得称恋爱——而至于有'终身之约'。但约定之后，也就有了难关。我们都知道，'私订终身'在诗和戏曲或小说尚不失为美谈（自然只以与终于中状元的男人私订为限），实际却不容于天下的，仍然免不了要离异。明末的作家便闭上眼睛，并这一层也加以补救了，说是：才子及第，奉旨成婚。'父母之命媒妁之言'经这大帽子一压，便成了半个铅钱也不值，问题也一点没有了。即使有之，也只在才子的能否中状元，而决不在婚姻制度的良否。""《红楼梦》中的小悲剧，是社会上常有的事，作者又是比较的敢于写实的，而那结果也并不坏。无论贾氏家业再振，兰桂齐芳，即宝玉自己，也成了个披大红猩猩毡斗篷的和尚。和尚多矣，但披这样阔斗篷的能有几个，已经是'入圣超凡'无疑了。至于别的人们，则早在册子里一一注定，末路不过是一个归结：是问题的结束，不是问题的开头。读者即小有不安，也终于奈何不得。""中国人的不敢正视各方面，用瞒和骗，造出奇妙的逃路来，而自以为正路。在这路上，就证明着国民性的怯弱，懒惰，而又巧滑。一天一天的满足着，即一天一天的堕落着，但却又觉得日见其光荣。"他预言：没有冲破一切传统思想和手法的闯将，中国是不会有真的新文艺的。他说的就是这一圈子的话。

鲁迅所讽刺的人，他的笔那么辛辣，而且反反复复，一直那么纠缠下去，因此，在读者的印象中是很深的。几乎如陈西滢、梁实秋、章士钊、徐志摩、杨邨人、邵洵美、王平陵，这些写写文章弄弄笔头的人，都使人有奸慝邪恶的想法，有一回，某君问我："陈西滢是不是像秦桧那么坏？"我听了不禁失笑，文人之笔，有时候真是令人可怕的。他笔下勾画得最成功的是孔乙己，这是他最熟悉的人物；依我看来，连他所写的阿Q，虽说连自己的名字都不会写，只能画一个并不圆的圆圈，都是十足的孔乙己腔调。不错，鲁迅笔下的人物，如红鼻子老拱、蓝皮阿五、单四嫂子、王九妈、七斤、七斤嫂、鲁八一嫂、闰土、豆腐西施、阿Q、赵太爷、祥林嫂，都是农村里的人，但这些人物都是出于破落的门庭，属于鲁迅自己那一台门的，是中国古老农村的一部分，而不是农村的代表人物。鲁迅在乡村住得并不久，他的意识形态成熟于大都市。他们周家，在乡村乃是赵太爷，并不是闰土、七斤或阿Q那样的农民，鲁迅只能说是"知稼穑之艰难"，并不"知稼穑"，还是手不能提，肩不能挑的。（因为有人强调鲁迅的阶级意识，所以得把鲁迅的家世看看清楚的。）鲁迅对他自己那一阶层的社会相，了解得很深刻，对于中国社会的了解，却并不广大。（瞿秋白说他是他那绅士阶级的叛徒，那倒是不错的。）

孔乙己，一个乱蓬蓬的花白胡子的老头儿，穿了一件又脏又破旧的长衫（长衫是他这一阶级的标记），"也读过书，但终于没有进学，又不会营生"，于是穷困潦倒。不免做些偷窃的事，最后因此被打折了脚，死在不知什么地方，在人们的记忆里也就消失，好像他并没有生到世上来似的。他对人说话，总是满口之乎者也，教人半懂不懂的。别人笑他偷何家的书，吊着打，他争辩道："窃书不能算偷，窃书，读书人的事，能算偷么？"接连便是难懂的话，什么"君子固穷"，什么"者乎"之类。这一类人的没落，几乎是不可避免的。《儒林外史》有一位在南京修补乐器的倪老头子，他自己就说："长兄，告诉不得你，我从二十岁上进学，到而今做了三十七年的秀才。就坏在读了这几句死书，拿不得轻，负不得重，一日穷似一日，儿女又多，只得借这手艺糊口，原是没奈何的事。"他本来有六个儿子，为了没有吃用，都给卖到他州外府去了。不过，吴敬梓所体会到的没落气象，到了鲁迅时代，显得格外陷于绝症了。

周作人从孔乙己说到咸亨酒店的老板："他是鲁迅的远房本家，是一个秀才，他的父亲是举人，哥哥则只是童生而已。某一年道考落第后，他发愤用功，夏天在高楼上大声念八股文，音调铿锵，有似唱戏发生了效力，次年便进了学。他哥哥仍旧不成，可是他的邻号生考上了，好像是买彩票差了一号，大生其气，终于睡倒地上，把一棵小桂花拔了起来。那父亲是老举人，平常很讲道学，日诵《太上感应篇》，看见我们上学堂的人有点近于乱党，曾致忠告云：'从龙成功固多，但危险却亦很多。'这是他对于清末革命的看法。晚年在家教私塾，不过从心所欲，却逾了矩，对佣媪毛手毛脚，乱写凭票予人，为秀才所见，大骂为老不死。一日为媪所殴，媳妇遥见，连呼'老昏虫该打！'不正是阿Q的影子吗？所以我说：鲁迅笔下的阿Q，也就是孔乙己的影子。"（周作人说："他是一个破产大人家的子弟和穷读书人的代表，著者用了他的故事差不多就写出了这一群人的末路。"孔乙己也和阿Q一样成为最突出的典型人物。）

鲁迅所生存的社会，和我们所生存的似乎差不多的；他只是没有经历过这一场大变动就是了。外来那个统治集团已在没落了，农业经济正由于外来资本主义的狂潮的冲击也破产了，他眼见他自己所处的那个士大夫圈子的末运。他有一回，和我们谈起一种民间流行的猜拳法，比"剪刀、布、石头"的猜法多了一种，即是老百姓怕官、官怕皇帝、皇帝怕洋人、洋人怕老百姓，这样奇妙的连环，构成了今日的中国社会。（鲁迅也同意我的说法：外国人在中国第一阶段是"洋鬼子"，第二阶段是"洋大人"，第三阶段是"帝国主义者"，每一阶段的反应不同。）欧美人以及日本的中国通，对于中国社会的了解，都是不够的。所以，鲁迅替内山完造的《活中国的姿态》作序，说："据说：像日本人那样的喜欢'结论'的民族，就是无论是听议论，是读书，如果得不到结论，心里总不舒服的民族，在现在的世上，好像是颇为少有的。……接收了这一个结论之后，就时时令人觉得很不错。例如关于中国人，也就是这样的。明治时代的支那研究的结论，似乎大抵受着英国的什么人做的《支那人气质》的影响，但到近来，却也有面目一新的结论了。一个旅行者走进了下野的有钱的大官的书斋，看见有许多很贵的砚石，便说中国是'文雅的国度'；一个观察者到上海来一下，买几种猥亵的书和图画，再去寻寻奇怪的观览物事，便说中国是'色情的国度'。连江苏和浙江方面，大吃竹笋的事，也算作色情心理的表现的一个证据。然而广东和北平等处，因为竹少，所以并不怎样吃竹笋。倘到穷文人的家里或者寓处去，不但无所谓书斋，连砚石也不过用着两角钱一块的家伙。一看见这样的事，先前的结论就通不过去了，所以观察者也就有些窘，不得不另外摘出什么适当的结论来。于是这一回，便说支那很难懂得，支那是'谜的国度'了。据我自己想：只要是地位，尤其是利害一不相同，则两国之间不消说，就是同国的人们之间，也不容易互相了解的。"

有一篇题名为《关于中国的两三件事》的杂文，那是鲁迅应日本《改造》杂志而作的，原本是日文，后来他又用中文写了一遍，可以说是他对中国社会的解剖。（那一时期，正是林语堂的《生活艺术》在美国流行的时期，鲁迅的看法，又显得和林语堂所说的怎样的不同。）他开头讲到中国的"火"与"火神"。"希腊人所用的火，听说是在一直先前，普洛美修斯从天上偷来的，但中国的却和它不同，是燧人氏自家所发见——或者该说是发明罢。因为并非偷儿，所以拴在山上给老雕去啄的灾难是免掉了，然而也没有普洛美修斯那样的被传扬，被崇拜。中国也有火神的。但那可不是燧人氏，而是随意放火的莫名其妙的东西。自从燧人氏发见，或者发明了火以来，能够很有味地吃火锅，点起灯来，夜里也可以工作了，但是，真如先哲之所谓'有一利必有一弊'罢，同时也开始了火灾，故意点上火，烧掉那有巢氏所发明的巢的了不起的人物也出现了。和善的燧人氏该被忘却的。即使伤了食，这回是属于神农氏的领域了，所以那神农氏，至今还被人们所记得。至于火灾，虽然不知道那发明家究竟是什么人？但祖师总归是有的，于是没有法，只好漫称之曰火神，而献以敬畏。看他的画像，是红面孔，红胡须，不过祭祀的时候，却须避去一切红色的东西，而代之以绿色。他大约像西班牙的牛一样，一看见红色，便会亢奋起来，做出一种可怕的行动的。他因此受着崇祀。在中国，这样的恶神还很多。然而，在人世间，倒似乎因了他们而热闹。赛会也只有火神的，燧人氏的却没有。倘有火灾，则被灾的和邻近的没有被灾的人们，都要祭火神，以表感谢之意。被了灾还要来表感谢之意，虽然未免有些出于意外，但若不祭，据说是第二回还会烧，所以还是感谢了的安全。而且也不但对于火神，就是对于人，有时也一样的这么办，我想，大约也是礼仪的一种罢。"他从人类学、风俗学的观点来了解社会群众的心理，不仅是新角度，而且很深入的。

上文，我引了周作人的话，说鲁迅从小喜欢"杂览"（正统的经史以外的书，从前的经师，几乎把诗赋都当作杂览的），读野史最多，受影响亦最大。他的中国社会观，也正是从野史中成熟的。他对我说到中国的社会史、艺术史、赌博史、娼妓史、文祸史都应该着手，这都得透视中国社会以后才能动笔的。他晚年病中，爱看清代文字狱档案（那时我们一些朋友都在看这一大批史料性的书），他恍然有所悟，原来清代所谓文字狱，并不带着很浓厚的民族意识和革命意识的；其间也有反清复明的意识的，可是极少。鲁迅提到的冯起炎注解《易诗》案以及《清史》中提及丁文彬《大明大夏新书》案，根本和民族革命无关；他们便是鲁迅笔下的孔乙己，和周家台门里的人物相同的，这是阿 Q 大团圆式的悲喜剧。

鲁迅说到冯起炎献书案，以《隔膜》为题。冯起炎是山西临汾县的生员，闻乾隆将谒泰陵，便身怀著作在路上徘徊，意图呈进，不料先以"形迹可疑"被捕了。那著作，是以《易》解诗，实则信口开河；结尾有自传似的文章一大段，却是十分特别的："又，臣之来也，不愿如何如何，亦别无愿求之事，唯有一事未决，请对陛下一叙其缘由。臣……名曰冯起炎，字是南州，尝到臣张三姨母家，见一女，可娶，而恨不足以办此。此女名曰小女，年十七岁，方当待字之年，而正在未字之时，乃原籍东关春牛厂长兴号张守忭之次女也。又到臣杜五姨母家，见一女，可娶，而恨力不足以办此。此女名小凤，年十三岁，虽非必字之年，而已在可字之时，乃本京东城闹市口瑞生号杜月之次女也。若以陛下之力，差干员一人，选快马一匹，克日长驱到临邑，问彼临邑之地方官：'其东关春牛厂长兴号中果有张守忭一人否？'诚如是也，则此事谐矣。再问：'东城闹市口瑞生号中果有杜月一人否？'诚如是也，则此事谐矣。二事谐，则臣之愿毕矣。然臣之来也，方不知陛下纳臣之言耶否耶，而必以此等事相强乎？特进言之际，一叙及之。"这当然是其事可笑，其情可悯的，鲁迅乃慨然道："这何尝有丝毫恶意？不过着了当时通行的才子佳人小说的迷，想一举成名，天子做媒，表妹入抱而已。不料事实结局却不大好，置直隶总督袁守侗拟奏的罪名是'阅其呈首，胆敢于圣主之前，混讲经书，而呈尾措词，尤属狂妄。核其情罪，较冲冠仪仗为更重。冯起炎一犯，应从重发往黑龙江等处，给披甲人为奴。俟部复到日，照例解部刻字发遣。'这位才子，后来大约终于单身出关做西崽去了。此外的案情（其他文字狱案），虽然没有这么风雅，但并非反动的还不少。有的是卤莽；有的是发疯；有的是乡曲迂儒，真的不识讳忌；有的则是草野愚民，实在关心皇家。而命运大概很悲惨，不是凌迟，灭族，便是立刻杀头，或者'斩监候'，也仍然活不出。凡这等事，粗略地一看，先使我们觉得清朝的凶虐，其次，是死者的可怜。但再来一想，事情是并不这么简单的。这些惨案的来由，都只为了'隔膜'。满洲人自己，就严分着主奴，大臣奏事，必称'奴才'，而汉人却称'臣'就好。这并非因为是'炎黄之胄'，特地优待，锡以嘉名的。其实是所以别于满人的'奴才'，其地位还下于'奴才'数等。奴隶只能奉行，不许言议；评论固然不可，妄自颂扬也不可，这就是"思不出其位"。譬如说：主子，你这袍角有些儿破了，拖下去怕更要破烂，还是补一补好。进言者方自以为自己在尽忠，而其实却犯了罪，因为另有准其讲这样的话的人在，不是谁都可说的。一乱说，便是'越俎代谋'，当然'罪有应得'。倘自以为是'忠而获咎'，那不过是自己的糊涂。""有一些简单愚蠢的人们却上了当，真以为'陛下'是自己的老子，亲亲热热地撒娇讨好去了。他那是要这被征服者做儿子呢？于是乎杀掉。不久，儿子们吓得再不开口了，计划居然成功……然而这奥妙，好像至今还没有人来说明。"鲁迅对于统治者的心理了解很透彻，他自觉得士大夫串演悲喜剧，实在可笑而又可悯的。

　　鲁迅一生所作的几回演讲，都是很重要的。其中有一回在北京女子高等师范文艺会讲演《娜拉走后怎样？》（鲁迅的杂感集《坟》，从141页以下，都是讨论中国社会问题的，这一篇讲演稿也在其列），他对于这个象征妇女自觉运动的人物有另外的看法。他说："娜拉毕竟是走了的。走了以后怎样？伊孛生并无解答；而且他已经死了。即使不死，他也不负解答的责任。……娜拉走后怎样？——别人可是也发表过意见的。一个英国人曾作一篇戏剧，说一个新式的女子走出家庭，再也没有路走，终于堕落，进了妓院了。还有一个中国人——我称他什么呢？上海的文学家罢——说他所见的《娜拉》是和现译本不同，娜拉终于回来了。这样的本子可惜没有第二人看见，除非是伊孛生自己寄给他的。（这句话，倒是鲁迅说错了。周瘦鹃当时介绍文坛掌故，说易卜生用以为模特儿那位真实的娜拉，后来是回家来的。那是事实。）但从事理上推想起来，娜拉或者也实在只有两条路：不是堕落，就是回来。因为如果是一只小鸟，则笼子里固然不自由，而一出笼门，外面便又有鹰，有猫，以及别的什么东西之类；倘使已经关得麻痹了翅子，忘却了飞翔，也诚然是无路可以走。还有一条，就是饿死了，但饿死已经离开了生活，更无所谓问题，所以也不是什么路。"他慨然道："人生最苦痛的是梦醒了无路可以走。做梦的人是幸福的；倘没有看出可走的路，最要紧的是不要去惊醒他。……但是，万不可做将来的梦。阿尔志跋绥夫曾经借了他所做的小说，质问过梦想将来的黄金世界的理想家，因为要造那世界，先唤起许多人们来受苦。他说：'你们将黄金世界预约给他们的子孙了，可是有什么给他们自己呢？'有是有的，就是将来的希望。但代价也太大了，为了这希望，要使人练敏了感觉来更深切地感到自己的苦痛，叫起灵魂来目睹他自己的腐烂的尸骸。惟有说谎和做梦，这些时候便见得伟大。所以我想，假使寻不到出路，我们所要的就是梦；但不要将来的梦，只要目前的梦。然而娜拉既然醒了，是很不容易回到梦境的，因此只得走；可是走了以后，有时却也免不掉堕落或回来。否则，就得问：她除了觉醒的心以外，还带了什么去？"

这样，他就提出他的答案来了。妇女问题是社会问题的一环，要解决妇女问题，也得从经济方面着力，单靠热情与幻想是没有用的。鲁迅对那些女学生说：倘只有一条像她们一样的紫红的绒绳围巾，那可是无论宽到二尺或三尺，也完全是不中用的。她还须更富有，提包里有准备，坦白地说，就是要有钱。梦是好的，否则，钱是要紧的。钱这个字很难听，或者要被高尚的君子们所讽笑，但我们总觉得人们的议论是不但昨天和今天，即使饭前和饭后，也往往有些差别。凡承认饭需钱买，而以说钱为卑鄙者，倘能按一按他的胃，那里面总还有鱼肉没有消化完，须得饿他一天之后，再来听他发议论。所以为娜拉计，"钱，——高雅地说罢，就是经济，是最要紧的了。自由固不是钱所能买到的，但能够为钱而卖掉。人类有一个大缺点，就是常常要饥饿。为补救这缺点起见，为准备不做傀儡起见，在目下的社会里，经济权就见得最要紧了。第一，在家应该先获得男女平均的分配；第二，在社会应该获得男女相等的势力。可惜我不知道这权柄如何取得，单知道仍然要战斗；或者也许比要求参政权更要用剧烈的战斗。要求经济权固然是很平凡的事，然而也许比要求高尚的参政权以及博大的女子解放之类更烦难。天下事尽有小作为比大作为更烦难的"。这正是他比其他思想家，切实际而高明之处。

他对那些年轻女学生说：在现在，一个娜拉的出走，或者也许不至于感到困难的，因为这人物很特别，举动也新鲜，能得到若干人们的同情，帮助着生活。生活在人们的同情之下，已经是不自由了。然而倘有一百个娜拉出走，便连同情也减少，有一千一万个出走，就得到厌恶了，断不如自己握着经济权之为可靠。

有一回，笔者和鲁迅谈到孔夫子问题。孔夫子，在我们中国，该是一个民族的象征了。洋人说到孔夫子，不管他们怎么想，也总是把孔夫子当作东方文化的代表。我说："每一县城里，一座塔，一座孔庙，一座城隍庙总是有的。塔的下面，一座佛寺，香火总是很盛的；城隍庙里城隍老爷巍巍在上，那更是香火不绝；独有孔庙，看起来是一座黄墙头大院子，阔得很，一年来有春秋两祭，有冷猪肉可吃，平时真是荒烟蔓草，冷落得很。在老百姓心目中，孔夫子和他们是不相干的。"他笑着说："财神老爷有元宝，那是有钱供奉的，香火最旺；关圣大帝，他有周仓大刀把门，他的庙宇也不错；孔老夫子既没有大刀，又没有元宝，自该倒霉的。"当时，就是这么谈了，不一定有结论的。后来，日本汤岛的孔子圣庙落成，湖南省主席何键送了一幅珍藏的孔子画像去。鲁迅看了这新闻，曾写了一篇《在现代中国的孔夫子》，刊在《改造》杂志上（当时，魏猛克曾译刊在《杂文》月刊中），发挥了他的有趣见解。

他说："中国的一般的人民，关于孔子是怎样的相貌，倒几乎是毫无所知的，自古以来，虽然每一县一定有圣庙，即文庙，但那里面大抵并没有圣像。凡是绘画，或者雕塑应该崇敬的人物时，一般是以大于常人为原则的，但一到最应崇敬的人物，例如孔夫子那样的圣人，却好像连形象也成为亵渎，反不如没有的好。这也不是没有道理的。"说到画像，他曾见过三次：一次是《孔子家语》里的插画；一次是梁启超氏亡命日本时，作为横滨出版的《清议报》上的卷头画，从日本倒输入中国来的；还有一次是刻在汉朝墓石上的孔子见老子的画像。说起从这些图画上所得的孔夫子的模样的印象来，则这位先生是一位很瘦的老头子，身穿大袖口的长袍子，腰带上插着一把剑，或者腋下挟着一支杖，然而从来不笑，非常威风凛凛的。假使在他的旁边侍坐，那就一定得把腰骨挺得笔直，经过两三点钟，就骨节酸痛，倘是平常的人，大约总不免急于逃走的了。

他又说："后来我曾到山东旅行。在为道路的不平所苦的时候，忽然想到了我们的孔夫子。一想起那位有俨然道貌的圣人，先前便是坐着简陋的车子，颠颠簸簸，在这些地方奔忙的事来，颇有滑稽之感。这种感想，自然是不好的，要而言之，颇近于不敬，倘是孔子之徒，恐怕是决不应该发生的。但在那时候，怀着我似的不规矩的心情的青年，可是多得很。"鲁迅先生于清朝的末年，那时期，孔夫子已经有了"大成至圣文宣王"这一个阔得可怕的头衔，不消说，正是圣道支配了全国的时代。政府对于读书的人们，使读一定的书，即"四书五经"；使遵守一定的注释，使写一定的文章，即所谓"八股文"；并且使发一定的议论。然而这些千篇一律的儒者们，倘是四方的大地，那是很知道的，但一到圆形的地球，却什么也不知道，可是和"四书"上并无记载的法兰西和英吉利打仗而失败了。对外战败以后，于是拼命尊孔的政府和官僚先就动摇起来，用官币来提倡洋务了。鲁迅是那一时期，送到日本去学"洋务"了，他在东京的弘文学院，不料那学院的学监大久保，又叫他到孔庙去行一次礼，使他十分讶然的。

他说："孔夫子到死了以后，我以为可以说是运气比较的好一点。因为他不会噜苏了，种种的权势者使用种种的白粉给他来化妆，一直抬到吓人的高度。但比起后来输入的释迦牟尼来，却实在可怜得很。诚然，每一县固然都有圣庙即文庙，可是一副寂寞冷落的样子，一般的庶民，是决不去参拜的，要去则是佛寺，或是神庙。若向老百姓们问孔夫子是什么人，他们自然回答是圣人，然而这不过是权势者的留声机……总而言之，孔夫子之在中国，是权势者们捧起来的，是那些权势者或想做权势者们的圣人，和一般的民众并无什么关系。然而对于圣庙，那些权势者也不过一时的热心。因为尊孔的时候已经怀着别样的目的，所以目的一达，这器具就无用，如果不达呢，那可更加无用了。""中国的一般民众，尤其是所谓愚民，虽称孔子为圣人，却不觉得他是圣人；对于他，是恭谨的，却不亲密。……（民众）不去亲近那毫不亲密的圣人，正是当然的事，什么时候都可以，试去穿了破衣，赤着脚，走上大成殿去看看罢，恐怕会像误进上海的上等影戏院或者头等电车一样，立刻要受斥逐的。"

一个人的思想，到了晚年，可以完全改变，和他自己壮年时期的观感完全不相同的；也可能几度随着社会环境的变动而以今日之我攻击昨日之我，而让明日之我来攻击今日之我的。也有到了晚年，钻进了牛角尖，就此便和时代背驰，成为文化僵尸的。独有鲁迅，他的思想体系，大致成熟于三十五岁前后，其后来是不断在添加，到老年，也还是从原来的根苗上抽芽，结茂密的花果的。所以，他去世以后，热心替他搜集早年的文字，《集外集》已经是鲁集茸逸的工作，其后复有《补遗》的专集，他一生文字，百分之九十九以上，都是茸集成帙，很少遗漏了。我们看看他早年的文字，还是和晚年的思路相一致，不至于"壮而悔之"的。他虽没有讨论社会问题的专著，但他所有评论中国社会问题的观点，前后是一致的。

杭州的西湖，山明水秀，那是驰名中外的风景区，却也是文人雅士的玩意儿。鲁迅自幼就不爱这一类的风雅，他在杭州教书，也不喜欢游湖。杭州有所谓西湖十景，那是经过那位庸俗的乾隆皇帝品题出来的，从山阴道上来的人，也看不出西湖有什么特别好处，而西湖山水之佳胜，并不在所谓"十景"。"十景"之中，有一处最著名的雷峰夕照：雷峰塔便是黄妃塔，建于五代，吴越王时，中经战祸，楼宇被焚，只留下残破的塔架，颓然矗立于夕阳中，有如老僧入定，显得垂暮的神情。（笔者幼年时，还看见它的龙钟老态。）1924 年 10 月间，这座废塔，突然倒下去了，当时引起了民间种种有趣的传说。鲁迅曾经写了两篇杂感文。

他说：从崇轩先生的通信中，知道他在轮船上听到两个旅客谈话，说是杭州雷峰塔之所以倒掉，是因为乡下人迷信那塔砖放在自己的家中，凡事都必平安，如意，逢凶化吉，于是这个也挖，那个也挖，挖之久久，便倒了。一个旅客并且再三叹息道：西湖十景这可缺了啊！（黄妃塔，原由十方善男信女捐助塔砖建筑而成，可以说是出于大众力量。而其倾圮，乃由于各方善男信女利己念头，也可以说是由于大众的愚妄。）鲁迅说："这消息，可又使我有点畅快了，虽然明知道幸灾乐祸，不像一个绅士，但本来不是绅士的，也没有法子来装潢。我们中国的许多人——我在此特别郑重声明：并不包括四万万同胞全部！——大抵患有一种'十景病'，至少是'八景病'，沉重起来的时候大概在清朝。凡看一部县志，这一县往往有十景或八景，如'远村明月''萧寺清钟''古池好水'之类。而且，'十'字形的病菌，似乎已经侵入血管，流布全身……点心有十样锦，菜有十碗，音乐有十番，阎罗有十殿，药有十全大补，猜拳有全福手、福手全，连人的劣迹或罪状，宣布起来也大抵是十条，仿佛犯了九条的时候总不肯歇手。现在西湖十景可缺了呵！……正是对于十景病的一个针砭，至少也可以使患者感到一种不平常，知道自己的可爱的老病，忽而跑了十分之一了。但仍有悲哀在里面。其实，这一种势所必至的破坏，也还是徒然的。畅快不过是无聊的自欺。雅人和信士和传统大家，定要苦心孤诣巧语花言地再来补足了十景而后已。""十景"，正代表了士大夫阶级的保守传统思想的意识，这和"八股文"似的，显露了思想的僵化。鲁迅在思想方面，最反对人云亦云，作统治者的传声筒，所以，他对于雷峰塔的倒塌表示一种快意。（雷峰塔恰倒塌于孙传芳部队进城之日，因此，这位军阀心中快快，曾经发动募捐，准备重建雷峰塔，事未集而国民革命军北伐成功，孙传芳仓皇北退，遂一蹶不起，此塔也就成为历史上的名词了。）

鲁迅曾说了一段深刻的话："不过在戏台上罢了，悲剧将人生的有价值的东西毁灭给人看，喜剧将那无价值的撕破给人看。讥讽又不过是喜剧的变简的一支流。但悲壮滑稽，却都是十景病的仇敌，因为都有破坏性，虽然所破坏的方面各不同。中国如十景病尚存，则不但卢梭他们似的疯子决不产生，并且也决不产生一个悲剧作家或喜剧作家或讽刺诗人。所有的，只是喜剧的人物或非喜剧非悲剧的人物，在互相模造的十景中生存，一面各各带了十景病。"

二十二、青年与青年问题

有人替鲁迅戴纸糊的帽子，说他是"青年导师"，因为他们要把他送到神庙中去，好似鲁迅乃是"天下无不是的青年"的说教人。真实的鲁迅,怕是未必如此。他曾和我谈到青年问题，我说:"青年和一切活人一样，有其长处，也有其弱点，说青年特别纯洁，也不见得。"鲁迅在厦门时，有一封致许广平的信说到莽原社的事:"我这几年来，常想给别人出一点力，所以在北京时，拼命地做，忘记吃饭，减少睡眠，吃了药来编辑，校对，作文。谁料结出来的,都是苦果子。有些人就将我做广告来自利，不必说了；便是小小的《莽原》，我一走也就闹架。长虹因为社里压下（压下而已）了投稿，和我理论，而社里则时时来信，说没有稿子，催我作文。我实在有些愤愤了，拟至二十四期止，便将《莽原》停刊;没有了刊物，看大家还争持些什么。"后来，他在上海所遭遇的也是如此，所以，他对青年的失望（连所谓革命青年在内），心中十分沉痛的。

笔者首先来说那件"义子"的故事。（这故事，章锡琛和许广平都曾写过。）这位"义子"，鲁迅在厦门，在广州，都一直追随着他，好似他的忠实信徒。后来鲁迅住在上海，这位忠实信徒，带了爱人和那爱人的哥哥到上海来了；就住在鲁迅的家中，由他供给膳宿、津贴零用，这段经过是富有戏剧性的。那时，鲁迅住在楼上，他们住在楼下。每逢鲁迅步下扶梯，则书声琅琅，不绝于耳，但稍一走远，则又戛然中止。原来那一片书声，是故意读给鲁迅听的，害得他几乎有点怕于下楼了。他们向鲁迅要求读书，要他担负三个人的学费。那青年又把自己的文章送给他，要他介绍发表，他也没能满足他们的心愿；又请托他找事，在那环境中，也无法可想。鲁迅于万不得已的情形下，跟某书店说定，让那青年去做个练习生，再由鲁迅自己每个月拿出三十元，托书店转一转手给他，算是薪水。那青年却一口拒绝，不肯去，说是薪水太少，职位太低。有一天，那青年还对鲁迅说：创造社的人，因为他住在鲁迅家中，就看不起他了。后来，那位"爱人"的哥哥回乡去了，那青年的哥哥（木匠）来了，也要鲁迅替他找事做。他们一家子就一直住在鲁迅家中。据许广平说："那爱人后来能说几句普通话，闲谈之中，才知道那青年学生原来是来给鲁迅做'儿子'的；她呢，不消说是媳妇儿了。他们满以为来享福，哪里知道会这样。而鲁迅竟一点也不晓得这个中原委，没好好地招待这淌来的儿媳，弄得怨气腾腾，烦言啧啧。"那双青年男女，对鲁迅已无可希望不能享福之后，便告辞要回去了。有一天晚上，他们去同鲁迅商量，要一笔送他们回去的旅费。鲁迅计算当时从上海到汕头，再转 × 县，有一百元就足够了。可是那青年不答应，他说："我们是卖了田地出来的，现在回去了，要生活，还得买田地，你得给我 ×× 元。"鲁迅对他说："我哪里有这么多钱；而且，你想想看，叫我负了债，筹钱给你买田地，心中过得去吗？"他可真说得妙："错是不错，不过你总比我好想法，筹备的地方也比我多,非替我找 × × 元不可!"那几乎近于勒索了,于是不欢而散。这位鲁迅的"义子",也就是这么离开上海的。再过几年,那青年又从广州来了信,大意说:"原来你还没有倒下去,那么,再来帮助我吧!"这样的青年,当然还算不得最坏的,我看也不见得纯洁得使鲁迅头痛吧。鲁迅也曾说起他做化学教师时,正在准备一桩化学试验,只怕学生不慎,受了伤害,就事先把危险性告诉他们。哪知,他到室中去做点事回来,着手试验,一点火便爆炸了,伤了他自己的手脸;原来他倒被青年所戏弄了。这样的事对鲁迅该是惨痛的教训吧。

说到"青年"的要不得(当然连我自己也在内),而读书人更要不得(我自己也在内),尤其是文人。我们时常谈到《儒林外史》中的匡超人:他的本性并不坏,他沦落在杭州城隍山摆测字摊的日子,的的确确想上进有为,而且是一个地道的孝子。马二先生看他笃实诚恳,送钱给他,作回乡的盘川,他的确心中感激。他回乡事父敬长,那一幕并不坏,人也聪明,刻苦用功,笔下也来得。他是靠着潘保正的帮忙,李知县的提拔,踹着这一踏脚石爬上去了。他第二次到杭州,眼界不同了,从景兰江那一圈子知道文人的另一出路,从三爷那一圈子又懂得吏途的另一诀窍。他借马二先生的光住在杭州文瀚楼,又知道所谓选家的门径。这一来,他懂得了风雅,捞得了声名,潘三又帮他安了生活家室;进京应试,娶得李夫人的甥女为妻室,考取了教习,那真平步登天了。这一来,这一位农村出来的笃实青年变了性了,他把潘三踹在脚底,见危不救,狂妄夸大,目中无马二先生,正如他那死去了的父亲所预料,忘了本了。鲁迅是最熟读《儒林外史》的人,他会不了解青年的心理吗?

许广平的追记中,便说了几个年轻作家的故事:一位是许钦文（鲁迅生平友人中，姓许的和他最合得来。许钦文的妹妹，和他感情很不错，几乎成为他的夫人），他曾把自己的小说请鲁迅编定，出书之后，销路很好，立刻成了一位有名作家。那书商就劝他再出一本小说集，他便把那些被鲁迅剔除的小说另编一集出版了。鲁迅看了，摇头叹气道："我的选择也费了不少心血，把每一种的代表作都选入了。其余那些，实在不能算是很成功的；一个年轻人，应该再修养修养，又何必这么急急于求名呢？"言下，表示他的失望。许钦文，后来还出了不少的书，有时也请鲁迅看稿子，他就搁在一边，不再来费力删削了。另一位是高长虹，他是莽原社的青年作家。鲁迅对他也特别爱护，有一回，他要鲁迅替他选集子，他替他选定了作品，校改了字句，已经成书了；他却怪鲁迅糟蹋了他的作品，向人说，鲁迅把他好的作品都选掉了，只留下一些坏的。这样的钉子，鲁迅碰得有苦说不出呢。又一位，便是向培良，也是莽原社的青年作家，鲁迅替他选定了一本创作集，也校改了字句。（鲁迅替良友编选小说二集，说向培良的《飘渺的梦》："作者向我们叙述着他的心灵所听到的时间的足音，有些是借了儿童时代的天真的爱和憎，有些是借着羁旅时候的寂寞的闻和见，然而他并不'拙笨'，却也不矫揉造作，只如熟人相对，娓娓而谈，使我们在不甚操心的倾听中，感到一种生活的色相。"对他的作品可说看得起的。）总算爱护他重视他了。而且替他介绍了稿子和职业。可是就为了鲁迅反责高长虹的话激怒了他，便绝交而去。他逢人就说：鲁迅是爱闹脾气的，鲁迅是青年的绊脚石。

本来，鲁迅对世态看得这么透彻，对人性理解得这么深刻，独独会对青年心理模糊不明，那也是说不通的。我曾对鲁迅说："我初以为你很世故的，其实你是最不世故的；你的眼睛看得雪亮，一碰到了实际，你没有办法了。其实，你所碰的麻烦，要是放在世故的官僚手中，他们从容应付，毫不费力，绝不会像你这样，为了一件小事，头痛一辈子的。"许广平说："鲁迅有分明的是非，一面固爱才若渴，一面也疾恶如仇；一般人总以常情度事理，然鲁迅所以为鲁迅，岂常情所能概论。鲁迅对于青年，尽有半途分手，或为敌人，或加构陷，但也有始终不二者。而鲁迅有似长江大河，或留或逝，无所容于中，仍以至诚至正之忱，继续接待一切新来者。或有劝其稍节精力，鲁迅说：'我不能为一个人做了贼，就疑心一切的人。'"这话也只说对了一半。像"义子"那一类事，就是一幕滑稽戏，与一切"是非曲直"无关的，你看，鲁迅就处理得十分尴尬呢。

笔者说到鲁迅对青年的说法，只是他对中国社会看法的一相；他的眼睛是雪亮的，而且十分警觉的。我们不必把鲁迅想象得那么天真。在前面，笔者提到他和《语丝》的关系，他在那篇追述的文字中，说到了一件事，《语丝》原是孙伏园所倡议的，伏园是鲁迅的学生，而且非常密切。他离开了北京《晨报》，建议要办这样一份周刊，鲁迅一力支持，那是不在话下。《语丝》之成功，以及对文化界影响之大，那是他们所不及料的。鲁迅说："至于对于《晨报》的影响，我不知道，但似乎也颇受些打击，曾经和伏园来说和。伏园得意之余，忘其所以，曾以胜利者的笑容，笑着对我说道：'真好，他们竟不料踏在炸药上了！'这话对别人说是不算什么的。但对我说，却好像浇了一碗冷水，因为我即刻觉得'炸药'是指我而言，用思索，做文章，都不过使自己为别人的一个小纠葛而粉身碎骨，心里就一面想：'真糟，我竟不料被埋在地下了！'我于是乎'彷徨'起来。"凡是接近鲁迅的青年，都想利用鲁迅，连伏园这样和他亲近的，也是"贤者不免"。许多人，爱用鲁迅所写"俯首甘为孺子牛"那句诗，好似他对青年的要求，无所不可的。鲁迅的诗意，似乎着重在"甘"字上。他在另外一篇文章中说："我没有什么话要说，也没有什么文章要做，但有一种自害的脾气，是有时不免呐喊几声，想给人们去添点热闹。譬如一匹疲牛罢，明知不堪大用的了，但废物何妨利用呢，所以张家要我耕一弓地，可以的；李家要我挨一转磨，也可以的；赵家要我在他店前站一刻，在我背上贴广告道：敝店备有肥牛，出售上等消毒滋养牛乳。我虽然深知道自己是怎么瘦，又是公的，并没有乳，然而想到他们为张罗生意起见，情有可原，只要出售的不是毒药，也就不说什么了。但倘若用得我太苦，是不行的，我还要自己觅草吃，要喘气的工夫；要专指我为某家的牛，将我关在他的牛牢内，也不行的，我有时也许还要给别家挨几转磨。如果连肉都要出卖，那自然更不行，理由自明，无须细说。倘遇到上述的三不行，我就跑，或者索性躺在荒山里。即使因此忽而从深刻变为浅薄，从战士化为畜生，吓我以康有为，比我以梁启超，也都满不在乎，还是我跑我的，我躺我的，决不出来再上当，因为我于'世故'实在是太深了。"那便是他的"甘为孺子牛"的限度。

所以，鲁迅又很明白表示他支持语丝社的态度。他说："但我的彷徨并不用许多时，因为那时还有一点读过尼采的《Zarathustra》的余波，从我这里只要能挤出——虽然不过是挤出——文章来，就挤了去罢，从我这里只要能做出一点'炸药'来，就拿去做了罢，于是也就决定，还是照旧投稿了——虽然对于意外的被利用，心里也耿耿了好几天。"这又是他所说的"俯首"的注脚。

不过，鲁迅了解青年弱点，知道青年也和其他人们一样的

卑怯是一件事，他了解青年问题的症结所在，而加以解剖药治
又是一件事。我曾经对朋友说过：鲁迅和青年们相处，反而不
及胡适的圆妥。因为，鲁迅和青年太接近，而他自己又是这么
敏感的人，所以容易受刺激。（有时，他也太过敏，想得太深了。）
胡适之何尝又不是绝顶聪明看得雪亮，他只是装糊涂，不和青
年相接近，反而没闹那么多的事故的。而且，鲁迅无论在社会
在学校，都是处于比较超然的地位，尚且如此焦头烂额；假如
处在胡适的地位，要担负学校行政，有时会和学生处于对立地
位，又不知会弄什么僵局呢。

　　但是临到青年问题的处理，鲁迅是坚决地站在青年的立场
说话的；北京国立女子师范大学事件，在他本来用不着那么"见
义勇为"的，而他毅然决然站在章士钊的对面，与之为敌。此
所以青年对他格外来得亲近。胡适一沾到青年问题，就变成圆
滑了；偶尔也说几句漂亮的话，要他去和政府当局对垒，他是
不干的，此所以胡适和青年越来越远，一个领导五四运动的思
想家，反而没有群众了。

　　鲁迅有一篇以《导师》为题的杂感文，正是他对于青年问
题的看法，他说："近来很通行说青年；开口青年，闭口也是青年。
但青年又何能一概而论？有醒着的，有睡着的，有昏着的，有
躺着的，有玩着的，此外还多。但是，自然也有要前进的。要
前进的青年大抵想寻求一个导师。然而我敢说：他们将永远寻
不到。寻不到倒是运气；自知的谢不敏，自许的果真识路么？
凡自以为识路者，总过'而立'之年，灰色可掬了，老态可掬
了，圆稳而已，自己却误以为识路。假如真识路，自己就早进
向他的目标，何至于还在做导师。说佛法的和尚，卖仙药的道士，
将来都与白骨是'一丘之貉'，人们现在却向他听生西的大法，

求上升的真传，岂不可笑！但是我并非敢将这些人一切抹杀；和他们随便谈谈，是可以的。说话的也不过能说话，弄笔的也不过能弄笔；别人如果希望他打拳，则是自己错。他如果能打拳，早已打拳了，但那时，别人大概又要希望他翻筋斗。有些青年似乎也觉悟了，我记得《京报副刊》征求青年必读书时，曾有一位发过牢骚，终于说：只有自己可靠！我现在还想斗胆转一句，虽然有些煞风景，就是：自己也未必可靠的。我们都不大有记性。这也无怪，人生苦痛的事太多了，尤其在中国。记性好的，大概都被厚重的苦痛压死了；只有记性坏的，适者生存，还能欣然活着。但我们究竟还有一点记忆，回想起来，怎样的'今是昨非'呵，怎样的'口是心非'呵，怎样的'今日之我与昨日之我战'呵。我们还没有正在饿得要死时于无人处见别人的饭，正在穷得要死时于无人处见别人的钱，正在性欲旺盛时遇见异性，而且很美的。我想，大话不宜讲得太早，否则，倘有记性，将来想到时会脸红。或者还是知道自己之不甚可靠者，倒较为可靠罢。青年又何须寻那挂着金字招牌的导师呢？不如寻朋友，联合起来，同向着似乎可以生存的方向走。你们所多的是生力，遇见森林，可以辟成平地的，遇见旷野，可以栽种树木的，遇见沙漠，可以开掘井泉的。问什么荆棘塞途的老路，拜什么乌烟瘴气的鸟导师！"他的话，当然是有所感而发，事实也正是如此。

有一时期，现代评论派每以"青年导师"的纸糊帽子来冷嘲鲁迅；他在《写在〈坟〉后面》中有一段最深刻的话："倘说为别人引路，那就更不容易了，因为连我自己还不明白应当怎么走。中国大概很有些青年的'前辈'或'导师'罢，但那不是我，我也不相信他们。我只很确切地知道一个终点，就是：坟。

然而这是大家都知道的，无须谁指引。问题是在从此到那的道路。那当然不只一条，我可正不知道哪一条好，虽然至今有时也还在寻求。在寻求中，我就怕我未熟的果实偏偏毒死了偏爱我的果实的人，而憎恨我的东西如所谓正人君子也者偏偏都矍铄，所以我说话常不免含糊，中止，心里想：对于偏爱我的读者的赠献，或者最好倒不如是一个'无所有'。我的译著的印本，最初，印一次是一千，后来加五百，近时是二千至四千，每一增加，我自然是愿意的，因为能赚钱，但也伴着哀愁，怕于读者有害，因此作文就时常更谨慎，更踌躇。有人以为我信笔写来，直抒胸臆，其实是不尽然的。我的顾忌并不少。我自己早知道毕竟不是什么战士了，而且也不能算前驱，就有这么多的顾忌和回忆。还记得三四年前，有一个学生来买我的书，从衣袋里掏出钱来放在我手里，那钱上还带着体温。这体温便烙印了我的心，至今要写文字时，还常使我怕毒害了这类的青年，迟疑不敢下笔。我毫无顾忌地说话的日子，恐怕要未必有了罢。但也偶尔想，其实倒还是毫无顾忌地说话，对得起这样的青年。但至今也还没有决心这样做。"五四运动以后，从《新青年》那营垒出来的，几乎都成为青年导师，到了后来，他们所指引的路也越来越模糊了；倒是鲁迅，对于青年的影响，却一天一天大起来了呢！

　　当然，鲁迅对于青年问题，并不袖手旁观，而是有他的积极主张的。那年，北京的《京报副刊》征求那时的学人开列"青年必读书"的书目，鲁迅是交白卷的，说："从来没有留心过，所以现在说不出。"但他在附注中，却写了一段话："但我要趁这机会，略说自己的经验，以供若干读者的参考——我看中国书时，总觉得就沉静下去，与实在人生离开；读外国书——但除了印度——时，往往就与人生接触，想做点事。中国书虽有劝人入世的话，也多是僵尸的乐观；外国书即使是颓唐和厌世的，但却是活人的颓唐和厌世。我以为要少——或者竟不——看中国书，多看外国书。少看中国书，其结果不过不能作文而已。但现在的青年最要紧的是'行'，不是'言'。只要是活人，不能作文算什么大不了的事。"他的态度，素来就是这么积极的。

我们且看他在北京时的另一封信，更可以了解他的意向。那时是写给河南两位学生的，其中有一位便是向培良，后来和他分了手的。他说："倘使我有这力量，我自然极愿意有所贡献于河南的青年。但不幸我竟力不从心，因为我自己也正站在歧路上，——或者，说得较有希望些：站在十字路口。站在歧路上是几乎难于举足，站在十字路口，是可走的道路很多。我自己，是什么也不怕的，生命是我自己的东西，所以我不妨大步走去，向着我自以为可以走去的路；即使前面是深渊，荆棘，狭谷，火坑，都由我自己负责。然而向青年说话可就难了，如果盲人瞎马，引入危途，我就该得谋杀许多人命的罪孽。所以，我终于还不想劝青年一同走我所走的路；我们的年龄、境遇，都不相同，思想的归宿大概总不能一致的罢。但倘若一定要问我青年应当向怎样的目标，那么，我只可以说出我为别人设计的话，就是：一要生存，二要温饱，三要发展。有敢来阻碍这三事者，无论是谁，我们都反抗他，扑灭他！可是还得附加几句话以免误解，就是：我之所谓生存，并不是苟活；所谓温饱，并不是奢侈；所谓发展，也不是放纵。"

他的话，看起来是平淡无奇的，做起来，却并不那么容易，许多人只是说了不做。鲁迅因此提出更平淡的几段话。第一，他说需要记住，记性不佳，是有益于己而有害于子孙的。人们因为能忘却，所以自己能渐渐地脱离受过的苦痛，但也因为能忘却，所以往往照样地再犯前人的错误。（他在许多地方，发挥这一论点，他叹息我们中国是一个健忘的民族。）其次，他说需要韧性。"我有时也偶尔去看看学校的运动会。……竞走的时候，大抵是最快的三四个人一到决胜点，其余的便松懈了，有几个还至于失了跑完预定的圈数的勇气，中途挤入看客的群集中；或者佯为跌倒，使红十字队用担架将他抬走。假若偶有虽然落后，却尽跑，尽跑的人，大家就嗤笑他。大概是因为他太不聪明，'不耻最后'的缘故罢。所以中国一向就少有失败的英雄，少有韧性的反抗，少有敢单身鏖战的武人，少有敢抚哭叛徒的吊客；见胜兆则纷纷聚集，见败兆则纷纷逃亡。"

鲁迅曾经译介有岛武郎（日本文学家）的《与幼者》，说："时间不住地移过去。你们的父亲的我，到那时候，怎样映在你们（眼）里，那是不能想象的了。大约像我在现在，嗤笑可怜那过去的时代一般，你们也要嗤笑可怜我的古老的心思，也未可知的。我为你们计，但愿这样子。你们若是毫不客气地拿我做一个踏脚，超越了我，向着高的远的地方进去，那便是错的。人间很寂寞。我单能这样说了就算么？你们和我，像尝过血的兽一样，尝过爱了。去罢，为要将我的周围从寂寞中救出，竭力做事罢。我爱过你们，而且永远爱着。这并不是说，要从你们受父亲的报酬，我对于'教我学会了爱你们的你们'的要求，只是受取我的感谢罢了……像吃尽了亲的死尸，贮着力量的小狮一样，刚强勇猛，舍了我，踏到人生上去就是了。……走罢，勇猛着！幼者呵！"这是他对青年们的告白。

二十三、政治观

笔者自幼受了一句话的影响，这句话，出于《尚书》，叫作"毋求备于一夫"。先父曾经写一篇经义，发挥得十分尽致。其意是说各人有各人的见识，各人有各人的特长，不能万物皆知，万事皆懂的；这么一想，我们对于鲁迅提不出积极的政治主张，也不必失望了。由于鲁迅的文字，富有感人的力量；我们读他的杂感，觉得十分痛快，所以对于他的政治观，也不十分去深求了。其实他带了浓重的虚无色彩，并不相信任何政党会有什么成就的。笔者的看法，和他有点相近：我认为政治的进步或落伍，和民智开发的进度有密切关系，至于政治学说、主义的内容如何，并不十分相干的。孙中山把《三民主义》《建国方略》说得天花乱坠，结果，国民政府的黑暗政治，比北洋军阀时代还不如，而贪污程度，远过于当年的交通系，对政治完全失望，也是民初人士所共同的。

鲁迅很明白地说："我见过辛亥革命，见过二次革命，见过袁世凯称帝，张勋一复辟，看来看去，就看得怀疑起来，于是失望，颓唐得很了。"鲁迅是在北洋政府的教育部做过小京官，把政治泥潭中的黑暗面，看得很透了。他心目中的政治，便如他在《现代史》那杂感文中所写的,他说:"从我有记忆的时候起,直到现在,凡我所曾经到过的地方,在空地上,常常看见有'变把戏'的,也叫作'变戏法'的。这变戏法的,大概只有两种——一种,是教一个猴子戴起假面,穿上衣服,耍一通刀枪;骑了羊跑几圈。还有一匹用稀粥养活,已经瘦得皮包骨头的狗熊玩一些把戏。末后是向大家要钱。一种,是将一块石头放在空盒子里,用手巾左盖右盖,变出一只白鸽来;还有将纸塞在嘴巴里,点上火,从嘴角鼻孔里冒出烟焰。其次是向大家要钱。要了钱之后,一个人嫌少,装腔作势的不肯变了,一个人来劝他,对大家说再五个。果然有人抛钱了,于是再四个,三个……抛足之后,戏法又开了场。这回是将一个孩子装进小口的坛子里面去,只见一条小辫子,要他再出来,又要钱。收足之后,不知怎么一来,大人用尖刀将孩子杀死了,盖上被单,直挺挺躺着,要他活过来,又要钱。'在家靠父母,出家靠朋友……Huazaa!Huazaa!'变戏法的装出撒钱的手势,严肃而悲哀地说。别的孩子,如果走近去想仔细地看,他是要骂的;再不听,他就会打。果然有许多人 Huazaa 了。待到数目和预料的差不多,他们就捡起钱来,收拾家伙,死孩子也自己爬起来,一同走掉了。看客们也就呆头呆脑地走散。这空地上,暂时是沉寂了。过了些时,就又来这一套,俗语说,'戏法人人会变,各有巧妙不同。'其实许多年间,总是这一套,也总有人看,总有人 Huazaa,不过其间必须经沉寂的几日。"一部他所看见的现代史,就是这么写出来的。(鲁迅在《野草》有一篇《好的故事》的散文诗,也是描写这样的境界的,不过不及这一篇杂感的明白。)

有了"政治永远是一种骗局"的看法,鲁迅乃有"政治与文艺的歧途"的说法。他曾经这么说:"我每每觉到文艺和政治时时在冲突之中；文艺和革命原不是相反的，两者之间，倒有不安于现状的同一。惟政治是要维持现状，自然和不安于现状的文艺处在不同的方向。不过不满意现状的文艺，直到十九世纪以后才兴起来，只有一段短短历史。政治家最不喜欢人家反抗他的意见，最不喜欢人家要想，要开口。而从前的社会也的确没有人想过什么，又没有人开过口。……那时没有什么文艺，即使有，也不过赞美上帝（还没有后人所谓 God 那么玄妙）罢了！那里会有自由思想？后来，一个部落一个部落你吃我吞，渐渐扩大起来，所谓大国，就是吞吃那多多少少的小部落；一到了大国，内部情形就复杂得多，夹着许多不同的思想，许多不同的问题。这时，文艺也起来了，和政治不断地冲突，政治想维系现状使它统一，文艺催促社会进化使它渐渐分离；文艺虽使社会分裂，但是社会这样才进步起来。"

　　鲁迅是学医的，他对于中国社会政治的诊断与解剖，可说是冷静而深刻的。（他的处方如何，且不去说；也许他从未处方。）笔者且介绍他谈大内档案的故事。他说：所谓"大内档案"这东西，在清朝的内阁里积存了三百多年，在孔庙里寒了十多年，谁也一声不响。自从历史博物馆将这残余卖给纸铺子，纸铺子转卖给罗振玉，罗振玉转卖给日本人，于是乎大有号叫之声，仿佛国宝已失，国脉随之似的。前几年，他曾见过几个人的议论，所记得的一个是金梁，登在《东方杂志》上；还有罗振玉和王国维，随时发感慨。他觉得他们的议论都不大正确。金梁，本是杭州的驻防旗人，早先主张排汉的；民国以来，便算是遗老了；凡是民国所做的事，他自然都以为很可恶。罗振玉呢，也算是遗老，曾经立誓不见国门，而后来仆仆京津间，痛责后生不好古，而偏将古董卖给外国人的，只要看他的题跋，大抵有广告气扑鼻，便知道用意如何了。独有王国维已经在水里将遗老生活结束，是老实人；但他的感喟，却往往和罗振玉一鼻孔出气，虽然所出的气，有真假之分，所以他被弄成夹广告的Sandwich，是常有的事，因为他老实到像火腿一样。其他的人，鲁迅认为都是上了罗振玉辈的骗。你想：他要将这卖给日本人，肯说这不是宝贝么？（这正如败落大户人家的一堆废纸，说好也行，说无用也行的。因为是废纸，所以无用，因为是败落大户家里的，所以也许夹些好东西。那时候，只要在"大内"里放几天，或者带一个"宫"字，就容易使人另眼相看的。）

关于大内档案的处理，鲁迅告诉我们以官僚主义的最好例证。这一大批档案，民国元年，便已装八千麻袋，塞在孔庙敬一亭里。（其时孔庙中设了一个历史博物馆筹备处，由胡玉缙任处长。）久而久之，胡处长有些担忧了，只怕工役们会去放火。他是博识前朝掌故的，知道清朝的武英殿，藏过一副铜活字，后来太监们你也偷，我也偷，偷得不亦乐乎，待到王爷们似乎要来查考的时候，就放了一把火。自然连武英殿也没有了，更何况铜活字的多少。而不幸敬一亭的麻袋，也仿佛常常减少。（工役们不是国学家，所以把档案倒在地上，单拿麻袋去卖钱。）他深怕麻袋缺得多了之后，敬一亭也照例会被烧掉的。他曾建议教育部，要想一个迁移或整理或销毁的办法。可是专管这一类事情的社会教育司司长夏曾佑氏，他是有名的中国史学家，他是知道中国的一切事万不可"办"的；即如档案罢，任其自然、烂掉、霉掉、蛀掉、偷掉，甚而至于烧掉，倒是天下太平，倘一加人为，一"办"，那就舆论沸腾，不可开交了。结果是办事的人成为众矢之的，谣言和诼谤，百口也分不清。所以他的主张是"这个东西万万动不得"。这两位熟于掌故的"要办"

和"不办"的老先生，从此都知道各人的意见。说说笑笑，但竟拖延下去了。于是麻袋们又安稳躺了十来年。

后来傅增湘做了教育总长了（傅氏，湖南人，是藏书和考古的名人），他就开始要发掘宝贝了，派部员几十人大举清理，他要在麻袋里找寻好的宋版书，于是Y次长、C参事、J处长，都变成考古家了。大家把所赏识的东西都留了下去。他们把这些档案分成"保存"和"放弃"两种，保存的留在博物馆和北京大学图书馆，不要的部分，还是散放在午门的门楼上，他们还邀请有关的各部派员会同再行检查，于是各部派来的穿洋服的留学生，也都变成考古家了。经过这回检查的后文，还是把不要的部分留着。因为傅总长是深通"高等做官学"的，他知道万不可烧，一烧必至于变成宝贝。那些废纸，直到历史博物馆自行卖掉之后，又掀起了一阵神秘的风波，说这些档案都是国宝了。因小喻大，那时，中国政府当局的处事，便是如此的。鲁迅的结论是这样："中国公共的东西，实在不容易保存。如果当局者是外行，他便将东西糟完，倘是内行，他便将东西偷完。而其实也并不单是对于书籍或古董。"

从历史观点来解剖政治社会，原是中国士大夫的传统手法，所以唯物史观的论据，在中国不一定得之于马克思派的学说。儒法两家，原是注意社会的经济条件的，自古是唯物论派的见地。唯心论的观点，从印度东来，虽风靡一时，但宋明理学家即复归于儒家，而明末清初，那几位经学家，如黄宗羲、顾亭林、王夫之，都是史学家，其解释世变之迹，远在马克思之上，也在马克思之前。鲁迅一生所钦佩的现代史学家夏曾佑，他便是接受达尔文进化论最早的一个学人。（唯物史观也可以说是达尔文的进化学说在人类社会的适用。）所以鲁迅的政治观，早年已经成熟；他理解中国社会的黑暗面，自比马克思学院的继承人，深刻得多。

1918 年，鲁迅替《新青年》写《随感录》，已经着重政治病态的诊断。其中有一点说："中国社会上的状态，简直是将几十世纪缩在一时：自油松片以至电灯，自独轮车以至飞机，自标枪以至机关炮，自不许'妄谈法理'以至护法，自'食肉寝皮'的吃人思想以至人道主义，自迎尸拜蛇以至美育代宗教，都摩肩挨背的存在。这许多事物挤在一处，正如我辈约了燧人氏以前的古人，拼开饭店一般，即使竭力调和，也只能煮个半熟；伙计们既不会同心，生意也自然不能兴旺，——店铺总要倒闭。"他们身历的世代以及中华民国的政治史，就是这样一种社会文化所产生出来的。（从他的祖父那套读高头讲章的八股头脑到鲁迅的写实主义小说，其间也有几个世纪的文化距离。）

鲁迅当时曾引用了一位政论家黄郛（膺白）的话："七年以来，朝野有识之士，每腐心于政教之改良，不注意于习俗之转移；庸讵知旧染不去，新运不生：事理如此，无可勉强者也。外人之评我者，谓中国人有一种先天的保守性，即或迫于时势，各种制度有改革之必要时，而彼之所谓改革者，决不将旧日制度完全废止，乃在旧制度之上，更添加一层新制度。试览前清之兵制变迁史，可以知吾言之不谬焉。最初命八旗兵驻防各地，以充守备之任；及年月既久，旗兵已腐败不堪用，洪秀全起，不得已，征募湘淮两军以应急：从此旗兵绿营，并肩存在，遂变成两重兵制。甲午战后，知绿营兵力又不可恃，乃复编练新式军队：于是并前二者而变成三重兵制矣。今旗兵虽已消灭，而变面换形之绿营，依然存在，总是二重兵制也。从可知吾国人之无澈底改革能力，实属不可掩之事实。他若贺阳历新年者，复贺阴历新年；奉民国正朔者，仍存宣统年号。一察社会各方面，盖无往而非二重制。即今日政局之所不宁，是非之所以无定者，简括言之，实亦不过一种'二重思想'在其间作祟而已。"鲁迅补充着说："此外如既许信仰自由，却又特别尊孔；既自命'胜朝遗老'，却又在民国拿钱；既说是应该革新，却又主张复古：四面八方几乎都是二三重以至多重的事物，每重又各各自相矛盾。一切人便都在这矛盾中间，互相抱怨着过活，谁也没有好处。"大抵五四运动前后的有识之士，都有这样的觉悟。他在另一段《随感录》中，说到民族根性造成之后，无论好坏，改变都不容易的。他引了法国彭氏 (G.Le Bon) 的话："我们一举一动，虽似自主，其实多受死鬼的牵制。将我们一代的人，和先前几百代的鬼比较起来，数目上就万不能敌了。"他说："我们几百代的祖先里面，昏乱的人，定然不少：有讲道学的儒生，也有讲阴阳五行的道士，有静坐炼丹的仙人，也有打脸打把子的戏子。所以我们现在虽想好好做'人'，难保血管里的昏乱分子不来作怪，我们也不由自主，一变而为研究丹田脸谱的人物：这真是大可寒心的事。"

二十四、"鲁迅风"

——他的创作艺术

　　鲁迅的作品中，有短篇小说（《阿 Q 正传》也只能算是短篇小说）、杂感文、散文诗、小品散文，都有他的特殊风格，时人称之为"鲁迅风"。冯雪峰说到鲁迅在文学上的特色："首先，鲁迅先生独创了将诗和政论凝结于一起的'杂感'这尖锐的政论性的文艺形式。这是匕首，这是投枪，然而又是独特形式的诗！这形式，是鲁迅先生所独创的，是诗人和战士的一致的产物。自然，这种形式，在中国旧文学里是有它类似的存在的，但我们知道旧文学中的这种形式，有的只是格式和笔法上有可取之点，精神上是完全不成的，有的则在精神上也有可取之点，却只是在那里自生自长的野草似的一点萌芽。鲁迅先生以其战斗的需要，才独创了这在其本身是非常完整的，而且由鲁迅先生自己达到了那高峰的独特的形式。"这种风格，不独他的杂感文如此，散文诗和他的短篇小说也是如此。它在形式上的特点是"简短"而"凝结"，还能够尖锐得像匕首和投枪一样；主要的是他在用了这匕首和投枪战斗着。"狭巷短兵相接处，杀人如草不闻声。"这是诗，鲁迅的杂感也是诗。

他自己在《热风》的题记中，也说到他自己的文章风格。他说："但如果凡我所写，的确都是冷的呢？则它的生命原来就没有，更谈不到中国的病症究竟如何。然而，无情的冷嘲和有情的讽刺相去本不及一张纸，对于周围的感受和反应，又大概是所谓'如鱼饮水冷暖自知'的；我却觉得周围的空气太寒冽了，我自说我的话，所以反而称之曰《热风》。"他是不愿承受"冷静"那评价的，所以有这番说话。他确乎不是个"冷静"的人，他的憎正由于他的爱；他的"冷嘲"其实是"热讽"。这是"理智的结晶"，可是不结晶在冥想里，而结晶在经验里；经验是"有情的"，所以这结晶是有理智的。

我们回到上文所说的，那位极仇视鲁迅的为人而又最钦佩鲁迅创作艺术的苏雪林女士，她说：鲁迅的小说艺术，虽富特色，最显明的有三点：（一）用笔的深刻冷隽；（二）句法的简洁峭拔；（三）体裁的新颖独创。鲁迅曾经学过医的，洞悉解剖的原理，常将这技术应用到文学上来。他解剖的对象不是人类的肉体，而是人类的心灵。他不管我们如何痛楚，如何想躲闪，只冷静地以一个熟练的手势举起他那把锋利无比的解剖刀，对准我们魂灵深处的创痕，掩藏最力的弱点，直刺进去，掏出血淋淋的病的症结，摆在显微镜下让大家观察。他最恨的是那些以道学先生自命的人，所以他描写脑筋简单的乡下人用笔每比较宽恕，一写到赵太爷、鲁四爷、高老夫子，便针针见血，丝毫不肯容情了。他对于那些上流人，不但把他们清醒时的心灵状态，赤裸裸地宣布出来，便是在他们睡眠中意识已失去裁判时，还要将他们梦中的丑态，或者这才是他们的真相，披露给大家看。像那篇《兄弟》的主人公张沛君一听说他弟弟患了猩红热，便惊忧交集，寝食皆废，可见他平日对兄弟如何友爱。然而他在梦中则虐待他兄弟的遗孤，把平日隐藏着不敢表示出来的自私自利心思，一齐放泄出来了。又如《肥皂》里主人公四铭先生看见街上一个侍祖母讨饭的十七八岁的女乞儿，便对她发生了同情，称赞她是孝女，想做诗文表彰她，以为世道人心之劝。不过他这举动，初则被含着醋意的太太骂破，继则被一丘之貉的卫道朋友笑穿；我们才知道道学假面具下，原来藏着一团邪念。《阿Q正传》里的赵太爷，因阿Q调戏他的女仆，不许他再进门，但听见阿Q有贼赃出售，就不禁食指大动，自毁前约。《祝福》里的鲁四太爷，憎恶祥林嫂是寡妇，尤其憎恶她的再嫁，说这种人是伤风败俗的。但到底收留她，因为她会做活。因为笔法这样深刻，鲁迅文字，本来带着浓烈的辛辣性。读着好像吃胡椒辣子，虽涕泪喷嚏齐来，却能得到一种意想不到的痛快感觉，一种神经久久郁闷麻木之后，由强烈刺激引起来的轻松感觉。

苏雪林女士又指出：鲁迅的文字，也不完全辛辣，有时写得很含蓄，以《肥皂》为例，他描写道学先生的变态性欲，旁敲侧击，笔笔生姿。所谓参曹洞禅，不犯正位，钝根人学渠不得。又像《风波》里七斤嫂骂丈夫不该剪去辫子，八一嫂来劝，揭了她的短处。她正没好处，恰值女儿来打岔，就骂她是"偷汉的小寡妇"！于是对方生气了，说："七斤嫂，你恨棒打人！"作者始终没将七斤嫂这句话的用意说明；但他在事前闲闲地说八一嫂抱着伊两周岁的遗腹子，事后又写"八一嫂正气得抱着孩子发抖"，我们自会感到那句骂话的重量了。他并不将自己所要说的话，明明白白地说出来，只教你自己去想，想不透就怪你们自己太浅薄，他不负责。他的文字，异常冷隽，他文字的富于幽默，好像谏果似的，愈咀嚼愈有回味。这样的风格，便非那些提倡"鲁迅风"的作家们所能及的了。

鲁迅的作品，文字造句，经过千锤百炼，具有简洁短峭的优点。他答《北斗》编者问，如何写创作小说？曾经这么说过："写完后至少看两遍，竭力将可有可无的字、句、段删去，毫不吝惜。宁可将作小说的材料缩成 Sketch（速写），决不可将 Sketch 的材料拉长成小说。"古人有惜墨如金之说，鲁迅的文字，其简洁处，真个做到了"增之一分则太长，减之一分则太短，施粉则太白，放朱则太赤"的地步。例如《社戏》写："月还没有落，仿佛看戏也并不很久似的，而一离赵庄，月光又显得格外的皎洁。回望戏台在灯火光中，却又如初来未到时候一般，又缥缈得像一座仙山楼阁，满被红霞罩着了，吹到耳边来的又是横笛，很悠扬；我疑心老旦已经进去了，但也不好意思说再回去看。"又如《白光》中写那落第秀才："他刚到自己的房门口，七个学童便一齐放开喉咙，吱的念起书来。他大吃一惊，耳朵边似乎敲了一声磬，只见七个头拖了小辫子在眼前晃，晃得满房，黑圈子也夹着跳舞。他坐下了，他们送上晚课来，脸上都显出小觑他的神色。"他在描写他们的心理时，写得那么细腻，却又没有一句废话。前人所谓"恰到好处"，我们可以说鲁迅的成功，还在吴敬梓的《儒林外史》之上。

鲁迅的小说，可以说是"新小说"，他的创作，可以说是新文艺，他是《新青年》那一群中最能"推陈出新"，富有创造能力的大手笔。古人作文有去陈言之说，韩愈所谓"惟古于词必己出，降而不能乃剽贼"，"惟陈言之务去，戛戛乎其难哉！"刘大櫆所谓"经史百家之文，虽读之甚熟，却不许用他一句，要另作一番言语"，"大约文章是日新之物，若陈陈相因，安得不目为臭腐？原本古人意义，到行文时，却须重加铸造一样的言语，不可便直用古人，此谓去陈言"。鲁迅的文字，新颖独创的优点，正合于"词必己出""重加铸造"的优点。他的《狂人日记》，发表于 1918 年五四运动未发生之前，已以崭新风格，与世人相见了。"它的体裁分明给青年们一个暗示，使他们抛弃了旧酒瓶，努力用新形式来表现自己的思想。"但我们要知道鲁迅文章的"新"与徐志摩的不同，与沈雁冰也不同。徐志摩于借助西洋文法处，更乞灵于活泼灵动的国语；沈雁冰取欧化文字，加以一己天才的熔铸，则成一种文体（苏女士这句话也不能完全达意）。他们文字都很漂亮流利，但也不能说是"本色的"。鲁迅好用中国旧小说笔法，他不唯在事项进行紧张时，完全利用旧小说笔法，寻常叙事时，旧小说笔法也占十分之七八。但他在安排组织方面，运用一点神通，便能给读者以"新"的感觉了。化腐臭为神奇，用旧瓶装新酒，乃是他的独到之处。譬如他写单四嫂子死掉儿子时的景况："下半天，棺材合上盖：因为单四嫂哭一回，看一回，总不肯死心塌地地盖上；幸亏王九妈弄得不耐烦，气愤愤地跑上前，一把拖开她，才七手八脚地盖上了。"写得平淡得很，但下文写棺材出去后单四嫂子的感觉："单四嫂子很觉得头眩，歇息了一会，倒居然有点平稳了。但她接连着便觉得很异样：遇到了平生没有遇过的事，不像会有的事，然而的确出现了。她越想越奇，又感到一件异样的事——这屋忽然太静了。"这种心理描写，便不是旧小说笔记的笔法了。

鲁迅作品中，如《祝福》中的祥林嫂，是一个阴森森的故事；他的刻画，使我们看了不寒而栗。（这故事，曾经上演过，也曾摄成了影片，那阴森森的气氛，直压住了我们的心。）祥林嫂是一个被人轻蔑的守不住寡出嫁了的妇人，并说她死后阎罗王要将她身体锯开分给两个丈夫，她的神经受了极深重的刺激，就想实行"赎罪"的方法，但实行赎罪之后，大家仍然把她当作不洁净的人看待，于是她就陷于完全失望的深渊中了。他描画她的心头痛苦：

她大约从他们的笑容和声调上，也知道是在嘲笑她，所以总是瞪着眼睛，不说一句话，后来连头也不回了。她整日紧闭了嘴唇，头上带着大家以为耻辱的记号的那伤痕，默默地跑街，扫地，洗菜，淘米。快够一年，她才从四婶手里支取了历来积存的工钱，换算了十二元鹰洋，请假到镇的西头去。但不到一顿饭的时候，她便回来，神气很舒畅，眼光也分外有神，高兴似的对四婶说，自己已经在土地庙捐了门槛了。

冬至的祭祖时节，她做得更出力，看四婶装好祭品，和阿牛将桌子抬到堂屋中央，她便坦然地去拿酒杯和筷子。

"你放着罢，祥林嫂！"四婶慌忙大声说。

她像是受了炮烙似的缩手，脸色同时变作灰黑，也不再去取烛台，只是失神地站着。直到四叔上香的时候，教她走开，她才走开。这一回她的变化非常大，第二天，不但眼睛窈陷下去，连精神也更不济了。而且很胆怯，不但怕暗夜，怕黑影，即使看见人，虽是自己的主人，也总惴惴的，有如在白天出穴游行的小鼠；否则呆坐着，直是一个木偶人。不半年，头发也花白起来了，记性尤其坏，甚而至于常常忘却了去淘米。

这样刻画心理的文字，的确不是旧小说的笔法了。苏雪林氏最爱好这几段文字，她说："现在新文艺颇知注意欧化，遣词造句，渐趋复杂；叙述层次渐深，一变旧小说单调、平面铺叙之习，这原是很可喜的现象。不过弊病也不少，那些呆板的欧化文字，恨不得将'我说'改为'说我'，'三朵红玫瑰花'写作'三朵红的玫瑰花'，固无论矣；而不问其人，不问其地，一例打着洋腔，也未免好笑。文学属于文化之一体，取人之长，补己之短是应该的，失去了民族性的特质，则颇可研究。日本文学在明治维新时代，极力模仿西洋，亦步亦趋，尺寸惟恐或失，现在却已能卓然自立，表现'纯日本的'精神了。中国文学比日本文学落后三四十年，现在正在走模仿的阶段上，我们也不过于求全责备。但许多作家，错把手段当作目的，老在欧化里打圈子，不肯出来，那便很可惋惜。鲁迅文字，与那些人相比，后者好像一个染黄头发涂白皮肤的矫揉造作的假洋鬼子，前者却是一个受过西洋教育而又不失其华夏灵魂的现代中国人。中国将来的新文学，似乎仅有两条路可走：第一条路，文学国语化，实行胡适'国语的文学'教训。第二条路，创造一种适合全国民诵读的'标准白话'。能走第一条路固好，否则便走第二条。这种'标准白话'，要不蹈袭前人窠臼，不抄袭欧化皮毛，充分表现民族性。像鲁迅这类文字，以旧式小说质朴有力的文体做骨子，又能神而明之加以变化，我觉得很合理想的标准。"（近年来，中国的学人，替鲁迅作品做高头讲章的很多，可惜都低能无识。笔者为什么要引用苏雪林氏的讲义呢？就因为她是最反对鲁迅的一人。一个人的文章，能够使反对派非佩服不可，那就成功了。而且苏氏讲义，也真做得不错。）

鲁迅杂感文中，谈到他自己的创作经过，文艺观点的很多，替他的作品作讲义式的注解的，如孙伏园、许寿裳、朱自清、周作人诸氏，也都有所发挥的。笔者在这儿，于引用苏雪林的讲义以外，接上来采用了朱自清、叶圣陶的讲义。朱、叶二氏，注解鲁迅的《呐喊》，先引用胡适论短篇小说的定义："短篇小说是用最经济的文学手段，描写事实中最精彩的一段，或一方面，而能使人充分满意的文章。"他们认为鲁迅的小说，正能符合以上这样的条件。

鲁迅为什么做起小说来呢？他自己说："想起来，大半倒是为了对于热情者们的同感。这些战士，我想，虽在寂寞中，想头是不错的，也来喊几声助助威罢。首先，就是为此。自然，在这中间，也不免夹杂些将旧社会的病根暴露出来，催人留心，设法加以疗治的希望。但为达到这希望计，是必须与前驱者取同一的步调的，我于是删削些黑暗，装点些欢容，使作品比较的显出若干亮色，那就是后来结集起来的《呐喊》……这些也可以说是'遵命文学'。不过我所遵奉的，是那时革命的前驱者的命令，也是我自己所愿意遵奉的命令。"他是主张为人生而艺术的。他说："当我留心文学的时候，情形和现在很不同：在中国，小说不算文学，做小说的也决不能称为文学家，所以并没有人想在这一条路上出世。我也并没有要将小说抬进'文苑'里的意思，不过想利用它的力量，来改良社会。……自然，做起小说来，总不免自己有些主见的。例如，说到'为什么'做小说罢，我仍抱着十多年前的'启蒙主义'，以为必须是'为人生'，而且要改良这人生。我深恶先前的称小说为'闲书'，而且将'为艺术的艺术'，看作不过是'消闲'的新式的别号。所以我的取材，多采自病态社会的不幸的人们中，意思是在揭出病苦，引起疗救的注意。"他在民国初年，虽然看了政治社会的暗影，感到寂寞的悲哀，可是热诚绝没有消散，所以一见前驱的战士，便寄予同感，和他们做一伙儿。说聊以慰藉他们，说喊几声助助威，都是谦逊的话，在那时，他的寂寞至少减了若干分之一，而改变他们的精神的热诚重又燃烧起来了吧！他为什么不恤用了曲笔？他自己说是听从将令，那时的主将是不主张消极的，所以他在作品里也保留着一点希望；但是他又说不愿将自以为苦的寂寞，再来传染给青年，这不是他自己也愿意保留着一点希望吗？"删削些黑暗，装点些欢容，使作品比较的显出若干亮色"，这三语是"不恤用了曲笔"的注脚，为什么要如此？说是与前驱者取同一的步调。为什么必须与前驱者取同一的步调？说是这才可以达到将旧社会的病根暴露出来，催人留心，设法加以疗治的希望。斟酌周详，选取了最有效的道路走，这正是热诚的先觉者的苦心；而为的是前面悬得有希望。改良社会，改良这人生，改变他们的精神，话虽不同且意义也不尽一样，但指的都是那希望。将旧社会的病根暴露出来，催人留心，设法加以疗治。从病态社会的不幸的人们中取材，揭出病根，引起疗救的注意；在这些方面发挥他的所见，便是他取的达到那个希望的手段。《呐喊》之外，他还有其他短篇小说，还有多量的杂文，取材不一定限于社会和不幸的人们，但揭露病根，促人注意疗治，是前后一致的；希望改良这社会，改良这人生，改变他们的精神，也是前后一致的。从这里，便可以认识他的一贯的写作态度。（以上采自朱、叶二氏的讲义。）

（茅盾的《鲁迅论》，说到鲁迅小说中人物："我们只觉得这是中国的，这正是中国现在百分之九十九的人们的思想和生活，这正是围绕在我们的小世界外的大中国的人生；而我们之所以深切地感到一种寂寞的悲哀，其原因亦即此。这些老中国的儿女的灵魂上，负着几十年的传统的重担子，他们的面目是可憎的，他们的生活是可以咒诅的，然而你不能不承认他们的存在，而且不能不懔懔地反省自己的灵魂究竟已否完全脱卸了几千年传统的重担。我以为《呐喊》和《彷徨》，所以值得并且逼迫我们一遍一遍地翻读而不厌倦，根本原因，便在这一点。"）

鲁迅那篇《我怎么做起小说来？》说到他自己的创作法门，他说："我力避行文的唠叨，只要觉得够将意思传给别人了，就宁可什么陪衬拖带也没有。中国旧戏上，没有背景，新年卖给孩子看的花纸上，只有主要的几个人（但现在的花纸却多有背景了），我深信对于我的目的，这方法是适宜的，所以我不去描写风月，对话也决不说到一大篇。我做完之后，总要看两遍，自己觉得拗口的，就增删几个字，一定要它读得顺口；没有相宜的白话，宁可引古语，希望总有人会懂，只有自己懂得或连自己也不懂的生造出来的字句，是不大用的。……忘记是谁说的了，总之是，要极省俭地画出一个人的特点，最好是画他的眼睛。我以为这话是极对的，倘若画了全副的头发，即使细得逼真，也毫无意思。我常在学学这一种方法，可惜学不好。可省的处所，我决不硬添，做不出的时候，我也决不硬做。"

以下，且看朱、叶二氏的讲解。他们说："经济"本是短篇小说的一个重要条件，陪衬拖带太多，便说不上经济了；但必须以"够将意思传给别人"为度。鲁迅对于此点，是确实能够做到的。试以《白光》一篇为例。若逐一叙述主人公陈士成状貌怎样，处在这样的境况之中，一连应了多少回的考，以前应考失败了，曾有怎样的举动，那就是陪衬拖带太多了；而且琐屑芜杂，连不成一气，所以并不那么写。而从陈士成看了第十六回的榜，还是看不到自己的名字，精神重又失常开始；这精神失常便成为一条线索，全篇写陈士成，那个下午、一个晚上的思想行动，都集中在此点，而必须让读者明白的一些事情，也就交织其中。如写他看榜的时候，凉风吹动他斑白的短发；写他跌落万流湖里之后，乡下人将他捞上来，"那是一个男尸，五十多岁，'身中面白无须'。"（以前照相还未通行，凡需要表明状貌的场合，只能用文字记载，这六个字是"仵作"填写在"尸单"上的，而应考时候也得同样填写："身中"是中等身材，"无须"见得陈士成是个老童生，没有进学的童生，年纪无论如何大，照例不得有须的。）我们从这两语，便知道他的状貌。关于状貌，可写的也很多，而只写这两语，因为这两语，和他的屡次失败，以致精神失常有关系的缘故。头发已经斑白了，还是只能是"无须"的童生，在一个热心于锦绣前程的人，怎得不发痴？又如写他看了榜回到家里，便把七个学童放了学，租住在他宅子里的"杂姓"，都及早关了门。为的是根据他们的老经验，怕看见发榜后，他那闪烁的眼光；读者从这两点，便知道他的境况的一斑。宅子里收容一些杂姓，是家境凋零的最显著的说明；仅有几个学童为伴，生活的孤苦寂寞，可想而知了。惟其如此，他对于锦绣前程盼望得愈切，然而那前程"又像受了潮的糖塔一般，刹时倒塌了"；因此他萌生了图谋另一前程（发掘窖藏而致巨富）的想头，虽说在精神失常的当儿，却也是非常自然的事。又如让我们知道他这回应考是第十六回，只从叙述他屈指计数，"十一、十三回，连今年是十六回"带出；让读者知道他以前也曾发掘过窖藏，只从叙述他平时对于家传的那个谜语的揣测带出。这些都是不可以省略的，省略了便教读者模糊；但不使这些各自分立，成为陪衬拖带的部分，而全给统摄在那个下午、那一晚上，他精神失常，这一条线索之下：这便做到了"够将意思传给别人"，而"什么陪衬拖带也没有"。其他各篇差不多都这样的"经济"。

鲁迅在另一篇《作文秘诀》中说:"作文却好像偏偏并无秘诀,假使有,每个作家一定是传给子孙的了,然而祖传的作家很少见。自然,作家的孩子们,从小看惯书籍纸笔,眼格也许比较的可以大一点罢,不过不见得就会做。"他接着又说到前人所谓做古文的秘诀,做骗人的古文的秘诀。至于"倘要反一调,就是'白描'。'白描'却并没有秘诀。如果要说有,也不过是和障眼法反一调:有真意,去粉饰,少做作,勿卖弄而已"。

关于小说中的背景与对话,朱、叶二氏也曾引申了鲁迅自己的话而有所发挥。他们说:鲁迅以旧戏与花纸作比,说他的小说也不用背景;这句话也不宜呆看。他所不用的背景,是指与传达意思没有关系而言。世间的确有一些短篇小说,写自然景物(鲁迅称为"描写风月"),费了许多的篇幅,写人物来历,费了许多的篇幅;可是你细看时,那些篇幅,与题旨并没有多大的关系,去掉了也不致使读者模糊,这就同旧戏与花纸,有了不相称的背景一样,反而使人物见得不很显著了。那种背景当然不用,用了便是小说本身的一种疵病。至于没有了便"不够意思传给别人"的背景,鲁迅却未尝不用。如《风波》的开头两节,第一节写临河土场上的晚景。第二节写农家的男女老幼准备在这土场上吃晚饭,分明是背景。这背景何以要有呢?因为下文七斤为了辫子问题发愁,赵七爷到来发表"没有辫子,该当何罪"的大道理,以及九斤老太发抒她的不平,七斤嫂由急而恨,骂人打孩子,八一嫂替七斤辩护,致受七斤嫂辱骂和赵七爷的威胁等,都发生在这个场面上,都发生在这吃晚饭的时间,先把场面和时间叙明,便使读者格外感到亲切;农村里的许多人,只有在这个场面,这个时间,大家才聚在一起,说长道短，交换意见，并且先叙了"场边靠河的乌桕树"，以下叙小女孩六斤被曾祖母骂了，"直奔河边，藏在乌桕树后"，以及七斤嫂"透过了乌桕树，看见又矮又胖的赵七爷，正从独木桥上走来"，才见得位置分明，使读者如看见舞台上的现代剧。先叙了大家准备在场上吃晚饭，以下叙九斤老太骂曾孙女儿的话："立刻就要吃晚饭了，还吃炒豆子，吃穷了一家子！"才见得声口妙肖，使读者一与她接触，便有如见其人的感觉。而赵七爷一路走来，大家都招呼他"请在我们这里用饭"，待赵七爷站定在七斤家的饭桌旁边，周围便聚集了许多看客；也因开头有大家准备吃晚饭的叙述，便不觉得突兀了。

《呐喊》的十四篇小说中，只有《头发的故事》有大篇的对话；那是体裁如此，特意要让N先生自言自语发一大篇议论，议论发完，小说也就完篇。以外各篇，对话都很简短，与鲁迅自己说的"对话也决不说到一大篇"的话完全应合。鲁迅曾引成人的话："要极省俭地画出一个人的特点，最好是画他眼睛。"他写对话，就用的画眼睛的方法，简单几笔，便把人物的特点表现出来了。现在随举一些例子来说，如酒客嘲笑孔乙己偷人家的东西，孔乙己便睁大眼睛说："你怎么这样凭空污人清白……"酒客又说亲眼见他偷了人家的书，被人家吊着打，孔乙己便争辩说："窃书不能算偷，窃书，读书人的事，能算偷么？"街坊孩子吃了孔乙己的茴香豆，每人一颗，还想再吃，孔乙己看一看豆，摇头说："不多，不多！多乎哉？不多也。"这些对话，表现出孔乙己所受于书本的教养。闰土重逢分别了近三十年的鲁迅先生，劈头便叫"老爷"，鲁迅的母亲教他不要这样客气，还是照旧哥弟称呼时，他便说："阿呀！老太太真是……这成什么规矩？那时是孩子，不懂事。……"这些对话，表现出闰土所受于习俗的教养。又如华大妈烤好了人血馒头给小栓吃，轻轻说："吃下去罢——病便好了。"小栓吃过馒头，一阵咳嗽，她就说："睡一会罢，——病便好了。"话是简短极了，却充分传出了她钟爱儿子，切盼儿子病好的心情。九斤老太见曾孙女儿在晚饭前吃炒豆子，发怒说："我活到七十九岁了，活够了，不愿意见这些败家相，——还是死的好。"随后就连说"一代不如一代"！待听赵七爷提到长毛，便对赵七爷说："现在的长毛，只是剪人家的辫子，僧不僧，道不道的。从前的长毛，这样的么？我活到七十九岁了，活够了。从前的长毛是——整匹的红缎裹头，拖下去，拖下去，一直拖到脚跟；王爷是黄缎子，拖下去，黄缎子；红缎子，黄缎子，——我活够了，七十九岁了。"这些话，具体地传出了她贱与贵愤愤不平的顽固心情。以上所举例子，他都用简短的对话，把人物的教养、心情、神态等表现出来，使读者直觉地感到，比较用琐碎的叙述加以说明，更为有效。

鲁迅创作小说，不仅写对话，就是写动作，也用画眼睛的方法，使读者知道人物有某种动作之外，更知道别的一点什么。如华老栓夫妻两个准备去买人血馒头，"华大妈在枕头底下掏了半天，掏出一包洋钱，交给老栓，老栓接了，抖抖地装入衣袋，又在外面按了两下"。这就字面看，是说取钱藏钱的动作，然而老夫妻两个积钱不易，把钱看得特别郑重，为了儿子的病，才肯花掉这一包洋钱，这心理也就在这上头传出来了。又如单四嫂子的儿子宝儿死了，对门的"王九妈便发命令烧了一串纸钱；又将两条板凳和五件衣服作抵，替单四嫂子借了两块洋钱，给帮忙的人备饭"。蓝皮阿五愿意帮单四嫂筹措棺材，"王九妈却不许他，只准他明天抬棺材的差使"。当宝儿入殓的时候，单四嫂子哭一回看一回，总不肯让棺盖盖上，"幸亏王九妈等得不耐烦，气愤愤地跑上前，一把拖开她，才七手八脚地盖上了"。事后，单四嫂子以为待她的宝儿已经尽了心，再没有什么缺陷，"王九妈掐着指头仔细推敲，也终于想不出一些什么缺陷"。这些就字面看，是说王九妈的种种动作，然而一个自以为能干有经验，爱替人家做主张的乡间老妇的性格，也就在这上头传出来了。又如闰土简略地说了他景况的艰难，"沉默了片时，便拿起烟管来默默地吸烟了"。这就字面看，是说吸烟的动作；然而闰土为生活重担所压，致变得木讷阴郁，这意思，也就在这上头传出来了。又如阿Q和小D打架，互扭着头颅，彼此弯着腰，"阿Q进三步，小D便退三步，都站着；小D进三步，阿Q便退三步，又都站着。大约半点钟……他们的头发里便都冒烟，额上便都流汗，阿Q的手放松了，在同一瞬间，小D的手也正放松了，同时直起，同时退开，都挤出人丛去"。这就字面看，是说打架的动作；然而两个人并非勇于战斗，只因实迫处此，不得不做出战斗的姿态，这意思，也就在这上头传出来了。——以上所举的例子，都在写人物的动作之外，还有别的作用。鲁迅小说写动作之处，差不多都是如此，我们不可忽略过去。

此外，鲁迅写人物的感觉和思想之处，也是值得注意的。如《狂人日记》，狂人吃了蒸鱼，便记道："这鱼的眼睛，白而且硬，张着嘴，同那一伙想吃人的人一样。"狂人受了何先生的诊脉，听何先生说了"不要乱想，静静地养，养肥了，他们自然可以多吃；我有什么好处，怎么会'好了'？"这些都表现狂人的精神失常，神经过敏，因他一心认定"吃人"两个字，便把一切都联想到这上头去。又如写华老栓在天刚亮时出去买人血馒头,所见的路人,护送犯人的兵丁,看"杀人"的看客,以及"杀人"的场面,都朦胧恍惚,不很清楚。这表现华老栓从半夜起来,做不习惯的晓行,精神不免异样;更因心有所在,专一放在又觉害怕,又存有绝大希望的那件事情(买人血馒头)上,所以所见都成了奇景。又如《一件小事》,写那车夫扶着自称"我摔坏了"的老女人向巡警分驻所走去,"我这时突然感到一种异样的感觉,觉得他满身灰尘的后影,刹时高大了,而且愈走愈大,须仰视才见。而且他对于我,渐渐又几乎变成一种威压,甚而至于要榨出皮袍下面的'小'来"。这表示车夫对事认真,绊倒了人,生意也不顾了,定须照例到巡警局去理会,这是他的"大";而"我"却对事苟且,见老女人并没有受什么伤,便教车夫"走人的罢",替自己赶路,这是"我"的"小";"小"和"大"相形,便仿佛觉得车夫的后影非常高大,而且对"我"有压迫之感了。

如上所说,可见鲁迅写人物的动作和感觉,思想的部分,也如对话一样,直接的,为表现人物的特点而存在。这种笔墨,就一方面说,也是叙述,因为他把对话、动作、感觉、思想等写在纸上,让读者知道,与一切文字的叙述相同。但在另一方面说,便是描写,因为他把人物生动地勾画出来,把故事生动地表现出来,让读者感受,与绘画、戏剧有同样的作用。谈论小说的人,常常使用"描写"一词,便指这种笔墨而言。

以往谈论鲁迅的,多评述他的思想,而今替鲁迅作品作讲章的,又多强调他的意识形态和他的观点,笔者以为既然研究鲁迅作品,就得着重他的写作技术。(鲁迅就说过:文学原有宣传的作用,但宣传的文字,并不一定是文学。)写作专论技术,是在钻牛角尖;写作不讲求技术,也是在钻牛角尖。朱自清、叶圣陶替青年读者做津梁，着重这一方面的讲解，可说是把金针度人之意。他们对于鲁迅所说"没有相宜的白话，宁可引古语，希望总有人会懂"的一段话，引了张天翼的主客问来作注解。这一段话，也是很好的。

　　主："创作里面总不该用那些非现代语的句子和词儿。"——我完全同意。记得鲁迅在一篇文章里谈过，说有人要是写山，拿"峣峔""巉岩"之类的词儿来形容它。（谈到这里，客人弄不明白这两个词儿是哪四个字，主人就在纸上写给他看，客人笑了起来。）你看这样的词儿！读者读了，那简直不知道这山到底是个什么样子。连作者自己也不知道。这些词儿只是他从旧书上抄来的。鲁迅批评了这种写法：真的，这类词儿，实在没有表现出什么来。旧句旧词拿来这么用法，那是三家村老学究式的创作方法，活人说死话，然而《阿Q正传》里那些旧句旧词的用法，那正是我们刚才谈过的，正是拿来示众，拿来否定它的。

　　客：（接嘴）也跟他的杂感文一样，是讽刺那些死话的，跟那些什么"峣峔"的用法，绝对是两回事。

　　主：是的，是一讽刺；不单是讽刺了那些死话的形式，而且还讽刺了那一些死话所含的意义（接过《呐喊》来）。例如："夫文童者，将来恐怕要变秀才者也"，我想世界上绝不会有这样的傻瓜，就以为这是作者的正面文章，要叫天下的人都去尊敬文童，也绝不会有人把"不孝有三，无后为大""若敖之鬼馁而"这些，以为是作者要说的话。这些句子在这篇作品里所起的作用，也跟（指着书上）"即此一端，我们便可以知道女人是害人的东西"一样，作用是相同的。这并不是作者自己的意思，也不是作者自己所要说的话。这些，是透过这作品中那些人物来说的，是用了那些人物的口气来说的。这些意见，是未庄文化圈子里那些人物的意见。作者对未庄文化是否定的、讽刺的。而这些词句的拿来用到这里，也就是对它的含义和形式加以否定和讽刺，换一句话说，那么作者所写下的这些词句，倒恰好是一种反语。

客：（微笑）这种旧词儿还很多哩。（一面翻着找着，一面说。）比如"立言""引车卖浆者流""着之竹帛""深恶而痛绝之""诛心""而立""庭训""敬而远之""斯亦不足畏也已""神往""成与维新"……这些，这些用在这里，就显得极其可笑，正也跟引用"先前阔"、"假洋鬼"、"一定想引诱野男人"的女人、"假正经"、"妈妈的"这类的话一样可笑。

主：作者正要我们笑它。"To laugh is to kill."

客：（想起了一件事。）哦，对了！喜欢引用旧句旧词的这种作风，的确不仅是因为读了旧书而已（自言自语似的），唔，如果这仅仅只是因为读多了旧书的话，那么三家村老学究和写"峣峼"的作者，也都是该读多了旧书，可是一写出来，态度各不相同：一种是把那些旧句的词当作正派的角色上台，一种可是把它当作歹角和丑角上台。不错，鲁迅喜欢引用旧句旧词的这种作风，他的这种引用法，正是出于他的思想和情感，出于他那是非善恶的判断：这正表现了他对未庄文化的批评态度。

主：我认为这一点比读多了旧书那个原因还重要得多：这一点，是构成这种作风的更主要因素。（稍停）我认为我们要是把一个词儿，一句话，一个举动的描写等，全都孤零地单独提出来看，那就无所谓作风不作风。我们一定要看看这作者用起这些东西来，是怎样一个态度，他把它用在什么地方，怎样用法等，这才看得到他的作风。

张氏这一段话，说得很好，他自己也是爱用讽刺的格调的！

不过笔者以为鲁迅所说"没有相宜的白话，宁可引古语，希望总有人会懂"那句话，也不一定如张某所说的只是一种"反语"。（他的引申，也只有他那一半的道理。）那一时期，他们的确有吸收、溶化、运用古今中外各种语汇的尝试。"古语"并不一定不可用的，只要我们能消化，使读者看了能懂就可以。在他们以前，黄公度就曾主张："其取材也，自群经三史逮于周秦诸子之书，许郑诸家之注。凡事名物名切于今者，皆采取而假借之。其述事也，举今日之官书会典方言俗谚，以及古人未有之物，未辟之境，耳目所历皆革而书之。"钱玄同（鲁迅的友人）也曾主张："古语跟今语，官话跟土话，圣贤垂训跟泼妇骂街，典谟训诂跟淫词艳曲，中国字跟外国字，汉字跟注音字母，袭旧跟杜撰，欧化跟民众化，信手拈来，信笔写去。"新文学运动，因为针对着当时的复古空气，所以高喊白话文，趋向于"俗化"。当时的作家，曾有融会古今的意向，他们比较熟习古语的运用，他们知道流行于口头的古语，其达意的程度，和白话并不同的。（不一定如《阿Q正传》中那些怪腔怪调的酸腐成语。）即如鲁迅记爱罗先珂在北平诉苦说寂寞，道："这应该是真实的，但在我却未曾感得；我住得久了，'入芝兰之室，久而不闻其香'，只以为很是嚷嚷罢了，然而我之所谓嚷嚷，或者也就是他之所谓寂寞罢。"这一段中的"入芝兰之室，久而不闻其香"，便是引用古语。又如《野草》的墓碣文，"我梦见自己正和墓碣对立，读着上面的刻辞。那墓碣似是沙石所制，剥落很多，又有苔藓丛生，仅存有限的文句——'于浩歌狂热之际中寒；于天上看见深渊。于一切眼中看见无所有；于无所希望中得救。'……'有一游魂，化为长蛇，口有毒牙。不以啮人，自啮其身，终以殒颠。'……我绕到碣后，才见孤坟，上无草木，且已颓坏。即从大阙口中，窥见死尸，胸腹俱破，中无心肝。而脸上却绝不显哀乐之状，但蒙蒙如烟然。"他都在运用古语，有如一篇汉魏的小赋，然而很流利，很动人。他是一个身体康健的人，什么都能消化，能够化腐朽为神奇的。

鲁迅的风格，一方面可以说纯东方的，他有着"绍兴师爷"的冷隽、精密、尖刻的气氛；一方面可以说是纯西方的，他有着安特列夫、斯微夫脱的辛辣讽刺气息，再加上了尼采的深邃。朱自清氏说："鲁迅的杂感，这种诗的结晶，在《野草》里达到了那高峰。他在题辞中说：'过去的生命已经死亡。我对于这死亡有大欢喜，因为我借此知道它曾存活。死亡的生命已经朽腐。我对于这朽腐有大欢喜，因为借此知道它远非空虚。''我自爱我的《野草》，但我憎恶这以野草作装饰的地面。地火在地下运行、奔突；熔岩一旦喷出，将烧尽一切野草，以及乔木，于是并且无可朽腐。''我以这一丛野草，在明与暗、生与死、过去与未来之际，献于友与仇、人与兽、爱者与不爱者之前作证。''去罢，野草，连着我的题辞。'"这写在 1927 年，正是大革命的时代。他彻底地否定了"过去的生命"，连自己的野草连着这题辞，也否定了，但是并不否定他自己。他希望地下的火，火速喷出，烧尽过去的一切；他希望的是中国的新生：在《野草》里，比在《狂人日记》里更多的用了象征，用了重叠，来凝结来强调他的声音，这是诗。他一面否定，一面希望，一面在战斗着。就在这一会，他感到青年们动起来了，感到真的暗夜露出来了，这一年他写了特别多的杂感。这些杂感，比起

《热风》中那些随感录，确乎是更现实的了；他是从诗回到散文了。换上杂感这个新名字，似乎不是随随便便的无所谓的。散文的杂感增加了现实性，也增加了尖锐性。他在《三闲集》的序言中说："恐怕这'杂感'二个字，就使志趣高超的作者厌恶，避之惟恐不远了。有些人们，是当意在奚落我的时候，就往往称我为'杂感家'。"这正是尖锐性的证据。他这时在和"真的暗夜"肉搏了，武器是越尖锐越好，他是不怕"'不满于现状'的'杂感家'这一个恶谥"的。

许多替鲁迅作品做注解的批判家，似乎都忽略了鲁迅的一篇短论：《看书琐记》（一）（二），他对于文学的永久性和普遍性，有进一步的看法。他说："高尔基很惊服巴尔札克小说里写对话的巧妙，以为并不描写人物的模样，却能使读者看了对话，便好像目睹了说话的那些人。中国还没有那样好手段的小说家，但《水浒》和《红楼梦》的有些地方，是能使读者由说话看出人来的。其实，这也并非什么奇特的事情，在上海的弄堂里，租一间小房子住着的人，就时时可以体验到。他和周围的住户，是不一定见过面的，但只隔一层薄板壁，所以有些人家的眷属和客人的谈话，尤其是高声的谈话，都大略可以听到，久而久之，就知道那里有那些人，而且仿佛觉得那些人是怎样的人。如果删除了不必要之点，只摘出各人的有特色的谈话来，我想，就可以使别人从谈话里推见每个说话的人物。但我并不是说，这就成了中国的巴尔札克。作者用对话表现人物的时候，恐怕在他自己的心目中，是存在着这人物的模样的，于是传给读者，使读者心目中也形成了这人物的模样。但读者所推见的人物，却并不一定和作者所设想的相同，巴尔札克的小胡须的清瘦老人，到了高尔基的头里，也许变了粗蛮壮大的络腮胡子。不过那性格，言动，一定有些类似，大致不差，恰如将法文翻成了俄文一样。要不然，文学这东西便没有普遍性了。文学虽然有普遍性，但因读者的体验不同而有变化，读者倘没有类似的体验，它也就失去了效力。譬如我们看《红楼梦》，从文字上推见了林黛玉这一个人，但须排除了梅博士的'黛玉葬花'照相的先入之见，另外想一个，那么，恐怕会想到剪头发，穿印度绸衫，清瘦，寂寞的摩登女郎；或者别的什么模样，我不能断定。但试去和三四十年前出版的《红楼梦图咏》之类里面的画像比一比罢，一定是截然两样的，那上面所画的，是那时的读者的心目中的林黛玉。文学有普遍性，但有界限；也有较为永久的，但因读者的社会体验而生变化.，北极的遏斯吉摩人和非洲腹地的黑人，我以为是不会懂得'林黛玉型'的；健全而合理的好社会中人，也将不能懂得，……一有变化，即非永久，说文学独有仙骨，是做梦的人们的梦话。"

接着他又说："就在同时代，同国度里，说话也会彼此说不通的。巴比塞有一篇很有意思的短篇小说，叫作《本国话和外国话》，记的是法国的一个阔人家里招待了欧战中出生入死的三个兵，小姐出来招呼了，但无话可说，勉勉强强地说了几句，他们也无话可答，倒只觉坐在阔房间里，小心得骨头疼。直到溜回自己的'猪窠'里，他们这才遍身舒齐，有说有笑，并且在德国俘房里，由手势发现了说他们的'我们的话'的人。因了这经验，有一个兵便模模糊糊地想：'这世间有两个世界：一个是战争的世界，别一个是有着保险箱门一般的门，礼拜堂一般干净的厨房，漂亮的房子的世界。完全是另外的世界，另外的国度。那里面，住着古怪想头的外国人。'那小姐后来就对一位绅士说的是：'和他们是连话都谈不来的。好像他们和我们之间，是有着跳不过的深渊似的。'其实，这也无须小姐和兵士们是这样。就是我们……——和几乎同类的人，只要什么地方有些不同，又得心口如一，就往往免不了彼此无话可说。……这样看来，文学要普遍而且永久，恐怕实在有些艰难。"这是他的晚年见道之论。他已经体会得一个人的意识形态，就是他那社会环境所孕育的；普遍性和永久性，都受着相当的限制的。

所以笔者认为在现代作家之中，真的能继续鲁迅风的，只有一个人，那便是他的弟弟周作人；但周作人的隽永风格，却在鲁迅之上，"启明风"的韵味，和鲁迅虽不相同，却是瑜亮一时，各不相下的。（钱玄同也说："我认为周氏兄弟的思想，是国内数一数二的，所以竭力怂恿他们给《新青年》写文章。"）但此时此地，"鲁迅风"，怕是没有传人了呢！

二十五、文艺观

　　孙伏园氏，说到鲁迅思想，受托尔斯泰、尼采的影响（上文已提及），"这两种学说，内容原有很大的不同，而鲁迅却同受他们的影响；这在现在看来，鲁迅确不像一个哲学家那样，也不像一个领导者那样，为别人了解与服从起见，一定要将学说组成一个系统，有意地避免种种的矛盾，不使有一点罅隙；所以他只是一个作家、学者，乃至思想家或批评家"。所以，一定要把鲁迅算得是什么主义的信徒，好似他的主张，没有一点不依循这一范畴，这是多余的。马克思学说之进入他的思想界，依然和"托尼学说"并存，他并不如一般思想家那么入主出奴的。

　　依我看来，他的思想体系中，最成熟的还是他的文艺观。五四运动以后，胡适的文艺理论，虽是一颗彗星似的，光芒万丈，要说是字斟句酌，老吏断狱似的下笔有分寸，还是鲁迅。他的《中国小说史略》，便是传世之作。（鲁迅曾语笔者：《中国小说史略》，从搜集材料到成书，先后在十年以上。其书取材博而选材精，现代学人中，唯王国维、陈寅恪、周作人足与相并。）他的短论杂感，也是以谈论文艺为多。笔者且来谈他的文艺论。——不是文艺理论而是文艺批评。

我们再回到鲁迅晚年所写的一篇短论《门外文谈》上去。首先，他提出他的文艺起源论。我们听惯了一件东西，总是古时候一位圣贤所造的故事，字是仓颉造的。然而作《易经》的人，却比较聪明，他说："上古结绳而治，后世圣人易之以书契。"他不说仓颉，只说后世圣人，不说创造，只说掉换，真是谨慎得很，也许他无意中就不相信古代会有一独自造出许多文字来的人的了，所以，就只是这么含含糊糊地来一句。但是，用书契来代结绳的人，又是什么角色呢？文学家，的确首先就要想到他，然而并不是的。有史以前的人们，虽然劳动也唱歌，求爱也唱歌，他却并不起草，或者留稿子，文字毫无用处。据有些学者告诉我们的话来看，这在文字上用了一番功夫的，想来该是史官了。原始社会里，大约先前只有巫，待到渐次进化，事情繁复了，有些事情，如祭祀、狩猎、战争之类，渐有记注的必要，巫就只好在他那本职的"降神"之外，一面也想法子来记事，这就是"史"的开头。况且"升中于天"，他在本职上，也得将记载酋长和他的治下的大事册子，烧给上帝看，因此一样地要做文章，虽然这大约是后起的事。再后来，职掌分得更清楚了，于是就有专门记事的史官。文字就是史官的工具，古人说："仓颉，黄帝史。"第一句未可信，但指出了文字和史的关系，却是很有意思的。

鲁迅探求到文字的来源，是这么说的：照《易经》说，书契之前，明明是结绳；我们那里的乡下人，碰到明天要做一件紧要事，怕得忘记时，也常常说："裤带上打一个结。"那么，我们的古圣人，是否也用一条长绳，有一件事，就打一个结呢？恐怕是不行的。或者那正是伏羲皇的八卦之流，三条绳一组，都不打结是乾，中间各打一结是坤罢？恐怕也不对。八组尚可，六十四组就难记，何况还会有五百二十组呢！只有在秘鲁还有存留的"打结字"，用一条横绳，挂上许多直绳，拉来拉去的结起来，网不像网，倒似还可以表现较多的意思。我们上古的结绳，恐怕也是如此的罢。现在我们能在实物上看见的最古的文字，只有商朝的甲骨和钟鼎文。但这些，都已经很进步了，几乎找不出一个原始形态。只在铜器上，有时，还可以看见一点写实的图形，如鹿如象。而这些图形上，又能发现和文字相关的线索：中国文字的基础是"象形"。在古代社会里，仓颉也不止一个，有的在刀柄上刻一点图，有的在门口下画一些画，心心相印，口口相传，文字就多起来，史官一采集，便可以敷衍记事了。中国文字的由来，恐怕也逃不出这例子的。自然，后来还该有不断的增补，这是史官自己可以办到的，新字夹在熟字中，又是象形，别人也容易推测到那字的意义。直到现在，中国还不时生出新字来。

鲁迅从文字进化的轨迹，看到拼音文字的必然趋向。首先，他先说些和象形有关的东西。象形，"近取诸身，远取诸物"。就是画一只眼睛是"目"，画一个圆圈，放几条毫光是"日"，那自然很明白、便当的。但有时要碰壁，譬如要画刀口，怎么办呢？不画刀背，也显不出刀口来，这时就只好别出心裁，在刀口上加一条短棍，算是指明"这个地方"的意思，造了"刃"。这已经颇有些办事棘手的模样了。何况还有无形可象的事件，于是只得"象事"，也叫作"会意"；一只手放在树上，是"采"；一颗心放在屋子和饭碗之间，是"宓"，有吃有住，安宁了。但要写"宁可"的"宁"，却又得在碗下面放一条线，表明这不过是用了"宓"的声音的意思。"会意"比"象形"更麻烦，它至少要画两样。如"寶"字，至少要画一个屋顶，一串玉，一个缶，一个贝，计四样。我看"缶"字还是杵臼两形合成的，那么一共有五样，单单为了"寶"这一个字，就很要破费些工夫。不过还是走不通，因为有些事物是画不出，有些事物是画不来，譬如松柏，叶样不同，原可以分出来的，但文字究竟是文字，不能像绘画那样精工，到底还是硬挺不下去。来打开这僵局的是谐声，意义和形象离开了关系，这已经是"记音"了。所以有人说，这是中国文字上的进步。不错，也可以说是进步，然而那基础也还是画画。但古人并不是愚蠢的，他们早就将形象改得简单，远离了事实。篆字圆折，还有图画的余痕，从隶书到现在的楷书，和形象就天差地远，不过那基础还未改变，天差地远之后，就成为不象形的象形字，写起来虽然比较的简单，认起来却非常困难了，要凭空一个个的记住。而且有些字，也至今并不简单，例如"鸞"或"鑿"，去叫孩子写，非练习半年六月，是很难写在半寸见方的格子里面的。还有一层，是"谐声"字，也因为古今字音的变迁，很有些和"声"不大谐的了。他指出今日的中国文字，已成了不象形的象形字，不十分谐声的谐声字了。我们知道鲁迅是章太炎的弟子，太炎先生是清代经学家，以治文字著称的，而清代文字的研究，虽有从"形义"着手的，但他们最主要的成就，还在声韵这一方面，太炎师弟中，如黄侃、钱玄同，都专攻音韵之学，鲁迅在这方面，不仅有所感染，而且有所专攻的。所以，他的话虽是很通俗，却是先深入而后浅出的。

　　他对于古代言文是否一致的问题，提出特出的论断。他说，对于这问题，现在的学者们（指胡适之派）虽然并没有分明的结论，但听他口气，好像大概是以为一致的；越古，就越一致。

不过我却很有些怀疑，因为文字愈容易写，就愈容易写得和口语一致，但中国却是那么难画的象形字，也许我们的古人，向来就将不关重要的词摘去了的。书经有那么难读，似乎正可作照写口语的证据，但商周人的的确确的口语，到现在还没有研究出，还要繁也说不定的。至于周秦古书，虽然作者也用一点他本地的方言，而文字大致相类，即使和口语学相近罢，用的也是周秦白话，并非周秦大众语，汉朝更不必说了，虽是肯将书经里难懂的字眼，翻成今字的司马迁，也不过在特别情形下，采用一点俗语，例如陈涉的老朋友看见他为王，惊异道："伙颐！涉之为王沉沉者。"而其中的"涉之为王"四个字，我还疑心太史公加过修剪的。那么，古书里采录的童谣、谚语、民歌，该是那时的老牌俗语罢。我看也难说；中国的文学家是颇有爱好别人的文章的脾气的，他的推测，是以为中国的言文，一向就并不一致的，大原因便是字难写，只好节省些。当时的口语的摘要，是古人的文；古代的口语的摘要，是后人的古文。所以我们的做古文，是在用了已经并不象形的象形字，未必一定谐声的谐声字，在纸上描出今人谁也不说，懂的也不多的，古人的口语的摘要来。你想，这难不难呢？

鲁迅指出文字这一工具，被统治阶级所独占，于是文章成为奇货，可以说是他的社会文艺观。他说，文字在人民间萌芽，后来却一定为特权者所收揽。据《易经》的作者所推测，"上古结绳而治"，则连结绳就已是治人者的东西。特别落在巫史的手里的时候，更不必说了，他们都是酋长之下，万民之上的人。社会改变下去，学习文字的人们的范围也扩大起来，但大抵限于特权者。到于平民，那是不识字的，并非缺少学费，只因为限于资格，他不配。而且书籍也看不见。中国在刻版还未发达的时候，有一部好书，往往是"藏之秘阁，副在三馆"，连做了士子，也还是不知道写着什么的。因为文字是特权者的东西，所以它就有了尊严性，并且有了神秘性。中国的字，到现在还很尊严，我们在墙壁上，就常常看见挂着写上"敬惜字纸"的篓子；至于符的驱邪治病，那就靠了它的神秘性的。文字既然含着尊严性，那么，知道文字，这人也就连带的尊严起来了。新的尊严者日出不穷，对于旧的尊严者就不利，而且知道文字的人们一多，也会损伤神秘性的。符的威力，也就因为这好像是字的东西，除道士以外，谁也不认识的缘故。所以，对于文字，他们一定是要把持。欧洲中世，文章学问，都在道院里，克罗蒂亚 (Kroatia) 是到了 19 世纪，识字的还只有教士的，人民的口语，退步到对于旧生活刚够用。他们革新的时候，就只好从外国借进许多新语来。我们中国的文字，对于大众，除了身份、经济这些限制之外，却还要加上一条高门槛。单是这条门槛，倘不费他十来年工夫，就不容易跨过，跨过了的，就是士大夫；而这些士大夫，又竭力地要使文字更加难起来，因为这可以使他特别的尊严，超出别的一切平常的士大夫之上。汉朝扬雄的喜欢奇字，就有这毛病的，刘歆想借他的《方言》稿子，他几乎要跳河。唐朝呢，樊宗师的文章做到别人点不断，李贺的诗做到别人看不懂，也都为了这缘故。还有一种方法是将字写得别人不认识，下焉者，是从《康熙字典》上查出几个古字来，夹进文章里面去；上焉者，是钱坫的用篆文来写刘熙的《释名》，最近还有钱玄同先生的照《说文》字样给太炎先生抄《小学答问》。文字难，文章难，这还是原来的；这些上面，又加以士大夫的故意特制的难，却还想和大众有缘，怎么办得到。但士大夫们也正愿其如此，如果文字易识，大家都会，文字就不尊严，他也跟着不尊严了。说白话不如文言的人，就从这里出发的。

不过，鲁迅指出文学存在于有文字之前，古代文学乃是不识字的作家所创作的。他说，文学的存在条件，首先要会写字，那么，不识字的文盲群里，当然不会有文学家的了。然而作家却有的。你们不要太早地笑他，他还有话说。他想，人类是在未有文字之前，就有了创作的，可惜没有人记下，也没有法子记下。我们的祖先的原始人，原是连话也不会说的，为了共同劳作，必须发表意见，才渐渐地练出复杂的声音来，假如那时大家抬木头，都觉得吃力了，却想不到发表的，其中有一个叫道"杭育杭育"，那么，这就是创作；大家也要佩服，应用的，这就等于出版；倘若用什么记号留存下来，这就是文学，他当然就是作家，也是文学家，是杭育杭育派。不要笑，这作品确也幼稚得很，但是古人不及今人的地方是很多的，这正是其一。就是《诗经》的"国风"的东西，有许多也是不识字的无名氏作品，因为比较的优秀，大家口口相传的。王官们捡出它可作行政上参考的记录了下来，此外消灭的正不知有多少。东晋到齐陈的《子夜歌》和《读曲歌》之类，唐朝的《竹枝词》和《柳枝词》之类，原都是无名氏的创作，从文人的采录和润色之后，留传下来的。这一润色，留传固然留传了，但可惜的是一定失去了许多本来面目。到现在，到处还有民谣、山歌、渔歌等，这就是不识字的诗人的作品；他传述着童话和故事，这就是不识字的小说家的作品；他们，就都是不识字的作家。他提出一句有力的结论："要这样的作品为大家所共有，首先也就是要这作家能写字，同时也还要读者们能识字以至能写字，一句话：将文字交给一切人。"

鲁迅也和其他进步的文艺批评家一般，相信每一种新的文艺思潮，都由汲取民众的文艺新作风而起的。他说，不识字的作家，因为没有记录作品的东西，又很容易消灭，流传的范围也不能很广大，知道的人们也就很少了。偶有一点为文人所见，往往倒吃惊，吸入自己的作品中，作为新的养料。旧文学衰颓时，因为摄取民间文学或外国文学而起一个新的转变，这例子是常见于文学史上的。不识字的作家，虽然不及文人的细腻，但也刚健清新。

这样，他就对于大众语问题有所交代了。他说到了"专化呢？还是普遍化呢？"的问题。他说，中国的言语，各处很不同，单给一个粗枝大叶的区别，就有北方话、江浙话、两湖川贵话、福建话、广东话这五种，而这五种中，还有小区别。现在用拉丁字来写，写普通话，还是写土话呢？要写普通话，人们不会；倘写土话，别处的人们就看不懂，反而隔阂起来，不及全国通行的汉字了。这是一大弊病！他的意思是：在开首的启蒙时期，各地方各写它的土话，用不着顾到和别的地方意思不相通。我们的不识字的人们，原没有用汉字互通着声气，所以新添的坏处是一点也没有的。倒有新的益处，至少是在同一语言的区域里，可以彼此交换意见，吸收智识了——那当然，一面也得有人写些有益的书。问题倒在这各处的大众语文，将来究竟要它专化呢，还是普遍化？

他说，方言土话里，很有些意味深长的话。他们那里（指浙江绍兴）叫"炼话"，用起来是很有意思的，恰如文言的用古典，听者也觉得趣味津津。各就各处的方言，将语法和词汇，更加提炼，使他们发达上去的，就是专化。这于文学，是很有益处的。它可以做得比仅用泛泛的话头的文章更加有意思。但专化又有专化的危险。言语学我不知道，看生物是一到专化，往往要灭亡的。未有人类以前的许多动植物,就因为太专化了,失其可变性,环境一改,无法应付,只好灭亡。幸而我们人类还不算专化的动物,请你们不要愁。大众是有文学的,要文学的,但绝不该为文学做牺牲;要不然,他的荒谬和为了保存汉字,要十分之八的中国人做文盲来殉难的活圣贤就并无两样。所以我想,启蒙时候用方言,但一面又要渐渐加入普通的语法和词汇去。先用固有的,是一地方的语文的大众化,加入新的去,是全国的语文的大众化。

他说:几个读书人在书房里商量出来的方案,固然大抵行不通,但一切都听其自然,却也不是好办法。现在在码头上,公共机关中,大学校里,确已有着一种好像普通话模样的东西,大家说话,既非国语,又不是官话,各各带着乡音乡调,却又不是方言,即使说得吃力听得吃力,然而总归说得出听得懂。如果加以整理,帮它发展,也是大众语中的一支,说不定将来还简直是主力。他说要在方言里加入新的去,那"新的"来源就在这地方。待到这一种出于自然,又加人工的话一普遍,我们的大众语文,就算大致统一了。(鲁迅一生游历的地方不多,他并不知道若干省与省的接境边区,如福建的浦城,江西的玉山,浙江的江山,就流行一种近于国语的普通话,而王阳明所教育出来的赣州话,更是标准的普通话。抗战时期,在西南大后方,也就因为五方杂处,产生了新的普通话,更是替他的作品作注解的。)他说:"此后当然还要做。年深月久之后,语文更加一致,和'炼话'一样好,比'古典'还要活的东西,也渐渐地形成,文学,就更加精彩了。"

鲁迅对于大众自己创作这一点,也有他的独到的见解。(开首,不消说,先要觉悟的读书人来做,后来就由大众自己来动手。)他嘲笑有人怕大众如果都会读写,就大家都变成文学家了。这是怕天掉下来的好人。他说:在不识字的大众里,是一向有作家的。先前是,农民还有一点余闲,譬如乘凉,就有人讲故事。不过这讲者,大抵是特定的人;他比较的见识多,说话巧,能够使人听下去,懂明白,并且觉得有趣。这就是作家,抄出他的话来,也就是作品。倘有语言无味,偏爱多嘴的人,大家是不要听的,还要送给他许多冷语、讽刺。我们弄了几千年文言,十来年白话,凡是能写的人,何尝个个是文学家呢?即使都变成文学家,又不是军阀或土匪,于大众也并无害处的,不过彼此互看作品而已。还有一种是怕文学的低落。大众并无旧文学的修养,比起士大夫文学的细致来,或者会显得所谓低落的,但也未染旧文学的痼疾,所以它又刚健清新。无名氏文学如《子夜歌》之流,会给旧文学一种新力量,他先前已经说过。现在也有人介绍了许多民歌和故事,还有戏剧。他举了他在《朝花夕拾》所引《目连救母》里的无常鬼自传为例,说是因为同情一个鬼魂,暂放还阳半日,不料被阎罗责罚,从此不再宽纵了。"哪怕你铜墙铁壁,哪怕你皇亲国戚⋯⋯"何等有人情,又何等知过,何等守法,又何等果决,我们的文学家做得出么?这是真的农民和手工业工人的作品,由他们闲中扮演。借目连的巡行来贯串许多故事,除"小尼姑下山"外,和刻本的《目连救母记》是完全不同的,其中有一段"武松打虎",是甲乙两人,一强一弱,扮着戏玩。先是甲扮武松,乙扮老虎,被甲打得要命,乙埋怨他了,甲道:"你是老虎,不打,不是给你咬死了?"乙只得要求互换,却又被甲咬得要命,乙说怨话,甲便道:"你是武松,不咬,不是给你打死了?"他说,比起希腊的伊索、俄国的梭罗古勃的寓言来,这是毫无逊色的。他主张到全国各处去收集，一定有很好的作品可以找到的。

他又指出大众并不如读书人所想象的愚蠢。（若干错误的看法，他们不但看轻了大众，也看轻了自己，仍旧犯了古之读书人的老毛病。）他说："读书人常常看轻别人，以为较新较难的字句，自己能懂，大众却不能懂，所以为大众计，是必须彻底扫荡的；说话作文，越俗就越好。这意见发展开来，他就要不自觉地成为新国粹派。或则希图大众语文在大众中推行得快，主张什么都要配大众的胃口，甚至于说要迎合大众，故意多骂几句，以博大众的欢心。这当然自有他的苦心孤诣，但这样下去，可以成为大众的新帮闲的。说起大众来，界限宽泛得很，其中包括着各式各样的人，但即使'目不识丁'的文盲，由我看来，其实也并不如读书人所推想的那么愚蠢。他们是要智识，要新的智识，要学习，能摄取的。当然，如果满口新语法、新名词，他们是什么也不懂；但逐渐地拣必要的灌输进去，他们却会接受；那消化的力量，也许还赛过成见更多的读书人。初生的孩子，都是文盲，但到两岁，就懂许多话，能说许多话了。这在他，全部是新名词、新语法，他哪里是从《马氏文通》或《辞源》里查来的呢，也没有教师给他解释，他是听过几回之后，从比较而明白了意义的。大众的会摄取新词汇和语法，也就是这样子，他们会这样的前进。所以，新国粹派的主张，虽然好像为大众设想，实际上倒尽了拖住的任务。不过也不能听大众的自然，因为有些见识，他们究竟还在觉悟的读书人之下，如果不给他们随时拣选，也许会误拿了无益的，甚而至于有害的东西。所以，迎合大众的新帮闲，是绝对的要不得的。"

他郑重地说："由历史所指示，凡有改革，最初，总是觉悟的智识者的任务。但这些智识者，却必须有研究，能思索，有决断，而且有毅力。他也用权，却不是骗人，他利导，却并非迎合。他不看轻自己，以为是大家的戏子，也不看轻别人，当作自己的喽罗。他只是大众中的一个人，我想，这才可以做大众的事业。"他所指示的途径，比上文所引的他写给我的信，更具体更积极些，也指示了那以后的文艺路向。

　　笔者有一回，在同济大学的文艺研究会讲演鲁迅的文艺观。我说：鲁迅的杂感不可以呆看，那是因人因地而发的，时地不同，批评的对象也不同，他的说法也就不同了。正如孔子的《论语》，其中弟子问仁，他对每一个弟子有每一种的答案，并不拘于一说的。鲁迅虽曾说过从古语中借用成语的话，但当时人提倡整理国故，读古书古文，要从庄子文选找词汇的时候，他就提出了异议。周氏兄弟，他们对于中国古书古文的研究，可以说是已经修炼成仙，吐纳天地之精华，脱胎换骨的了。鲁迅的文章，从庄子、楚辞中来，但他是消化了诸子百家的文辞，并不为屈原、庄周所拘束，所以他并不要青年们步他的后尘的。

　　周作人曾在讲演中国近代文学的源流的结尾上说："向来还有一种误解，以为写古文难，写白话容易。据我的经验，却不如是，写古文，较之写白话容易得多，而写白话实有时是自讨苦吃，白话文的难处，是必须有感情或思想作内容，古文中可以没有这东西，而白话文缺少了内容便作不成。白话文有如口袋装什么东西进去都可以，但不能任何东西不装。而且无论装进什么，原物的形状都可以显现出来。古文有如一只箱子，只能装方的东西，圆的东西则盛不下，而最好还是让它空着，任何东西都不装。大抵在无话可讲而又非讲不可时，古文是最有用的，譬如远道接得一位亲属写来的信，觉得对他讲什么都不好，然而又必须回答，在这样的时候，若写白话，简单的几句便可完事，当然不相宜的，若用古文，则可以套用旧调，虽则空洞无物，但八行书准可写满。"

他又说："因为思想上有了很大的变动，所以须用白话。假如思想还和以前相同，则可仍用古文写作，文章的形式是没有改革的必要的。现在呢，由于西洋思想的输入，人们对于政治、经济、道德等的观念，和对于人生、社会的见解，都和从前不同了。应用这新的观点去观察一切，遂对一切问题，又都有了新的意见要说要写。然而旧的皮囊盛不下新的东西，新的思想必须用新的文体以传达出来，因而便非用白话不可。"这些通达的见解，我们可以说是他们所共同的。（周氏兄弟的文言文，都是写得很好的；但他们所以成为文学家，并不由于熟读古书精于古文之故，所以他们并不要青年们开倒车。）

鲁迅有一篇题为《作文秘诀》的短论是讲这个道理的。他说："那么，作文真就毫无秘诀么？却也并不。我曾经讲过几句做古文的秘诀，是要通篇都有来历，而非古人的成文；也就是通篇是自己做的，而又全非自己所做，个人其实并没有说什么；也就是'事出有因'，而又'查无实据'。到这样，便'庶几乎免于大过也矣'了。……这是说内容。至于修辞，也有一点秘诀：一要朦胧，二要难懂。那方法，是：缩短句子，多用难字。譬如罢，作文论秦朝事，写一句'秦始皇乃始烧书'，是不算好文章的，必须翻译一下，使它不容易一目了然才好。这时，就用得着《尔雅》《文选》了，……到得改成'政俶燔典'，那就简直有了班马气，虽然跟着也令人不大看得懂。……我们的古之文学大师，就常常玩着这一手。班固先生的'紫色䵷带，余分闰位'，就将四句长句，缩成八字的；扬雄先生的'蠢迪检柙'，也将'动由规矩'这四个平常字，翻成难字的。《绿野仙踪》

记塾师咏'花',有句云:'媳钗俏矣儿书废,哥罐闻焉嫂棒伤。'自说意思,是儿妇折花为钗,虽然俏丽,但恐儿子因而废读;下联较费解,是他的哥哥折了花来,没有花瓶,就插在瓦罐里,以嗅花香,他嫂嫂为防微杜渐起见,竟用棒子连花和罐子一起打坏了。这算是对于冬烘先生的嘲笑。然而他的作法,其实是和扬、班并无不合的,错只在他不用古典而用新典。这一个所谓'错',就使《文选》之类在遗老遗少们心眼里保住了威灵。……不懂当然也好的。好在哪里呢?即好在'不懂'中。"他们兄弟两人的说法,是相互发挥的,所以鲁迅也说:"(白话文的)'白描'却并没有秘诀。如果要说有,也不过是和障眼法反一调:有真意,去粉饰,少做作,勿卖弄而已。"

1933 年,那正是林语堂提倡闲适情调之年;鲁迅曾写了《重三感旧》的杂感文,这篇杂文所激起的波澜是很广大的。他所说的"感旧",乃是回忆清光绪末年的事。他说:"所谓过去的人,是指光绪末年的所谓'新党',民国初年,就叫他们'老新党'。甲午战败,他们自以为觉悟了,于是要'维新',便是三四十岁的中年人,也看《学算笔谈》,看《化学鉴原》;还要学英文,学日文,硬着舌头,怪声怪气地朗诵着,对人毫无愧色,那目的是要看'洋书',看洋书的缘故是要给中国图'富强',现在的旧书摊上,还偶有'富强丛书'出现,就如目下的'描写字典''基本英语'一样,正是那时应运而生的东西。连八股出身的张之洞,他托缪荃孙代做的《书目答问》也竭力添进各种译本去,可见这'维新'风潮之烈了。然而现在是别一种现象了。有些新青年,境遇正和'老新党'相反,八股毒是丝毫没有染过的,出身又是学校,也并非国学的专家,但是,学起篆字来了,填起词来了,劝人看《庄子》《文选》了,信封也有自刻的印版了,新诗也写成方块了，除掉做新诗的嗜好之外，简直就如光绪初年的雅人一样，所不同者，缺少辫子和有时穿洋服而已。"（"老新党"们的见识虽然浅陋，但是有一个目的，图富强，所以他们坚决切实。学洋话虽然怪声怪气，但是有一个目的，求富强之术，所以他们认真热心。现在是我们又有了新的企图，要以"古雅"立足于天地之间了。）

当时，鲁迅所讽刺的，乃是一般文人的风尚，有林语堂、施蛰存在内，当然也有周作人。当时，施蛰存的说法是这样（他写给《大晚报》编辑的答案，是介绍《庄子》《文选》为青年文学修养之助）："第一，我应当说明我为什么希望青年人读《庄子》和《文选》。近数年来，我的生活，从国文教师转到编杂志，与青年人的文章接触的机会实在太多了。我总感觉到这些青年人的文章太拙直，字汇太少，所以在《大晚报》编辑寄来的狭狭的行格里推荐了这两部书。我以为从这两部书中可以参悟一点做文章的方法，同时也可以扩大一点字汇（虽然其中有许多字是已死了的）。但是我当然并不希望青年人都去做《庄子》《文选》一类的古文。第二，我应当说明我只是希望有志于文学的青年，能够读一读这两部书。我以为每一个文学者必须要有所借助于他上代的文学，我不懂得'新文学'和'旧文学'这中间究竟以何者为分界的。在文学上，我以为'旧瓶装新酒'与'新瓶装旧酒'这譬喻是不对的。倘若我们把一个人的文学修养比之为酒，那么我们可以这样说：酒瓶的新旧没有关系，但这酒必须是酿造出来的。我劝文学青年读《庄子》与《文选》，目的在要他们酿造。"他又举了鲁迅为例证。（鲁迅乃是以"丰之余"的笔名写那篇杂文的。）"像鲁迅先生那样的新文学家，似乎可以算是十足的新瓶了。但是他的酒呢？纯粹的白兰地吗？我就不能相信。没有经过古文学的修养，鲁迅先生的新文章，绝不会写到现在那样好。所以我敢说，在鲁迅先生那样的瓶子里，也免不了有许多五加皮或绍兴老酒的成分"。

笔者当时是被牵入这一场论争之中的，我当时写给施蛰存的信中，是说对青年推荐这两部书是不一定对青年语文学习有什么益处的，而且在一般文士正在钻牛角尖之际，这样的提倡，容易变成开倒车的。鲁迅在《"感旧"以后》中也说："施先生说我用瓶和酒来比'文学修养'是不对的，但我并未这么比方过，我是说有些新青年可以有旧思想，有些旧形式可以藏新内容。我也以为'新文学'和'旧文学'这中间不能有截然的分界，然而有蜕变，有比较的偏向，而且正因为不能有'何者为分界'，所以也没有了'第三种人'的立场。"这场论争，后来双方有点近于意气之争，但鲁迅反对开倒车的意向是很明显的。

鲁迅和施蛰存，关于推荐《庄子》与《文选》的论争，因为双方都在用反语来相讽刺，倒把本意隐晦掉了。其实，鲁迅并非不懂得从古书中汲取词汇的益处，但以复古的态度来爱好古书，则害多而利少。他在《难得糊涂》那篇杂文中，有着很尖锐的批判。他说："对于人生的倦怠并不糊涂！活的生活已经那么'穷乏'，要请青年在'佛家报应之说'，在《文选》《庄子》《论语》《孟子》里去求得修养。后来，修养又不见了，只剩得字汇。'自然景物，个人情感，宫室建筑，……之类，还不妨从《文选》之类的书中去找来用。'从前严几道从什么古书里——大概也是《庄子》罢——找着了'幺匿'两个字来译Unit，又古雅，又音义双关的。但是后来通行的却是'单位'。严老先生的这类'字汇'很多，大抵无法复活转来。现在却有人以为'汉以后的词，秦以前的字，西方文化所带来的字和词，可以拼成功我们的光芒的新文学'。这光芒要是只在字和词，那大概像古墓里的贵妇人似的，满身都是珠光宝气了。人生却不在拼凑，而在创造，几千百万的活人在创造。"（还有一篇杂文，题为《古书中寻活字汇》，也是发挥这一方面的意见的。）当时，他所批判的，不仅是施蛰存那一种主张，而是对着林语堂"《人间世》派"正在标榜公安竟陵派的小品，奉袁中郎为祖师的复古空气来加以扫荡的。

五四运动以后，许多反对新文学运动的"遗老遗少"，一向有几种有趣的论调：一种是说："要做白话由于文言做不通"。又一种是说："要白话做好，先须文言弄通。"（鲁迅也常被用作例证，说是：他的新文艺作品所以那么杰出，就因为他的古文做得很好的缘故。）后来章太炎先生又有一种说法："你们说文言难，白话更难。理由是现在的口头语，有许多是古语，非深通《小学》就不知道现在口头语的某音，就是古代的某音，不知道就是古代的某字，就要写错。"鲁迅说："太炎先生的话是极不错的。现在的口头语，并非一朝一夕，从天而降的语言，里面当然有许多是古语，既有古语，当然会有许多曾见于古书，如果做白话的人，要每字都到《说文解字》里去找本字，那的确比做任用借字的文言要难到不知多少倍。然而自从提倡白话以来，主张者却没有一个以为写白话的主旨，是在从'小学'里寻出本字来的，我们就用约定俗成的借字。诚然，如太炎先生说：'乍见熟人而相寒暄曰"好呀"，"呀"即"乎"字；应人之称曰"是唉"，"唉"即"也"字。'但我们即使知道了这两字，也不用'好乎'或'是也'，还是用'好呀'或'是唉'。因为白话是写给现代的人们看，并非写给商周秦汉的鬼看的，起古人于地下，看了不懂，我们也毫不畏缩。所以太炎先生的第三道策，其实是文不对题的。这缘故，是因为先生把他所专长的小学，用得范围太广了。"（让专家去研究文字源流是一件事，而提倡口头语来普及教育，又是一件事，章先生的话，本来不切实际的。）鲁迅又说："太炎先生是革命的先觉，小学的大师，倘谈文献，讲《说文》，当然娓娓可听，但一到攻击现在的白话，便牛头不对马嘴。……还有江亢虎博士，是先前以讲社会主义出名的名人，他的社会主义到底怎么样呢，我不知道。只是今年忘其所以，谈到小学，说'"德"之古字为"悳"，从"直"从"心"，"直"即直觉之意'，却真不知道悖到哪里去了，他竟连那上半并不是曲直的直字这一点都不明白。这种解释，却须听太炎先生了。"其实专门家除了他的专长之外，许多见识是往往不及博识家或常识者的。

鲁迅在另外一篇题为《古书与白话》的杂文中，有一段正面的话："用老手段的自然不会长进，到现在仍是说非'读破几百卷书者'，即做不出好白话文，于是硬拉吴稚晖先生为例。……其实吴先生的'用讲话体为文'，即'其貌'也何尝与'黄口小儿所作若同'。不是'纵笔所之，辄万数千言'么？其中自然有古典，为'黄口小儿'所不知，尤有新典，为'束发小生'所不晓。清光绪末，我初到日本东京时，这位吴稚晖先生已在和公使蔡钧大战了，其战史就有这么长，则见闻之多，自然非现在的'黄口小儿'所能企及。所以他的遣辞用典，有许多地方是惟独熟于大小故事的人物才能够了然，从青年看来，第一是惊异于那文辞的滂沛。这或者就是名流学者们所认为长处的罢，但是，那生命却不在于此。甚至于竟和名流学者们所拉拢恭维的相反，而在自己并不故意显出长处，也无法灭去名流学者们的所谓长处；只将所说所写，作为改革道中的桥梁，或者竟并不想到作为改革道中的桥梁。"

笔者曾经说过，鲁迅的杂感文，都是反映当时当地的实际问题的。他的杂文中，谈论文艺问题以及牵涉文坛人物的，和笔者有关的，就有那么多，我每翻读他晚年那十多本杂感集，不禁感慨系之。

那几年间，以《自由谈》《言林》《文学》《太白》《芒种》《现代》《人间世》这些报刊为中心，所讨论的问题，如"京派与海派""第三种人""文人相轻"，鲁迅都发表了他的意见。关于"文人相轻"，他首先引了笔者在《自由谈》所说的话："曹丕之所谓'文人相轻'者，是'文非一体，鲜能备善，是以各以所长，相轻所短'。凡所指摘，仅限于制作的范围。"他接着就说："一切别的攻击形体、籍贯、诬赖、造谣，以至施蛰存先生式的'他自己也是这样的呀'，或魏金枝先生式的'他的亲戚也和我一样了呀'之类，都不在内。倘把这些都作为曹丕所说的'文人相轻'，是混淆黑白，真理虽然大哭，倒增加了文坛的黑暗的。"他的本意，就在另外一段话中提出："我们现在所处的并非汉魏之际，也不必恰如那时的文人，一定要'各以所长，相轻所短'。凡批评家的对于文人，或文人们的互相评论，各各'指其所短，扬其所长'固可，即'掩其所短，称其所长'亦无不可。然而那一面一定得有'所长'，这一面一定得有明确的是非，有热烈的好恶。假使被今年新出的'文人相轻'这一个模模糊糊的恶名所吓昏，对于充风流的富儿，装古雅的恶少，销淫书的瘪三，无不'彼亦一是非，此亦一是非'，一律拱手低眉，不敢说或不屑说，那么，这是怎样的批评家或文人呢？——他先就非被"轻'不可的！"他是主张"一定得有明确的是非，有热烈的好恶"的。这是他的文艺批评观。

他的论《文人相轻》，一直引申到"七论"才完结。他首先指出今之所谓"文人相轻"，不但是混淆黑白的口号，掩护着文坛的昏暗，也在给有一些人"挂着羊头卖狗肉"的。"真的各以所长，相轻所短"的能有多少呢？我们在近几年所遇见的，有的是"以其所短，轻人所短"。例如白话文中，有些是佶屈难读的，确是一种"短"，于是有人提了小品或语录，向这一点昂然进攻了；但不久就露出尾巴来，暴露了他连对于自己所提倡的文章，也常常点着破句，"短"得很。有的却简直是"以其所短，轻人所长"了。例如轻蔑杂文的人，不但他所用的也是"杂文"，而他的"杂文"，比起他所轻蔑的别的杂文来，还拙劣到不能相提并论。那些高谈阔论，不过是契诃夫所指出的登了不识羞的顶巅，傲视着一切，被轻者是无福与他们比较的，更从什么地方"相"起？他的三、四论，就在和魏金枝的论辩中（魏氏曾在笔者主编的《芒种》半月刊，和鲁迅互相论难）发挥"分明的是非和热烈的好恶"之意，此不具引。

到了他的五、六、七三论中，鲁迅批评了文人相轻的卑劣手法。他说："'轻'之术很不少。粗糙地说，大略有三种。一种是自卑，自己先躺在垃圾里，然后来拖敌人，就是'我是畜生，但是我叫你爹爹，你既是畜生的爹爹，可见你也是畜生了'的法子。这形容自然未免过火一点，然而较文雅的现象，文坛上却并不怎么少见的。埋伏之法，是甲乙两人的作品，思想和技术，分明不同，甚而至于相反的，某乙却偏要设法说明，说惟独自己的作品乃是某甲的嫡派；补救之法，是某乙的缺点倘被某甲所指摘，他就说这些事情不是某甲所具备，而且自己也正从某甲那里学了来的。此外，已经把别人评得一钱不值了，临末却又很谦虚地声明自己并非批评家，凡有所说，也许全等于放屁之类，也属于这一派。一种是最正式的，就是自高，一面把不利自己的批评，统统谓之'谩骂'，一面又竭力宣扬自己的好处，准备跨过别人。……还有一种是自己连名字也并不抛头露面，只用匿名或由'朋友'给敌人以'批评'——要时髦些，就可以说是'批判'。尤其要紧的是给与一个名称，像一般的'诨名'一样。……现在却大抵只是漫然地抓了一时之所谓恶名，摔了过去：或'封建余孽'，或'布尔乔亚'，或"破锣"，或'无政府主义者'，或'利己主义者'……；而且怕一个不够致命，又连用些什么'无政府主义封建余孽'，或'布尔乔亚破锣利己主义者'；怕一人说没有力，约朋友各给他一个；怕说一回还太少，一年内连给他几个；时时改换，个个不同。"这些话，我们再参看鲁迅那几种杂文集的前言后记，就格外可以了然了。

鲁迅在各种文字中，表示对于文艺批评的蔑视，他要青年作家无视批评家的议论。他在"文人相轻"的六——《二卖》、七——《两伤》两论做最尖刻的反击。有人说他"倚老卖老"。（鲁迅的文章，真是锋利无比，很少人敢和他交手的，却也有对他作讽刺的，如太阳社几位青年作家，《人间世》谈闲适的伙友，以及一些所谓的民族主义文人，就从"老"字上做文章。）他反击说："其实呢，罪是并不在'老'，而在于'卖'的，假使他在叉麻将，念弥陀，一字不写，就决不会惹青年作家的口诛笔伐。如果这推测并不错，文坛上可又要增添各样的罪人了。""'老作家'的'老'字，就是一宗罪案，这法律在文坛上已经好几年了，不过或者指为落伍，或者说是把持，……总没有指出明白的坏处。这回才由上海的青年作家揭发了要点，是在'卖'他的'老'。那就不足虑了，很容易扫荡。中国各业，多老牌子，文坛却并不然，创作了几年，就或者做官，或者改业，或者教书，或者卷逃，或者经商，或者造反，或者送命……
不见了。'老'在那里的原已寥寥无几，真有些像耆英会里的
一百多岁的老太婆，居然会活到现在，连'民之父母'也觉得
稀奇古怪。"他所说的都是反语，我们体会其微意，也就可以
知道中国文坛之寂寞了。

他的《两伤》篇，对于若干文人的旁观看热闹的袖手态度
加以冷酷的抨击。那是由于天津《大公报·小公园》的炯之的
《谈谈上海的刊物》的报道文字而起。炯之文中是这么说的：

说到这种争斗，使我们记起《太白》《文学》《论语》《人间世》
几年来的争斗成绩。这成绩就是凡骂人的与被骂的人一股脑儿
变成丑角，等于木偶戏的互相揪打或以头互碰，除了读者养成
一种"看热闹"的情趣以外，别无所有。把读者养成欢喜看"戏"
而不欢喜看"书"的习气，"文坛消息"的多少，成为刊物销
路多少的主要原因。争斗的延长，无结果的延长，实在要说是
中国读者的大不幸。我们是不是还有什么方法可以使这种"私
骂"占篇幅少一些？一个时代的代表作，结起账来，若只是这
些精巧的对骂，这文坛，未免太可怜了。

鲁迅是主张有明白的是非的，所以对炯之所持的乡愿式调
停两可的说法，不予赞同。（这种斗争，炯之曾作一界说，即是"向
异己者用一种琐碎方法，加以无怜悯、不节制的辱骂"。此语
也刺痛了鲁迅的心。）他讽刺着："前清有成例，知县老爷出巡，
路遇两人相打，不问青红皂白，谁是谁非，各打屁股五百完事。
不相轻的文人们纵有'肃静''回避'牌，却无小板子，打是
自然不至于的，他还是用'笔伐'，说两面都不是好东西。……

于是乎这位炯之先生便以怜悯之心，节制之笔，定两造为丑角，觉文坛之可怜了，虽然'我们记起《太白》《文学》《论语》《人间世》几年来'，似乎不但并不以'文坛消息的多少，成为刊物销路多少的主要原因'，而且简直不登什么'文坛消息'。不过'骂'是有的；只'看热闹'的读者，大约也一定有的。试看路上两人相打，他们何尝没有是非曲直之分，但旁观者往往只觉得有趣；就是绑出法场去，也是不问罪状，单看热闹的居多。由这情形，推而广之以至于文坛，真令人有不如逆来顺受，唾面自干之感。到这里来一个'然而'罢，转过来是旁观者或读者，其实又并不全如炯之先生所拟定的混沌，有些是自有各人自己的判断的。所以昔者古典主义和罗曼主义者相骂，甚而至于相打，他们并不都成为丑角，左拉遭了剧烈的文字和图画的嘲骂，终于不成为丑角；连生前身败名裂的王尔德，现在也不算是丑角。"他的结论是这样："至于文人，则不但要以热烈的憎，向'异己'者进攻，还得以热烈的憎，向'死的说教者'抗战。在现在这'可怜'的时代，能杀才能生，能憎才能爱，能生与爱，才能文。"笔者在这儿整理鲁迅的史料，可说十分小心，不敢带一点主观的成分，只怕歪曲了鲁迅的本来观点。我们也曾讨论过鲁迅的政治主张，他只能说是自由主义者，正义感很强烈，不一定是社会主义的前驱战士。假使大革命来了，他也只是同路人，不一定参加什么政团的。因此，笔者重新把先前所笔录的《文艺与政治的歧途》，重新翻读一遍，加以引证与注解。

照鲁迅那回在暨南大学的演讲来看，他是说他每每觉得文艺和政治时时在冲突之中；文艺和革命不是相反的，两者之间，倒有不安于现状的同一。唯政治是维持现状，自然和不安于现状的文艺处在不同的方向。不过，不满意现状的文艺，直到19

世纪以后才兴起来，只有一段短短历史。政治家最不喜欢人家
反抗他的意见，最不喜欢人家要想，要开口。而从前的社会也
的确没有人想过什么，又没有什么人开过口，在部落里，他们
有一个酋长，他们跟着酋长走，酋长的吩咐，就是他们的标准。
酋长要他们死，也只好去死。那时没有什么文艺，即使有，也
不过赞美上帝（还没有后人所谓 GOD 那么玄妙）罢了！哪里
会有自由思想？后来，一个部落一个部落你吃我吞，渐渐扩大
起来，所谓大国，就是吞吃那多多少少的小部落；一到了大国，
内部情形就复杂得多，夹着许多不同的思想，许多不同的问题。
这时，文艺也起来了，和政治不断地冲突，政治想维系现状使
它统一，文艺催促社会进化使它渐渐分离；文艺虽使社会分裂，
但是社会这样才进步起来。文艺既是政治家的眼中钉，那就不
免被挤出去。外国许多文学家，在本国站不住脚，相率亡命到
别个国度去；这个方法，就是逃。要是逃不掉，那就被杀掉，
割掉他的头；割掉头那是最好的方法，既不会开口，又不会想了。
俄国许多文学家，受到这个结果，还有许多充军到冰雪的西伯
利亚去。他的说法，从人类思想史的往迹来看，可说是十分正
确的。（英国柏雷教授 J.P.Bury 的《思想自由史》，也是这么说的。）
笔者的笔录，有没有误解他的本意加以歪曲呢？这篇文章，曾
经经过鲁迅自己的校阅，编入《集外集》去的，可见他生前并
没有否定他自己的观点的。

　　而最有力的旁证，是鲁迅回答冬芬的信，冬芬是看看我的
笔录才写信给他的。鲁迅的回信中，对于冬芬所提到的《文艺
与革命的歧途》，并不加以任何解释。他只说："我是不相信文
艺的旋乾转坤的力量的，但倘有人要在别的方面应用他，我以
为也可以，譬如'宣传'就是。美国的辛克来儿说：一切文艺

是宣传。我们的革命的文学者曾经当作宝贝，用大字印出过，而严肃的批评家又说他是'浅薄的社会主义者'。但我——也浅薄——相信辛克来儿的话。一切文艺，是宣传，只要你一给人看。即使个人主义的作品，一写出，就有宣传的可能，除非你不作文，不开口。那么，用于革命，作为工具的一种，自然也可以的。但我以为当先求内容的充实和技巧的上达，不必忙于挂招牌。'稻香村''陆稿荐'，已经不能打动人心了，'皇太后鞋店'的顾客，我看也并不比'皇后鞋店'里的多。一说'技巧'，革命文学家是又要讨厌的。但我以为一切文艺固是宣传，而一切宣传却并非全是文艺，这正如一切花皆有色（我将白也算作色），而凡颜色未必都是花一样。革命之所以于口号、标语、布告、电报、教科书……之外，要用文艺者，就因为它是文艺。"这话就说得很明白了，政治宣传可以用文艺为工具，但文艺并非一定要成为政治的工具，而宣传文字，又不一定是文艺。所以我们说鲁迅是自由主义者，一点也不带附会的成分的。

　　他在那回讲演中还有一段深刻的话："文艺家的话其实还是社会的话，他不过感觉灵敏，早感到早说出来。（有时，他说得太早，连社会也反对他，也排轧他。）……政治家认定文学家是社会扰乱的煽动者，心想杀掉他，社会就可平安。殊不知杀了文学家，社会还是要革命；……文学家生前大概不能得到社会的同情，潦倒地过了一生，直到死后四五十年，才为社会所认识，大家大闹起来。政治家因此更厌恶文学家，以为文学家早就种下大祸根。""革命成功以后……这时，也许有感觉灵敏的文学家，又感到现状的不满意，又要出来开口。从前文艺家的话，政治革命家原是赞同过；直到革命成功，政治家把从前所反对那些人用过的老法子重新采用起来，在文艺家仍不免于不满意，又非被排轧出去不可。"这话说得太明白了，要歪曲也不可能的呢！

鲁迅的文章，有时候要因时因地因人，从各种不同的角度去看。他对于"革命"并不觉得怎样乐观的。（这道理，上文已经说过。）对于革命文学，也不觉得有多大的意义的。（事后，要替他附会起来，好似他早就是革命文学的前驱，也可不必。他对于文学的作用，也并不十分看重的。）他从北京南下，在厦门住了半年，又在革命策源地的广州住了九个月，对于所谓"革命"与"革命文学"，更看得透了。

因此，鲁迅替"革命"与"革命文学"书出了这么两幅图画：他说："欢喜维持文艺的人们，每在革命地方，便爱说'文艺是革命的先驱'。我觉得这很可疑。或许外国是如此的罢；中国自有其特别国情，应该在例外。现在妄加编排，以质同志——（一）革命军。先要有军，才能革命，凡已经革命的地方，都是军队先到的：这是先驱。大军官们或许到得迟一点，但自然也是先驱，无须多说。（这之前，有时恐怕也有青年潜入宣传，工人起来暗助，但这些人们大抵已经死掉，或则无从查考了，置之不论。）（二）人民代表。军官们一到，便有人民代表群集车站欢迎，手执国旗，嘴喊口号，'革命空气，非常浓厚'：这是第二先驱。（三）文学家。于是什么革命文学，民众文学，同情文学，飞腾文学都出来了，伟大光明的名称的期刊也出来了，来指导青年的：这是——可惜得很，但也不要紧——第三先驱。外国是革命军兴以前，就有被迫出国的卢梭，流放极边的珂罗连珂。"这当然是讽刺文学，然而使我体会到他所见的国民革命，正是辛亥革命的翻版，"走狗教不会新把戏"的。

而"革命文学"这一概念的模糊，他看了觉得十分可笑。

他会举了如此的事实："最近，广州的日报上还有一篇文章指示我们，叫我们应该以四位革命文学家为师法：意大利的唐南遮，德国的霍普德曼，西班牙的伊本纳兹，中国的吴稚晖。两位帝国主义者，一位本国政府的叛徒，一位国民党救护的发起者，都应该作为革命文学的师法，于是革命文学便莫名其妙了，因为这实在是至难之业。于是不得已，世间往往误以两种文学为革命文学：一是在一方的指挥刀的掩护之下，斥骂他的敌手的；一是纸面上写着许多'打，打'，'杀，杀'或'血，血'的。如果这是'革命文学'，则做'革命文学家'，实在是最痛快而安全的事。从指挥刀下骂出去，从裁判席上骂下去，从官营的报上骂开去，真是伟哉一世之雄，妙在被骂者不敢开口。而又有人说，这不敢开口，又何其怯也？对于无'杀身成仁'之勇，是第二条罪状，斯愈足以显革命文学家之英雄。所可惜者只在这文学并非对于强暴者的革命，而是对于失败者的革命。……我以为根本问题是在作者可是一个'革命人'，倘是的，则无论写的是什么事件，用的是什么材料，即都是'革命文学'。从喷泉里出来的都是水，从血管里出来的都是血。'赋得革命，五言八韵'，是只能骗骗盲试官的。"他的文章，经过许多岁月，还是值得重看一回的。

鲁迅对于当时的"革命文学"不做过多的期待，直到他回到上海以后，还是如此。他曾在答冬芬的信中说："现在所号称革命文学家者，是斗争和所谓超时代。超时代其实就是逃避，倘自己没有正视现实的勇气，又要挂革命的招牌，便自觉地或不自觉地必然要走入那一条路的。身在现世，怎么离去？这是和说自己用手提着耳朵，就可以离开地球者一样地欺人。社会停滞着，文艺决不能独自飞跃。"他是要投入现实社会去的。

时下若干现代文学史中，把 1933 年在上海所开展文艺自由论争，作为鲁迅所领导的方向之一。那次论争是由胡秋原所开始的：他发表了艺术非"至下"论，认为"艺术虽然不是至上，然而绝不是至下的东西。将艺术堕落到一种政治的留声机，那是艺术的叛徒"。"文化与艺术之发展，全靠各种意见互相竞争，才有万华缭乱之趣；中国与欧洲文化，发达于自由表现的先秦与希腊时代，而僵化于中心意识形成之时。用一种中心意识独裁文坛，结果只有奴才奉命执笔而已。"接着发表了钱杏邨（阿英）理论之清算，喊着要求文学的自由，其中引用了普列汉诺夫的理论。另外，当时一位青年作家杜衡（苏汶）他发表《关于"文学与胡秋原的文艺论辩"》攻击"左联"是目前主义，只有策略，不要真理，说："在知识阶级的自由人和不自由的、有党派的阶级斗争着的文坛的时候，最吃苦的却是这两种之外的第三种人，这第三种人便是所谓作者之群。作者，老实说，是多少带点我前面所说起的死抱住文学不肯放手的气味的，终于，文学不再是文学了，变为连环图书之类，而作者也不再是作者了，变为煽动家之类。死抱住文学不放手的作者们是终于只能放手了。然而你说他们舍得放手吗？他们还在恋恋不舍地要艺术的价值。"当时，苏汶曾辑有《文艺自由论集》，其中有瞿秋白（易嘉）的《文艺的自由与文学家的不自由》，周起应的《到底是谁不要真理、不要文艺？》，都是替"左联"在辩护。鲁迅也发表了《论第三种人》说："左翼作家并不是从天上掉下来的神兵，或国外杀进的仇敌，他不但要那同走几步的'同路人'，还要招致那站在路旁看看的看客也一同前进。"他的用意，还是和后来主张组织文艺界的统一战线是相同的，也和他当年参加新青年的新文艺运动是一样的。笔者回想当年鲁迅的议论以及他在论文中，对于革命文学的批判，他也不一定主张"文学"成为"政治工具"，要"文学家"去奉侍"政治"集团的。但文学家并不能遗世独立，我们生在这个时代环境，对黑暗的政治统治，不能不斗争，对外来的日本军阀的侵略，不能不反抗，文学不能不用为"斗争"与"反抗"的工具。鲁迅心目中，自己也只是革命的同路人，只是愈来愈和中共相接近就是了。因为从鲁迅答复徐懋庸的信来看，他对于"左联"的宗派主义也不一定十分赞同，几乎可以说是不赞同的。他的一生，无论对辛亥革命、五四运动以及后来的解放运动，都只是革命的同路人。所以，他参加了"左联"，并不加入共产党。胡秋原最近发表了关于这一论争的回忆文字，他当时从莫斯科参加共产国际的文化联合战线回来，他和杜衡所谓"第三种人"，假使不标新立异的话，也还是革命战线的同路人。这些地方，笔者希望读者不要从文章表面接受它的价值。

鲁迅关于文艺自由论争，发表过两篇短论，他说："我相信（苏汶的）这种预感是会有的，而以'第三种人'自命的作家，也愈加容易有。我也相信作者所说，现在很有懂得理论，而感情难变的作家。然而感情不变，则懂得理论的度数，就不免和感情已变或略变者有些不同，而看法也就因此两样。苏汶先生的看法，由我看来，是并不正确的。……生在有阶级的社会里而要做超阶级的作家，生在战斗的时代而要离开战斗而独立，生在现在而要做给与将来的作品，这样的人，实在也是一个心造的幻影，在现实世界上是没有的。要做这样的人，恰如用自己的手拔着头发，要离开地球一样，他离不开，焦躁着，然而非因为有人摇了摇头，使他不敢拔了的缘故。……这确是一种苦境。但这种苦境，是因为幻影不能成为实有而来的。即使没有左翼文坛作梗，也不会有这'第三种人'，何况作品。但苏汶先生却又心造了一个横暴的左翼文坛的幻影，将'第三种人'的幻影不能出现，以致将来的文艺不能发生的罪孽，都推给它了。……总括起来说，苏汶先生是主张'第三种人'与其欺骗，与其做冒牌货，倒不如努力去创作，这是极不错的。"他的意见是很明白的，时代环境如此，我们是离不开的，唯一的办法，便是努力去创作。

二十六、人生观

　　笔者时常这么反省，要进一步来探讨鲁迅的灵魂深处，他的人生观，我们还是从他的文章来接受他的表面呢，还是撇开表面来找寻他的本质呢？我总以"小人之心"来度"君子之腹"，文人的作品，乃是他们的"曼依帕"，一种精神逃避的小天地。鲁迅的文章是尖刻的，这也是他的精神补偿作用。他的为人，却可以说相当精明，却也并不怎样刻薄。我相信他的"阿Q精神"，有时和那位真的阿Q差不多的。（鲁迅有阿Q精神，也并不会减低他在中国文坛的伟大地位。）要说鲁迅怎么伟大，我也说不出来，以我所了解的鲁迅，他也实在平凡得很。那位最伟大的圣人，他只是"发愤忘食，乐以忘忧，不知老之将至"而已。有一回，我要和女儿谈鲁迅，我也无从把他神化起来；我总觉得把他夸张得太厉害，反而是对他的一种侮辱呢！

　　那位替鲁迅考证事迹的林辰，他曾这么说过："研究一个伟大人物，有些人往往只从他的学问、道德、事业等大处上着眼，而轻轻放过了他的较为隐晦、较为细微的许多地方，这显然不是正确的方法。因为在研究上，一篇峨冠博带的文章，有时会不及几行书信、半页日记的重要；慷慨悲歌，也许反不如灯前絮语，更足以显示一个人的真面目、真精神。因此，我们在知道了鲁迅先生在思想、文艺、民族解放事业上的种种大功业之外，还须研究其他素不为人注意的一些事迹。必须这样，然后才能从人的鲁迅的身上去作具体深入的了解。"所谓"观人于微"，这是很重要的。

有一回，笔者出席一处文艺座谈会。（笔者从来不说鲁迅是我的朋友，而且总是说我和鲁迅并不相识的。不过年轻朋友要我谈鲁迅，我也无法拒绝的。）他们要我谈鲁迅。我说："鲁迅自己说过：'书上的人大概比实物好一点。'许多对鲁迅的幻想太大的，一见了他，也许会失望的。英国的政治家格累维尔，他写他在霍兰公馆见到马可犁（Macaulay）那一晚的情形是很尴尬的。他想不到和他同座的容貌平常的黑衣人，竟是使他惊讶而且崇拜着的马可犁，我简直无法来说鲁迅究竟有什么伟大。不过，我对他们说，我这几年，看见了许多所谓'大人物'，得了一个总结论，他们都是不笑的。（所谓大人物者，别人大笑，他们微笑；别人微笑，他们大笑。）而鲁迅呢？和我们谈天，一样的发笑，他会哈哈大笑的，这便是他和其他所谓'大人物'不同之感。'大人者，不失其赤子之心'，大概说鲁迅很世故，或是说鲁迅很天真，都是很好的。"

许景宋追记鲁迅的文字，本来可以写得很好，假使她不一定把鲁迅打扮得太伟大。她有一节记鲁迅的日常生活的话，说："偶然也会例外，那是因为我不加检查地不知什么时候说了话，使他听到不以为然了。不高兴时，会在半夜里喝许多酒，在我看不到的时候，更会像野兽的奶汁所喂养大的莱谟斯一样，跑到空地上躺下。有一次，夜饭之后，睡到黑黑的晾台上，给三四岁的海婴寻到了，他也一声不响地并排睡下，我不禁转悲为笑；而鲁迅这时便爬起身来了。他绝不是故意和我过不去，他时常说：'我们的感情算好的。'我明白他的天真，他对一切人可以不在意，但对爱人，或者会更苛求。就这样，沉默对沉默，至多不过一天半天，慢慢雨散云消，阳光出来了。他会解释似的说：'我这个人脾气真不好。''因为你是先生，我多少让你些，如果是年龄相仿的对手，我不会这样的。'这是我的答话。但他马上说：'这，我知道。'"闺房之中，有甚于画眉者，这才显出人的真面目来。

我们知道鲁迅爱好严复翻译的《天演论》，那是介绍达尔文物竞天择的进化论的。依生物学家的慧眼看去，"自然"就是那么冷酷，任凭弱肉强食，适者生存，宇宙便是一个大修罗场。进化论带来的机械人生论，恰巧和鲁迅早年所碰到的生活环境相配合，他所看的是病人的脸、医生的脸、当铺朝奉的脸、药店掌柜的脸，以及囚犯的脸，他觉得人与人之间就是这么冷酷的、残忍的。他曾经说过："社会太寂寞了，有这样的人，才觉得有趣些。人类是欢喜看戏的，文学家自己来做戏给人家看，或是绑出去砍头，或是在最近墙脚下枪毙，都可以热闹一下子。且如上海巡捕用棒打人，大家围着去看，他们自己虽然不愿意挨打，但看见人家挨打，倒觉得颇有趣的。"

他在阿Q大团圆上法场那一段，写道："他省悟了，这是绕到法场去的路，这一定是'嚓'的去杀头。他惘惘地向左右看，全跟着蚂蚁似的人，……这刹那中，他的思想又仿佛旋风似的在脑子里一回旋了。四年之前，他曾在山脚下遇见一只饿狼，永是不近不远地跟定他，要吃他的肉。他那时吓得几乎要死，幸而手里有一柄斫柴刀，才得仗这壮了胆，支持到未庄；可是永远记得那狼眼睛，又凶又怯，闪闪的像两颗鬼火，似乎

远远的来穿透了他的皮肉。而这回他又看见从来没有见过的更
可怕的眼睛了，又钝又锋利，不但已经咀嚼了他的话，并且还
要咀嚼他皮肉以外的东西，永是不远不近地跟他走。这些眼睛
似乎连成一气，已经在那里咬他的灵魂。"社会是这么样的社
会，人生也就是这么样的人生。这就是他所接受的尼采哲学的
启示！

　　他所刻画的灰色的人生图画，最深刻的莫如他在《伤逝》
中所写的。《伤逝》的主人公涓生，是一个神经质的狷介冷僻
的青年，而他的对手子君也似乎是一个忧郁性子。她的温婉，
她的女性的忍耐、勇敢和坚决，使你觉得她更可爱。她的沉默、
多愁善感的性格，使她没有女友，当涓生到局办事去后，她该
是如何的寂寞啊，所以她爱动物，小油鸡、叭儿狗便成了她白
天寂寞时的良伴。然而这种委婉的悲哀的女性心理，似乎涓生
并不能了解。所以当经济的压迫终于到来时，这一对人儿的心
理状态起了变化，走到了分离的结局了。"子君有怨色，在早晨，
极冷的早晨，这是从未见过的，但也许是从我（小说主人公涓
生自称）看来的怨色。我那时冷冷地气愤和暗笑了；她所磨炼
的思想和豁达无畏的言论，到底也还是一个空虚，而对于这空
虚却并未自觉。她早已什么书也不看，已不知道人的生活的第
一着是求生，向着这求生的道路，是必须携手同行，或奋身孤
往的了，倘使只知道捶着一个人的衣角，那便是虽战士也难于
战斗，只得一同灭亡。我觉得新的希望就只在我们的分离；她
应该决然舍去，——我也突然想到她的死，然而立刻自责，忏
悔了。幸而是早晨，时间正多，我可以说我的真实。我们的新
的道路的开辟，便在这一遭。"涓生觉得"分离"是两人唯一
的办法，所以他在通俗图书馆取暖时的冥想中，"往往瞥见一

闪的光明，新的生路横在前面。她勇猛地觉悟了，毅然走出这冰冷的家，而且，——毫无怨恨的神色。我便轻如行云，飘浮空际，上有蔚蓝的天，下是深山大海，广厦高楼，战场，摩托车，洋场，公馆，晴明的闹市，黑暗的夜……觉得要来的事，却终于来到了"。子君并没通知涓生，回到家庭，并且死了，怎么死的，不明白。涓生"要向着新的生活跨进第一步去，我要将真实深深地藏在心的创伤中，默默地前行，用遗忘和说谎做我的前导……""她虽是想在严威和冷眼中负着虚空的重担来走所谓人生的路，也已经不能。她的命运，已经决定她在我所给与的真实——无爱的人间死灭了。"笔者个人，最怕读这篇小说，因为他写得太真实了。

　　五四运动前后，对于"人生究竟"的问题是有所探求的。新文化运动对一切都在重新估定价值，人生问题也就是最有兴趣的一个。那时，鲁迅虽不作学究式的解答，他从进化论的观点，从尼采、叔本华虚无主义的观点有所启发的。他曾谦虚说："我辈评论事情，总须先评论了自己，不要冒充，才能像一篇说话，对得起自己和别人。我自己知道，不特并非创作者，并且也不是真理的发见者。凡有所说所写，只是就平日见闻的事理里面，取了一点心以为然的道理；至于终极究竟的事，却不能知。便是对于数年以后的学说的进步和变迁，也说不出会到如何地步，单相信比现在总该还有进步还有变迁罢了。"

　　他说他心以为然的道理，极其简单。便是依据生物界的现象，一、要保存生命，二、要延续这生命，三、要发展这生命（就是进化）。生物都这样做，父亲也就是这样做。生命的价值和生命价值的高下，现在可以不论。单照常识判断，便知道既是生物，第一要紧的，自然是生命。因为生物之所以为生物，全在有这生命，否则失了生物的意义。生物为保存生命起见，具有种种本能，最显著的是食欲。因为食欲，才摄取食品，因有食品才发生温热，保存了生命。但生物的个体，总免不了老衰和死亡，为继续生命起见，又有一种本能，便是性欲。因有性欲才有性交，因有性交才发生苗裔，继续了生命。所以食欲是保存自己，保存现在生命的事；生命是保存后裔，保存永久生命的事。饮食并非罪恶，并非不净；性交也就并非罪恶，并非不净。饮食的结果，养活了自己，性交的结果，生出子女，前前后后，都向生命的长途走去，仅有先后的不同，分不出谁受谁的恩典。他的这种说法，显然是赫胥黎的说法，也正是尼采的说法，可说是最通达的，在当时也可说是最大胆的。

可惜的是中国的旧见解，竟与这道理完全相反。夫妇本是"人伦之中"，但却说是"人伦之始"，性交是常事，却以为不净；生育也是常事，却以为天大的大功。人人对于婚姻，大抵先夹带着不净的思想。亲戚朋友有许多戏谑，自己也有许多羞涩，直到生了孩子，还是躲躲闪闪，怕于声明；独有对于孩子，却威严十足。这种行径，简直可以说是和偷了钱发迹的财主，不相上下了。他并不是说，人类的性交，也应如别种动物，随便举行；或如无耻流氓，专做些下流勾当，自鸣得意。是说，此后觉醒的人，应该先洗净了东方固有的不净思想，再纯洁明白一些，了解夫妇是伴侣，是共同生活者，又是新生命创造者的意义。所生的子女，固然是受领着新生命的人，但他也不永久占领，将来还要交付子女，像他们的父母一般。只是前前后后，都做过一个过付的经手人罢了。

生命何以必须要继续呢？就是因为要发展、要进化。个体既然免不了死亡，进化又毫无止境，所以只能延续着，在这进化的路上走。走这路须有一种内的努力，有如单细胞动物有内的努力，积久才会繁复，无脊椎动物有内的努力，积久才会发生脊椎。所以后起的生命，总比以前更有意义，更近完全，因此也更有价值，更可宝贵，前者的生命，应该牺牲于它。这也正是尼采所说的"权力意志"的意思。但可惜的是中国的旧见解，又恰恰与这道理完全相反。本位应在幼者，却反在长者，置重应在将来，却反在过去。前者做了更前者的牺牲，自己无力生存，却苛责后者又来专做他的牺牲，毁灭了一切发展本身的能力。他也不是说，孙子理应终日痛打他的祖父，女儿必须时时咒骂她的亲娘。他是说此后觉醒的人，应该先洗净了东方古代的谬说思想，对于子女，义务思想须加多，而权利思想却大可切实核减，以准备改作幼者本位的道德。况且幼者受了权利，也并非永久占有，将来还要对于他们的幼者，仍尽义务。只是前前后后，都做一切过付的经手人罢了。

五四运动时期，新文化所牵涉的范围是很广的：我们今日所说的"反封建"，在当时，就是说到家庭革命，妇女独立自尊，争取参政权、经济权，父子伦常关系再调整，等等。就是为了胡适说了"父于子无恩"，引起了一场大辩论；而施存统的"非孝"，所激起的风波更多。其实，鲁迅当时所提出的意见，更深刻、更激进，却不曾引起一般人的注意。

鲁迅说：实际上，中国旧理想的家族关系之类，其实早已崩溃。（这一层，他懂得最透彻，所以不诉之于口号的叫喊，他只是写了许多篇小说，来剖解这个没落的封建社会的形象，使我们亲自理会的。）这也非"于今为烈"，正是"在昔已然"。历来都竭力表彰"五世同堂"，便足见实际上同居为难；拼命地劝孝，也足见事实上孝子的缺少。而其原因，便全在一意提倡虚伪道德，蔑视了真的人情。我们试一翻大族的家谱，便知道始迁祖宗，大抵是单身迁居，成家立业；一到聚族而居，家谱出版，却已在零落的中途了。况在将来，迷信破了，便没有哭竹、卧冰；医学发达了，也不必尝秽、割股。又因为经济关系，结婚不得不迟，生育因此也迟，或者子女才能自存，父母已经衰老，不及依赖他们供养，事实上也就是父母反尽了义务。世界潮流逼着，这样做的可以生存，不然的便都衰落，无非觉醒者多，加些人力，使危机可望较少就是了，但既如上言，中国家庭，实际久已崩溃，并不如圣人之徒纸上的空谈，则何以至今依然如故，一无进步呢？这事很容易解答。第一，崩溃者自崩溃，纠缠者自纠缠，设立者又自设立；毫无戒心，也不想到改革，所以如故。第二，以前的家庭中间，本来常有勃谿，到了新名词流行之后，便都改称"革命"，然而其实也仍是讨嫖钱至于相骂，要赌本至于相打之类，与觉醒者的改革，截然两途。这一类自称革命的勃谿子弟，纯属旧氏，待到自己有了子女，也绝不改善；或者毫不管理，或者反要寻出《孝经》，勒令诵读，想他们学于古训，都做牺牲。这只能全归旧道德、旧习惯、旧方法负责，生物学的真理绝不能妄任其咎。在新时代狂潮中，他的话似乎平淡得很；到今天看来，他才是真正有远见，看到了所谓激进分子的开倒车。

至于他所指出生物学的真理是这样：自然界的安排，虽不免也有缺点，但结合长幼的方法，却并无错语。他并不用"恩"，却给予生物以一种天性，我们称他为"爱"。动物界中，除了生子数目太多、爱不周到的如鱼类之外，总是挚爱他的幼子；不但绝无利益心情，甚或至于牺牲了自己，让他的将来的生命，去上那发展的长途。人类也不外此，欧美家庭，大抵以幼者弱者为本位，便是最合于这生物学的真理的办法。便在中国，只要心思纯白，未曾经过"圣人之徒"作践的人，也都自然而然地能发现这一种天性。例如一个村妇哺乳婴儿的时候，绝不想到自己正在施恩；一个农夫娶妻的时候，也绝不以为将要放债。只是有了子女，即天然相爱，愿他生存；更进一步的，便还要愿他比自己更好，就是进化。这离绝了交换关系、利害关系的爱，便是人伦的索子，便是所谓"纲"。倘如旧说，抹杀了"爱"，一味说"恩"，又因此指望报偿，那便不但败坏了父子间的道德，而且也大反于做父母的实际的真情，播下乖剌的种子。有人做了乐府，说是"劝孝"，大意是什么"儿子上学堂，母亲在家磨杏仁，预备回来给他喝，你还不孝么"之类，自以为拼命卫道，殊不知富翁的杏酪和穷人的豆浆，在爱情上价值同等，而其价值，却正在父母当时并无求报的心思；否则变成买卖行为，虽然喝了杏酪，也不异于人乳喂猪，无非要猪肉肥美，在人伦道德上，丝毫没有价值了。所以他说他心以为然的便只是"爱"。这是他的生命观与人生观的基点。

从生物学观点来看人生，"新陈代谢"这一轨辙，那是大自然安排得顺顺当当的，鲁迅早期在《新青年》写《随感录》，把这一方面的道理，说得非常透彻。他说：凡是高等动物，倘没有遇着意外的变故，总是从幼到壮，从壮到老，从老到死。我们从幼到壮，既然毫不为奇地过去了；自此以后，自然也毫不为奇的过去。可惜有一种人，从幼到壮，居然也毫不为奇地过去了；从壮到老便有点古怪；从老到死，却更奇想天开，要断尽了少年的道路，吸尽了少年的气。少年在这时候，只能先行萎黄，且待将来老了，神经血管一切变质以后再来活动。所以社会上的状态，先是"少年老成"，直待弯腰曲背时期，才更加逸兴遄飞，似乎从此以后，才上了做人的路。可是究竟也不能自忘其老，所以想求神仙。大约别的都可老，只有自己不肯老的人物：总该推中国老先生算一等一的了。万一当真成了神仙，那便永远请他主持，不必再有后进，原也是极好的事。可惜他又究竟不成，终于个个死去，只留下造成的老天地，教少年驮着吃苦。这真是生物界的怪现象。

他又说："我想种族的延长——便是生命的连续——的确是生物界事业里的一大部分。何以要延长呢？不消说是想进化了。但进化的途中总须新陈代谢。所以新的应该欢天喜地地向前走去，这便是壮，旧的也应该欢天喜地地向前走去，这便是死；各各如此走去，便是进化的路。老的让开道，催促着，奖励着，让他们走去。路上有深渊，便用那个死填平了，让他们走去。少的感谢他们填了深渊，给自己走去；老的也感谢他们从我填平的深渊上走去。——远了远了。明白这事，便从幼到壮到老到死，都欢欢喜喜地过去；而且一步一步，多是超过祖先的新人。这是生物界正当开阔的路！人类的祖先，都已这样做了。"这是他的人生观。也就是笔者在这本书的开端，所引鲁迅所说的"自己背着因袭的重担，肩住了黑暗的闸门，放他们到宽阔光明的地方去"那几句话的注解。

鲁迅在另外一节，引了日本有岛武郎的《与幼者》的话："时间不住地移过去。你们的父亲的我，到那时候，怎样映在你们眼里，那是不能想象的了。大约像我在现在，嗤笑可怜那过去的时代一般，你们也要嗤笑可怜我的古老的心思，也未可知的。我为你们计，但愿这样子。你们若不是毫不客气地拿我做一个踏脚，超越了我，向着高的远的地方进去，那便是错的。人间很寂寞。我单能这样说了就算么？你们和我，像尝过血的兽一样，尝过爱了。去罢，为要将我的周围从寂寞中救出，竭力做事罢。我爱过你们，而且永远爱着。这并不是说，要从你们受父亲的报酬，我对于'教我学会了爱你们的你们'的要求，只是受取我的感谢罢了……像吃尽了亲的死尸，贮着力量的小狮子一样，刚强勇猛，舍了我，踏到人生上去就是了。我的一生就令怎样失败，怎样胜不了诱惑；但无论如何，使你们从我的足迹上寻不出不纯的东西的事，是要做的，是一定要做的。你们该从我的倒毙的所在，跨出新的脚步去。但哪里走，怎么走的事，你们也可以从我的足迹上探索出来。幼者啊！将又不幸又幸福的你们的父母的祝福，浸在胸中，上人生的旅路罢。前途很远，也很暗，然而不要怕。不怕的人的面前才有路。走罢！勇猛着！幼者啊！"他的见解，正和鲁迅的话相契合的呢。

鲁迅的散文诗《野草》，富有暗示意味，那是大家所知道的。许多人爱引用那首《这样的战士》；我的一位朋友，特别爱好《好的故事》。假使要了解他的人生态度，我以为还得读他的《复仇》。《复仇》有其一、其二两节，他在其二中说：

因为他自以为神之子，以色列的王，所以去钉十字架。

兵士们给他穿上紫袍，戴上荆冠，庆贺他；又拿一根苇子打他的头，吐他，屈膝拜他；戏弄完了，就给他脱了紫袍，仍穿他自己的衣服。

看哪，他们打他的头，吐他，拜他……

他不肯喝那用没药调和的酒，要分明地玩味以色列人怎样对付他们的神之子，而且较永久地悲悯他们的前途，然而仇恨他们的现在。

四面都是敌意，可悲悯的，可咒诅的。

丁丁地响，钉尖从掌心穿透，他们要钉杀他们的神之子了，可悯的人们呵，使他痛得柔和。丁丁地响，钉尖从脚背穿透，钉碎了一块骨，痛楚也透到心髓中，然而他自己钉杀着他们的神之子了，可咒诅的人们呵，这使他痛得舒服。

十字架竖起来了；他悬在虚空中。

他没有喝那用没药调和的酒，要分明地玩味以色列人怎样对付他们的神之子，而且较永久地悲悯他们的前途，然而仇恨他们的现在。

路人都辱骂他，祭司长和文士也戏弄他，和他同钉的两个强盗也讥诮他。

看哪，和他同钉的……

四面都是敌意，可悲悯的，可咒诅的。

他在手足的痛楚中，玩味着可悯的人们的钉杀神之子的悲哀和可咒诅的人们要钉杀神之子，而神之子就要被钉杀了的欢喜。突然间，碎骨的大痛楚透了心髓了，他即沉酣于大欢喜和大悲悯中。

他腹部波动了，悲悯和咒诅的痛楚的波。

遍地都黑暗了。

"以罗伊，以罗伊，拉马撒巴各大尼？！"（翻出来，就是"我的上帝，你为什么离弃我？！"）

上帝离弃了他，他终于还是一个"人之子"；然而以色列人连"人之子"都钉杀了。

钉杀了"人之子"的人们的身上，比钉杀了"神之子"的尤其血污，血腥。

这是救世主的殉道故事，也就是鲁迅所理会的社会与人生。

因此，鲁迅在另外一首题名为《希望》的散文诗中说：

我只得由我来肉搏这空虚中的暗夜了。我放下了希望之盾，我听到 Petöfi Sándor(1823—1849) 的 "希望" 之歌：

希望是什么？是娼妓：

她对谁都蛊惑，将一切都献给；

待你牺牲了极多的宝贝——

你的青春——她就弃掉你。

这伟大的抒情诗人，匈牙利的爱国者，为了国家而死在哥萨克兵的矛尖上，已经七十五年了。悲哉死也，然而更可悲的是他的诗至今没有死。

但是，可惨的人生！桀骜英勇如 Petöfi，也终于对了暗夜止步，回顾着茫茫的东方了。他说：绝望之为虚妄，正与希望相同。

这是鲁迅透视了人生而转变为战斗的基点。

鲁迅的散文诗《野草》颇不容易懂，即如《腊叶》是一首情诗，有着他自己和许广平之间的恋爱本身，若不是他自己说了，我们就无从去体会的。(读诗者的体会，本来并不一定和作诗人的本意完全一致的。) 又如《过客》所启发的人生意义，若不是看《两地书》，也不会那么透彻了。

鲁迅在一封回许广平的信中说："现在老实说一句罢，'世界岂真不过如此而已么？……' 这些话，确是 '为对小鬼而说的'。(小鬼，指许广平，她的书信中，有这么几句话。) 我所说的话，常与所想的不同，至于何以如此，则我已在《呐喊》的序上说过：不愿将自己的思想，传染给别人。何以不愿，则因为我的思想太黑暗，而自己终不能确知是否正确之故。至于"还要反抗"，倒是真的，但我知道这"所以反抗之故"，与小鬼截然不同。你的反抗，是为了希望光明的到来罢？我想：一定是如此的。但我的反抗，却不过是与黑暗捣乱。大约我的意见，小鬼很有几点不大了然，这是年龄、经历、环境等不同之故，不足为奇。例如我是诅咒"人世苦"而不嫌恶"死"的，因为"苦"可以设法减轻，而"死"是必然的事，虽曰"尽头"，也不足悲哀。而你却不高兴听这类话，——但是，为什么将好好的活人看作"废物"的？这就比不做"痛哭流涕的文字"还"该打"！又如来信说，凡有死的同我有关的，同时我就憎恨所有与我无关的。……而我正相反，同我有关的活着，我倒不放心，死了，我就安心。这意思也在《过客》中说过，都与小鬼的不同。其实，我的意见原也一时不容易了然，因为其中本含有许多矛盾，教我自己说，或者是人道主义与个人主义这两种思想的消长起伏罢。所以我忽而爱人，忽而憎人；做事的时候，有时候确为别人，有时却为自己玩玩，有时则竟因为希望生命从速消磨，所以故意拼命地做。此外或者还有什么道理，自己也不甚了然。但我对人说话时，却总拣择那光明些的说出，然而偶不留意，就露出阎王并不反对，而"小鬼"反不乐闻的话来。总而言之，我为自己和别人的设想，是两样的。"从这封信中的话，我们可以知道鲁迅对于人生的真实态度。

我们再来看鲁迅所指出的《过客》。这位"过客"约三四十岁，状态困顿倔强，眼光阴沉，黄须，乱发，黑色短衣裤皆破碎，赤足着破鞋，胁下挂一个口袋，支着等身的竹杖。那老翁问他是怎么称呼的。他说："称呼？——我不知道。从我还能记得的时候起，我就只一个人，我不知道我本来叫什么。我一路走，有时人们也随便称呼我，各式各样的，我也记不清楚了，况且相同的称呼也没有听到过第二回。"那老翁又问他是从哪里来的？到哪里去的？他又说："我不知道。从我还能记得的时候起，我就在这么走，要走到一个地方去，这地方就在前面。我单记得走了许多路，现在来到这里了。我接着就要走向那边去，（西指）前面！"老翁告诉他，前面是坟，劝他还不如回转去，因为前去也料不定可能走完。他说："那不行！我只得走。回到那里去，就没有一处没有名目，没有一处没有地方，没有一处没有驱逐和牢笼，没有一处没有皮面的笑容，没有一处没有眶外的眼泪。我憎恨他们，我不回转去。""是的，我只得走了。况且还有声音常在前面催促我，叫唤我，使我息不下。可恨的是我的脚早已经走破了，有许多伤，流了许多血。因此，我的血不够了；我要喝些血。但血在哪里呢？可是我也不愿意喝无论谁的血。我只得喝些水，来补充我的血。一路上总有水，我倒也并不感到什么不足。只是我的力气太稀薄了，血里面太多了水的缘故罢。今天连一个小水洼也遇不到，也就是少走了路的缘故罢。"后来，他终于向前走了，向野地里跄跄跄地闯进去，夜色跟在他后面。

他这首散文诗，我们最好是连着尼采的《苏鲁支语录》一同看，苏鲁支说："人的生存的确可伤，而且永远无意义：一个丑脚也成为他的晦气。我将教人以生存之意义，那便是超人，浓云中的闪电人。"就是这个意思。

我们在孙伏园先生追记的《往事》中，可以看到一段有趣而不容易了解的话。他说：鲁迅先生的复仇观念最强烈，在日本时，每于课余习些武艺，目的就在复仇。幼年被人蔑视与欺压，精神上铭刻着伤痕，发展而为复仇的观念。后来鲁迅回国，

见仇人正患不名誉的重病，且已到了弥留。街谈巷议，并传此
人患病的部分，已经脱落，有人在茅厕中发现。鲁迅只好苦笑，
从此收拾他那一把匕首。鲁迅常常从书架上拿下那把匕首来当
裁纸刀用，刀壳是褐色木质的，壳外横封着两道白色皮纸，像
指环一般。据鲁迅自己解说，刀壳原为两片木头，只靠这两片
纸的力量，才封成整个的刀壳。至于为什么不用整片的木头，
或用金属的钉子或圈子，使刀壳更为坚固呢？鲁迅说，因为希
望它不坚固，所以只用两道皮纸：有时仇人相见，不及拔刀，
只要带了刀壳刺去，刀壳自然分为两半飞开，任务就达成了。
鲁迅复仇的事，虽只剩了一声苦笑，但关于匕首的解说，往往
使他引动少年豪气，兴趣极为浓厚；如在微醺以后，更觉有声
有色。伏园已经听过这一故事了，一天到鲁迅书斋中去，看见
桌上放着匕首，许广平等七八位青年在座。鲁迅对他说："这故
事你是听过了的，我又在这儿对着青年自称英雄了。"伏园的
故事追述，就到这儿为止，他也并不加任何按语。我们且用变
态心理学的说法，鲁迅的辛辣文字，也可说是精神上的补偿作
用，而他的倔强性格，正不妨说是对于他幼年所受恶劣环境压
迫的一种反应。所以他在遗嘱的最后一条，还说："损着别人的
牙眼，却反对报复，主张宽容的人，万勿和他接近。"他对他
的仇敌是这样："让他们怨恨去，我是一个都不宽恕的。"（相反
的，其实鲁迅的性格是和善的，他只是笔下不中庸而已。）

　　这样，我们可以来看鲁迅另外一篇短论，题为《论"费厄
泼赖"应该缓行》。提倡"费厄泼赖"的是林语堂，以为此种
精神，在中国最不易得，我们只好努力鼓励，又谓不打落水狗，
即是以补充"费厄泼赖"的意义。鲁迅也用幽默的口吻在说："落
水狗有三种，大都在可打之列。""若与狗奋战，亲手打其落水，

则虽用竹竿又在水中从而痛打之，似乎也非已甚。""倘是咬人之狗，我觉得都在可打之列，无论它在岸上或在水中。""叭儿狗……它却虽然是狗，又很像猫，折中，公允，调和，平正之状可掬，悠悠然摆出别个无不偏激，惟独自己得了'中庸之道'似的脸来。……这些就应该先行打它落水，又从而打之，如果它自坠入水，其实也不妨又从而打之，但若是自己过于要好，自然不打亦可，然而也不必为之叹息。"他举例子暗喻："现在的官僚和土绅士或洋绅士，只要不合自意的，便说是赤化，是共产；民国元年以前稍不同，先是说康党，后是说革党，甚至于到官里去告密，一面固然在保全自己的尊荣，但也未始没有那时所谓'以人血染红顶子'之意。可是革命终于起来了，一群臭架子的绅士们，便立刻惶惶然若丧家之狗，将小辫子盘在头顶上。革命党也一派新气，——绅士们先前所深恶痛绝的新气，'文明'得可以；说是'咸与维新'了；我们是不打落水狗的，听凭它们爬上来罢。于是它们爬上来了。伏到民国二年下半年，二次革命的时候，就突出来帮着袁世凯咬死了许多革命人，中国又一天一天沉入黑暗里，一直到现在，遗老不必说，连遗少也还是那么多。这就因为先烈的好心，对于鬼蜮的慈悲，使它们繁殖起来，而此后的明白青年，为反抗黑暗计，也就要花费更多更多的气力和生命。"他说："'犯而不校'是恕道，'以眼还眼以牙还牙'是直道。中国最多的却是枉道：不打落水狗，反被狗咬了。但是，这其实是老实人自己讨苦吃。俗语说：'忠厚是无用的别名'，也许太刻薄一点罢，但仔细想来，却也觉得并非唆人作恶之谈，乃是归纳了许多苦楚的经历之后的警句。"

许寿裳论鲁迅的人格，说鲁迅之所以伟大，"就在他的冷静和热烈双方都彻底。冷静则气宇深稳，明察万物；热烈则中心博爱，自任以天下之重。其实这二者是交相用的。经过热烈的冷静，才是真冷静，也就是智；经过冷静的热烈，才是真热烈，也就是仁。鲁迅是仁智双修的人。唯其智，所以顾视清高，观察深刻，能够揭破社会的黑暗，揭发民族的劣根性，这非有真冷静不能办到的；唯其仁，所以他的用心，全部照顾到那愁苦可怜的大众社会的生活，描写得极其逼真，而且灵动有力。他的一支笔，从表面看，有时好像是冷冰冰的，而其实是藏着极大的同情，字中有泪的。这非有真热烈不能办到的。"这段话，说得极好。（周作人也说：讽刺是最冷隽的，却是出于最热烈的爱。）偏是那位替许氏编《我所认识的鲁迅》的王士菁，说许氏这一段的评论，并不恰当。这位编者，实在很低能，他所下的按语，实在可笑得很。

许氏又说到鲁迅的思想，虽跟着时代的迁移，大有进展，由进化论而至唯物论，由个人主义而至集体主义，但有为其一贯的线索者在，这就是战斗的现实主义。其思想方法，不是从抽象的理论出发，而是从具体的事实出发的，在现实生活中得其结论。他目睹了父亲重病，服了种种奇特的汤药而终于死掉，便悟到中医骗人；目睹了身体苦壮而精神麻木的中国人，将要被日军斩首示众，觉得人们的愚昧，无药可医，乃毅然弃医而习文艺。鉴于两个小白兔的失踪，生物史上不着一点痕迹，便感到生命的成就和毁坏实在太滥。鉴于人力车夫扶助一个老女人，及其自我牺牲的精神，便悟到人类之有希望。鉴于汉字学习的艰难，全国文盲多得可怕，便大声疾呼地说：汉字和大众势不两立，必须改造，用新文字。看穿了孔教的专为统治者们和侵略者们利用，而毅然说，现在中国人民，对于孔子并无关系，并不亲密。因之，鲁迅的著作中，充满着战斗精神、创造精神以及为劳苦大众请命的精神。

上文，笔者说到鲁迅的读佛经，他承认释迦牟尼是大哲人，他平常对人生有许多难以解决的问题，释迦居然大部分早已明白启示了。但他明白佛教和孔教一样，都已经死亡，永不会复活了。所以他对于佛经，只当作人类思想发达的史料看，借以研究其人生观罢了。别人读佛经，容易趋于消极，而他独不然，始终是积极的。

所以，笔者觉得读他的《无常》，当有所会心的。他说：我们所最愿意看的，却在活无常。他不但活泼而诙谐，单是那浑身雪白这一点，在红红绿绿中就有鹤立鸡群之概。只要望见一顶白纸的高帽子和他手里的破芭蕉扇的影子，大家就都有些紧张，而且高兴起来了。人民之于鬼物，唯独与他最为稔熟，也最为亲密，平时也常常可以遇见他。他说，他没有研究小乘佛教的经典，但据耳食之谈，则在印度的佛经里，焰摩天是有的，牛首阿旁也有的，都在地狱里做主任。至于勾摄生魂的使者的这无常先生，却似乎是于古无征，耳所习闻的只有什么人生无常之类的话。大概这意思传到中国之后，人们便将他具象化了。这实在是我们中国人的创作。鲁迅慨然道："想到生的乐趣，生固然可以留恋；但想到生的苦趣，无常也不一定是恶客。无论贵贱，无论贫富，其时都是'一双手见阎王'，有冤的得伸，有罪的就得罚。然而虽说是'下等人'，也何尝没有反省？自己做了一世人，又怎么样呢？"他说他"至今还确凿记得，在故乡的时候，和'下等人'一同，常常这样高兴地正视过这鬼而人，理而情，可怖而可爱的无常；而且欣赏他脸上的哭或笑，口头的硬语与谐谈……"他，看起来，正是"无常"的知己。

鲁迅的文字中，时有晶莹可喜、类似箴言的佳句，宋云彬曾于病中，统看《鲁迅全集》，辑为《鲁迅语录》一书。有人也就断章取义，当作"语录"来应用。其中有一句，最为时人所爱引用，便是说"路是人走出来的"，这也可以代表他的人生态度。

但我们得看鲁迅自己的话。他在另一节短论，题为《生命的路》中说："想到人类的灭亡是一件大寂寞大悲哀的事；然而若干人们的灭亡，却并非寂寞悲哀的事。生命的路是进步的，总是沿着无限的精神三角形的斜面向上走，什么都阻止他不得。自然赋与人们的不调和还很多，人们自己萎缩堕落退步的也还很多，然而生命决不因此回头。无论什么黑暗来防范思潮，什么悲惨来袭击社会，什么罪恶来亵渎人道，人类的渴仰完全的潜力，总是踏了这些铁蒺藜向前进。生命不怕死，在死的面前笑着跳着，跨过了灭亡的人们向前进。什么是路？就是从没路的地方践踏出来的，从只有荆棘的地方开辟出来的。以前早有路了，以后也该永远有路。人类总不会寂寞，因为生命是进步的，是乐天的。昨天我对我的朋友 L 说：'一个人死了，在死者自身和他的眷属是悲惨的事，但在一村一镇的人看起来不算什么；就是一省一国一种……' L 很不高兴，说：'这是 Nature（自然）的话，不是人们的话。你应该小心些。'我想，他的话也不错。"这也正是尼采《苏鲁支语录》的话。

苏鲁支向人们如是说：

我教你们超人的道理。人是一样应该超过的东西。你们作了什么以超过他呢？

一切存在者至今皆创造了超过自己的东西；你们愿为这大波浪的退潮，宁愿退到禽兽，而不愿超过人吗？

猿猴于人类是什么？可笑的对象或痛苦的羞辱。人于超人亦复如是：可笑的对象或痛苦的羞辱。

你们从爬虫进到人类，你们内里许多地方还有爬虫。

有个时期，你们是猿猴，但至今人比任何猿猴还仍然为猴类。

你们中间最智慧者，也还是植物与鬼物的不和合生与杂种性生。但我叫你们化为鬼物或植物么？

看呵，我教示你们超人，超人是土地的意义说：超人必定是土地的意义。

鲁迅的思想，受老庄自然哲学的影响很深，他是可以接受进化论的观点的，所以，他对于尼采的人生哲学，也能相契无间的。"生命"，从自然的观点与从个人的观点，是可以有两种不同的看法，而又是可以相反相成的。

另外有一句鲁迅的诗，叫作"俯首甘为孺子牛"。依时人的说法，好似鲁迅是无条件地为社会服务的。其实，鲁迅并不是一个摩顶放踵以利天下而为之的墨家之徒。依他自己的说法，他这条牛的"甘为"，有一定的限度的。他说，他有一种自害的脾气，是有时不免呐喊几声，想给人们去添点热闹。"譬如一匹疲牛罢，明知不堪大用的了，但废物何妨利用呢？所以张家要我耕一弓地，可以的；李家要我挨一转磨，也可以的；赵家要我在他店前站一刻，在我背上贴出广告道：敝店备有肥牛，出售上等消毒滋养牛乳。我虽然深知道自己是怎样瘦，又是公的，并没有乳，然而想到他们为张罗生意起见，情有可原，只要出售的不是毒药，也就不说什么了。但倘若用得我太苦，是不行的，我还要自己觅草吃，要喘气的工夫；要专指我为某家的牛，将我关在他的牛牢内，也不行的，我有时也许还要给别人家挨几转磨。如果连肉都要出卖，那自然更不行……即使因此忽而从深刻变为浅薄，从战士化为畜生，吓我以康有为，比我以梁启超，也都满不在乎，还是我跑我的，我躺我的，决不出来再上当。"所以，只凭一句诗，以为鲁迅真是天真得那么可笑，那未免显得自己太天真。但若鲁迅只一肚子世故，那又忽略了他的天真的一面了！

二十七、他的家族

　　鲁迅这一家，本来是大家庭；出现在他笔下的，很多是这个"败落台门"的人物，我已在上文约略说过。不过，单就他最亲近这个小圈子的人来看一回，倒是鲁迅传记中不可省略之事。鲁迅的大弟周作人，他的文艺成就以及五四以来在新文坛的地位，即使不在鲁迅之上，也可以说和鲁迅相比并的。他的小弟周建人（乔峰），也是科学家（周氏兄弟本来都是研究科学的），却也长于写作。周作人近年所写的关于鲁迅生平的掌故，是给我们最好的直接史料。其中有一节是记叙他们的母亲——鲁老太太的，他说：鲁老太太是鲁迅的母亲，她母家姓鲁，住在会稽的安桥头，住民差不多全是姓鲁的。她的父亲号晴轩，是个举人，曾在兵部当主事，因病辞职回家，于光绪甲申年去世。她生于清咸丰七年（即1857年），于民国三十二年（1943年）在北京去世，年八十七岁。她没有正式读过书，却能识字看书，早年只读弹词说部，六十以后移居北京，开始阅报，日备大小报纸三两份，看了之后，与家人好谈时事，对于段、张、冯、蒋诸人都有批评。她是闺秀出身，可是有老百姓的坚韧性。清末天足运动兴起，她就放了脚。本家中有不第文章绰号"金鱼"的顽固党，扬言道："某人放了大脚，要去嫁给外国鬼子了。"她听到了这话，并不去找金鱼评理，却只冷冷地说："可不是么？那倒真是很难说的呀！"她晚年在北京常把这话告诉家里人听，所以有些人知道；别的事情也有可以讲的，但只这一件，就很足以代表她的战斗性，不必再多说了。

他们的父亲周伯宜，本名凤仪，改名文郁，会稽县学生员，应过几次乡试，未中试。据周作人说，他看去似乎很是严正，实际却并不厉害。因为他寡言笑，小孩子很少去亲近，除吃酒时讲故事外，后来记得的事不很多。他生于清咸丰庚申，死于光绪丙申，只有三十七岁，所以，生平没有多大事迹可说。鲁迅有一篇《父亲的病》，也是传世之作。他父亲的病原是吐狂血。相传陈墨可以止血，吃得"乌嘴野猫"似的。接着是医方与单方并进，最初作为肺痈医治，于新奇的药引之外，寻找多年埋在地下化为清水的腌菜卤，屋瓦上经过三年霜雪的萝卜菜，或得到或得不到，结果自然是毫无效验。现在想起来，他的病并无肺结核的现象，那吐血不知是从哪里来的。（其实是胃溃疡，他吐的只是胃血。）随后脚背浮肿，渐至小腿，乃又作水肿医治，反正只是吃"败鼓皮丸"；终于肿到胸腹之间。他常诉说有如被一匹小布束紧着，其难受是可想而知的了。这一段经过，对于鲁迅幼年的心灵是深切的烙印，影响他后来对人世的看法，以及对中医的蔑视。（鲁迅的头脑是科学的，但他的医学知识，却并不怎样高明，所以他憎恶中医的心理也不一定很正确的。）

据周作人的另一段追记，说：那时所请教的医生，最初有一个姓冯的，每来总是酒醉醺醺的，说话前后不符，不久，就不再请了。他的一句名言："舌为心之灵苗"，被鲁迅记录下来，但是挂在别人的账上了。后来的两个名叫姚芝仙与何莲臣，都是有名的"郎中",但因此也就都是江湖派,每天药方必用新奇的"药引",要忙上大半天才能办到,结果自然是仍无效用。他在序文中说:"渐渐的悟到中医不过是一种有意或无意的骗子。"那时城里还有樊开舟、包越湖这些医生,比较平实一点,如照鲁迅的分类,总还可以归在无意的一类,但是当时却去请教了有意的骗子,这是件不幸的事。这件事,对于鲁迅后来迎接维新思想与反对中国旧文化有密切的关系。

周作人是怎么一个人呢? 1925 年的元旦试笔中,他自述思想变迁的大概。他最初是尊王攘夷的思想,后来一变而为排满复古,持民族主义有十年之久。到了 1911 年,才有了转变。五四时代,他曾梦想世界主义,后来修改为亚洲主义。到了写试笔的那年元旦,又觉得民国根本还未稳固,还得从民族做起。五四运动当中,他自然也在文学方面有一些积极的活动。到了五四高潮过去了,他的第一个文集《自己的园地》,也鲜明地宣布了他的人生主义,趣味主义,成为他的思想本质。他为什么要从事文学活动呢?对文学抱着一种什么主张呢?他说:"我并非厌薄别种活动而不屑为,我平常承认各种活动于生活都是必要,实在小半由于没有这样才能,大半由于缺少这样的趣味,所以不得不在这中间定一个去就。"他认为这是尊重个性的正当办法,如有蔑视这些的社会,那便是白痴的,只有形体而没有精神生活的社会,没有管它的必要。他认为无论用什么名义强迫人去侍奉社会,都不行。他强调艺术有它自己的目的,那就是表现个人的情思。他是反复地这样主张着的。他说:"为艺术派以个人为艺术的工匠,为人生派以艺术为个人的仆役;现在却以个人为主人,表现情思而成艺术,即为其生活之一部,初不为福利他人而作,而他人接触这艺术,得到一种共鸣与感兴，使其精神生活充实而丰富。""文艺以自己表现为主体，以感染他人为作用。""有益社会并非著者的义务，只因为他是这样想，要这样说，这才是一切文艺存在的根据。""艺术是独立的，又原来是人生的，但不是为人生的；是个人的，亦即为人类的。"他反对艺术上的功利主义。他认为功利的批评过于重视艺术的社会意义，忽略原来的文艺性质。他这一种说法，若不太强调了，也未始不摸着真理的一面，而且在鲁迅的文艺论中，也未始不包含着同样的主张。(《元旦试笔》中，他又说："古人云：四十而不惑，这是古人学道有得的地方，我们不能如此。就我个人说来，乃是三十而立，四十而惑，五十而忠于学吧。")

我觉得要了解周作人的思想，倒不妨重看他的《山中杂信》，那是他住在西山写给孙伏园的信。他说："般若堂里早晚都有和尚做功课，但我觉得并不烦扰，而且于我似乎还有一种清醒的力量。清早和黄昏时候的清澈的磬声，仿佛催促我们无所信仰、无所归依的人，拣定一条道路精进向前。我近来的思想动摇与混乱，可谓已至其极了：托尔斯泰的无我爱与尼采的超人，社会主义与善种学，耶佛孔老的教训与科学的例证，我都一样喜欢尊重，却又不能调和统一起来，造成一条可以行的大路。我只将这种思想，凌乱的堆在头里，真是乡间的杂货店了。或者世间本来没有思想上的'国道'，也未可知。这件事，我常常想到，如今听他们做功课，更使我受了刺激：同他们比较起来，好像上海许多有国籍的西商中间，夹着一个'无领事管束'的西人。至于无领事管束，究竟是好是坏，我还想不明白。""我的心底里有一种矛盾，一面承认苍蝇是与我同具生命的众生之一，但一面又总当它是脚上带着许多有害的细菌，在头上、面上爬的痒痒的，一个可恶的小虫，心想消灭它。这个情与知的冲突，实在是无法调和；因为我相信'赛老先生'的话，但也不想拿了他的解剖刀去破坏诗人的美的世界，所以在这一点上，大约只好甘心且做蝙蝠派罢了。"这样的矛盾，是不是只存在于周作人的世界，而不存在于鲁迅的世界呢？我看，也未必吧。

鲁迅兄弟之间的情谊，本来很深厚的。许寿裳曾替鲁迅那篇题名《弟兄》的小说作注解。他说：弟兄这篇写张沛君为了兄弟患病，四处寻医，种种忧虑奔走的情形，大部分是鲁迅自身经历的事实。大约在1917年的春末夏初罢，他和二弟作人同住在绍兴会馆补树书屋，作人忽而发高热了。那时候，北京正在流行着猩红热，上年教育部有一位同事，且因此致死。这使鲁迅非常担忧，急忙请德医悌鲁耳来诊，才知道不过是出疹子。第二天，他到教育部，很高兴地对我详述了悌医生到来之迟和他的诊断之速，并且说："起孟原来这么大了，竟还没有出过疹子。"他描写沛君在夜的寂静中，翘望着医生的到来，因而注意每辆汽车的汽笛的呼啸声。他因是自己身历其境的事实，所以能够写得这样曲折和亲切。此外，描写那凌乱的思绪，以及那一段惝怳迷离的梦境，乃是如他自己所说的采取题材的一端，伸发开去。出于虚造，并非实情。然而虚造也很自然，人们经过了紧张、愁苦、劳瘁之后，会起种种幻想，夜里睡了，他的下意识会突然地显露出来，做场噩梦，这都是常有的心理作用。而且这一段梦境的描写，就是鲁迅所说的旧社会病根的暴露。鲁迅在沛君的身上，发掘下意识的另一面貌，把它暴露出来。加以奉益堂家中的兄弟相打，中医白问山的诊断含糊，这些都是揭发旧社会的病根。说到这里，他又要将鲁迅对兄弟作人的友爱情形，略略提明。他说："依《鲁迅年谱》，在1923年8月迁居砖塔胡同之前，他们两个人真是兄弟怡怡。鲁迅在东京不是好好地正在研究文艺，计划这样，计划那样吗？为什么要归国，任浙江两级师范学堂生理学化学教员呢？这因为作人那时在立教大学还未毕业，却已经和羽太信子结了婚，费用不够了，必须由阿哥资助，所以鲁迅只得自己牺牲了研究，回国来做事。鲁迅在自传中，所谓'终于，因为我的母亲和几个别的人很希望我有经济上的帮助，我便回到中国来'。'几个别人'者，作人和羽太信子也。即此一端，可知鲁迅之如何以利让弟。又鲁迅留心乡邦的文献，辑成《会稽郡故事杂集》一册，就用作人名印行，为什么呢？为的自己不求闻达，即此一端，亦可知鲁迅之以名让弟。名和利都可以让与弟，我们就很容易明了那《弟兄》里的一句赞叹沛君的话：'真是少有的，他们两个人就像一个人。'这是真实，并不是讽刺。所以沛君的性格是不坏的。有人以为他和《肥皂》的四铭，《高老夫子》的主人公高尔础差不多，其实是大不然。他既不像四铭的阴险腐臭，恶骂青年，以致四太太对他也有诛心之论，也不像高老夫子的丑恶卑鄙，种种矫饰，带着流氓的气息。沛君的生活，就是鲁迅自己生活的一面。所写的环境，如公益局办公室里缺口的暖壶，折足的破躺椅，以及满室的水烟的烟雾，都是北京教育部第一科里的实在情形。同兴公寓就是绍兴会馆的改写，同寓者的看戏打茶围也是事实。普梯思大夫就是悌鲁耳，东城的美亚药房就是利亚药房，悌大夫所指定的。不仅此也，连描写靖甫的一言一动，如问'信么？'如'靖甫伸手要过书去，但只将书面一看，书背上的金字一摩，便放在枕边，默默地合上眼睛了'等，也都是作人的面影。所以这篇小说的材料，大半属于回忆的成分，很可以用回忆文体来表现的，然而作者那时别有伤感，不愿做回忆的文字，便做成这样的小说了。"

周作人和鲁迅晚年分道扬镳，兄弟之间，也不免在字里行间，有所讽刺，那当然是周作人的损失。据许寿裳的追忆，他们之间的暗影，乃是从作人的妻子羽太信子而来的。他说：羽太信子是有歇斯底里性的。她对于鲁迅，外貌恭顺，内怀忮忌。作人则心地糊涂，轻听妇人之言，不加体察。许氏虽竭力解释开导，竟无效果；致鲁迅不得已移居外客厅而他总不觉悟。鲁迅遣工役传言来谈，他又不出来，于是鲁迅又搬出而至砖塔胡同了。从此两人不和，成为参商，一变从前"兄弟怡怡"的情态。在那彼此参商的时期，还演了很不愉快的一幕。鲁迅搬到西三条的新居，那间小书室既成，他就独自回到八道湾大宅取书籍去了，据说作人和信子大起恐慌。信子急忙打电话，唤救兵，欲假借外力以抗拒，作人则用一本书远远地掷入。鲁迅置之不理，专心检书。一忽儿外宾来了，正欲开口说话，鲁迅从容辞说，这是家里的事，无烦外宾费心。到者也无话可说，只好退了。不过这件事，鲁迅并不曾在日记上提过，那是他顾全弟兄的情谊之处。

周建人是鲁迅的幼弟，建人说："我们兄弟中，鲁迅最大，我是第三，如果将未满一岁去世的阿姊计算在内，应该是第四，年纪既相差得较多，知道的事情就少，能够记得的也少了。"他有一小册子，略讲关于鲁迅的事情，也是直接的史料，可以补正一般人的说法。他说：在鲁迅幼年时代的一般家庭教育，粗分起来，可以分为两大派，方法上：一派是主张放纵，一派主张严厉。目的上：一派主张养成拍马和钻营的手段，一派主张养成正直、强硬的性格。鲁迅的家庭教育，系统上是属于严厉的一派，但到鲁迅的时代，周家已经在衰落的过程中。鲁迅的祖父和父亲性情又本不严厉。只是鲁迅的祖父以喜欢骂人出名，并非拍桌大骂，是喜欢指摘与批评别人。这很为人所忌，因此他常为当时的人所不喜欢。入狱以后，心境更加不快活了。见人常常从"昏太后""呆皇帝"骂起，以至于其他的人们，一一指摘他们的缺点和短处。鲁迅也不大赞成他的祖父，实际上，他的祖父对于家里的人却并不严厉。鲁迅对于他的父亲却不然，因为家庭的情况不好，他的父亲的心境也不快。他常饮酒，有时亦发脾气。如遇生气时，会把筷子丢掉，或把碗摔碎。但对待小孩却和善，从不打骂小孩，鲁迅没有受过父亲的责罚。只是有时候，小孩子把受人欺侮的话去告诉父亲时，他会这样问："你先去欺侮他们吗？"他会又这样说："那么他们为什么不来欺侮我呢？"鲁迅的父亲恐怕自己的小孩先去捣乱别人。他认为人如受欺，应该强硬应付，但如无端去欺侮别人，却是不应该的。后来鲁迅很受这种思想的影响。建人对于若干人士，如欧阳凡海那样对他们双亲的曲解，有所解释。他说：鲁迅幼年以至少年时代，男孩在读书的家庭里，公认唯一的事务是读书。鲁迅的父亲对于鲁迅的想法也是这样，认为鲁迅小时候最重要的事务是读书，所以鲁迅正预备去看"五猖会"的时候，他的父亲还要叫他读《通鉴》，而且要背出后才许去看。结果背是背出了，他的父亲也答应他去看。不过鲁迅追记这件旧事时，有"我至今一想起还诧异我的父亲何以要在那时候叫我来背书"的话，那位欧阳先生，也许看得太老实了，以为鲁迅不了解一位严酷的父亲的心理，那是可笑的。建人则以为是在形容过去当时的情况，即形容当时所感到的不快意，甚至于后来追想起来犹如此。其实鲁迅是不会真的不理解的。

建人还说了一段极有意义的话。他说：鲁迅有时候，曾把一件事特别强调起来，或者故意说着玩，例如他所写的关于反对他的兄弟糊风筝和放风筝的文章就是这样。实际上，他没有那么反对得厉害，他自己的确不放风筝，可是并不严厉地反对别人放风筝，这是写关于鲁迅的事情的作者应当知道的。

鲁迅小说，有一篇题名《在酒楼中》的，那是笔者所最喜欢的。他所写的吕纬甫就活跃在我们的眼前。这是很明显的范爱农的影子。可是，我们这么想，以为其中所写的故事，乃是范爱农的，那就错误了。（很多谈鲁迅的，都有这一类的错误。）据周作人的追记，小说中的"小兄弟"，乃是鲁迅自己；吕纬甫虽以范爱农为蓝本，骨干却是鲁迅自己的，连吕纬甫的意识形态，也是鲁迅自己的写照。这件事，倒可以放到鲁迅的家族中来叙说的。

周作人说：吕纬甫所讲的两件事情，第一件是回乡来给小兄弟迁葬。本文中说他有一个小兄弟，是三岁上死掉的，就葬在乡下，今年本家来信说他的坟边已经浸了水，不久恐怕要陷入河里去了。他因此预备了一口小棺材，带着棉絮和被褥，雇了土工，前去把坟掘了开来。待到掘着圹穴，过去看时，棺木已经快要烂尽了，只剩下一堆木丝和小木片，把这些拨开了，想要看一看小兄弟，可是出于意外，被褥、衣服、骨骼，什么都没有。那么听说最难烂的头发，也许还有吧，便伏下去，在该是枕头所在的泥土里仔仔细细地看，也没有，踪影全无。他仍然铺好被褥，用棉花裹了些先前的身体所在的地方的泥土，包起来，装在新棺材里，运到他父亲埋着的坟地上，在他坟旁埋掉了。他这样算完结了一件事，说是足够去骗骗他的母亲，使她安心些了。周氏说：这所说迁葬，乃是鲁迅自己的经历，所写的情形，可能都是些事实，所不同的是，只是死者的年龄，以及坟的地位，都是小节，也是为了叙述的必要而加以变易的。

关于迁葬的情形，他不曾告诉过人，别人也不曾问过他，大家都怕说起来难过。我们从这些描写，可以了解鲁迅是一个多么富有人情味的人。（另外一件，是替他母亲带绒花给长富女儿阿顺的故事，也是富有人情味的。）

关于他们小兄弟的正面材料，周作人也说得很详尽：那是鲁迅的四弟，小名春，书名椿寿，是祖父介孚公所给取的，生于清光绪癸巳六月十三日，死于戊戌十一月初八日，所以该是六岁了。小说中说是三岁，这或者是为的说坟里什么都没有了的便利，但也或者故意与幼殇的妹子混在一起，也未可知。她小名端，生于光绪丁亥，月日忘记了，大概不到一周岁，即以出天花殁。她最为他们的父亲伯宜公所爱，葬在南门外龟山，立有小石碑，上写"周端姑之墓"，即是他父亲的亲笔。椿寿也葬在那里，大概是为了这个缘故。椿寿的坟前，竖有一块较大的石碑，上刻"亡弟荫轩处士之墓"，下款是"兄樟寿立"，写的是颜字。那做坟和立碑的事都是周作人经手的，所以我至今记得很清楚。（移坟的事，那是鲁迅于1919年末次回乡时所办的。）在小说中，鲁迅说及他的小兄弟，"连他的模样都记不清楚了，但听母亲说，是一个很可爱念的孩子，和我也很相投，至今她提起来，还似乎要落泪"。周作人说："这话说得很简单，可是也是有根据的。小兄弟死的时候，他正在家，但是过了三天，却在十二就回南京学堂去了。这以后的事情是我在旁边知道得最清楚。母亲永远忘记不了这小人儿，也叫我去找画神像的人给他凭空画一个小照；说得出的，只是白白胖胖，很可爱的样子；顶上留着三仙发，感谢画师叶雨香，他居然画了这样的一个。母亲看了非常喜欢，虽然老实说我是不能说这像不像。这画画得很特别，是一张小中堂。挂在她的房里（后来在北京

是房外板壁上）足足有四十五年。"要说温情主义，这当然是
很温情的了。

林辰先生所作的《鲁迅事迹考》，对于鲁迅的婚姻生活，
已经整理出一点头绪来了。据许寿裳《鲁迅年谱》载：

民国前六年（光绪三十三年，丙午，一九〇六年）二十六岁。
六月回家，与山阴朱女士结婚。同月，复赴日本。

那时，鲁迅正在日本留学，不知怎的，他的家乡忽然传说，
他已在日本结婚，并已生了孩子，有人曾亲眼看见他带着日籍
夫人和孩子在神田散步。他原由父母之命，媒妁之言，早就与
山阴朱女士订了婚的，所以这消息，使得他家中十分惶急，于
是便不断地写信去催促他回家，说是他母亲病了。但当鲁迅回
到家里，才知道是受了骗，家中已经为他准备好了结婚的一切。
对于这种不合理的旧式的婚姻，自然为当时已受新学洗礼，且
在维新后的日本受过四年科学教育的鲁迅所反对。但他为了不
愿拂逆母亲的意思，免她伤心，只好牺牲自己，默默地下了决心，
不惟没有反抗，而且一任家庭的摆布，举行了那烦琐的旧式婚
仪。但他自然是不会屈服到底的，一到婚礼已成，母亲的心愿
已了，再没有可使她伤心的事故以后，他便按着自己心里的暗
定计划，于婚后第三日，就从家中出走，又到日本去了。

鲁迅在这样的情形下，与朱女士结婚的，自然不会有什么
情感可言。自结婚以至接眷北上为止，前后十余年中 (1906—
1919)，鲁迅在东京整整住了三年，在杭州、南京、北京等地，
又住了九年之久，经年在外，不常回家，与朱女士连见面的机
会也很少。到了民国八年（1919 年）买了北平八道湾的房屋，

才将老太太和朱女士接到北京去，同住一地。表面上算是一道
生活了，但夫妇各住一屋，每天连话也少谈。夫妇的感情既是
这样，自然不会孕育。鲁迅对于朱女士，认为只负有一种赡养
的义务，他常常慨叹地对他的老朋友许寿裳说："这是一件母亲
送给我的礼物，我只得好好地供养她。"由这沉痛的话，我们
也可以想见鲁迅精神上的痛苦了。

1919年，鲁迅曾接到一位少年写来的一首新诗，题名《爱
情》，里面有这样的句子："我是一个可怜的中国人，爱情，我
不知道你是什么。我年十九，父母给我讨老婆。……可是这婚
姻，是全凭别人主张，别人撮合。……仿佛两个牲口，听着主
人的命令：'咄，你们好好的住在一块儿罢！'"鲁迅看了以后
说"对于我有意义"，认为这是血的蒸气，醒过来的人的真声音。
并因此写了一篇《随感录》，刊在当年的《新青年》六卷一号
上，里面除了指明无爱情结婚的恶果以外，并有一节说："在女
性一方面，本来也没有罪，现在是做了旧习惯的牺牲。我们既
然自觉着人类的道德，良心上不肯犯他们少的老的的怪罪，又
不能责备异性，也只好陪着做一世牺牲，完结了四千年的旧账。"
由此不但可以推知鲁迅对于旧式婚姻和朱女士的态度，而且可
以看出"无爱情结婚"所给予他心灵上的创痛之深，否则他绝
不会为了一位不相识的少年的诗，竟激动得说是"这对于我有
意义"了。

鲁迅就是抱着这种牺牲的心情，在那样凄凉的家庭和苦痛
的婚姻下度着日子。在寂寞中，度过了悠长的二十年的岁月，
直到1923年，他才认识了许广平女士，其时他已有四十三岁
了。不过，笔者提醒读者，我们听信周建人的话不错，他说："欧
阳凡海先生的文章，讲到鲁迅的婚事，颇有谴责他的母亲的话。

那时候，主持家政的是鲁迅的母亲，说亲戚家族催迫鲁迅结婚，迫得鲁迅'神经衰弱起来'之类的话，也就不能不说是在责备他的母亲了。这话恐怕也不一定对。"

鲁迅的好友之中，姓许的占着多数。一位是许季茀（寿裳），那是他的幼年朋友。一位是许季裳（丹），一位留学印度、研究佛经的学者，他的道义之交。一位是少年作家许钦文；一位是钦文的妹妹许羡苏，她是鲁迅的恋人。还有一位则是他后来的妻子许广平（景宋）。鲁迅禀告母亲信中所提到的"害马"，就是她。

许广平，广东番禺人，母亲姓宋，她因为景仰母亲，又自号曰景宋。她的祖父曾任浙江巡抚，她的长兄，清末留学南京，为鼓吹种族大义最力的人。她在幼年时，即受革命思想的陶冶，她头脑清晰，勇于做事，性格极为刚直坦率，与一般出身仕宦之家的小姐们的孱弱娇柔不同。在给鲁迅的信中，她自言："自信是一个刚率的人。""先生禀性豪直，故学生亦不免粗犷。又好读飞檐走壁，朱家郭解，扶弱锄强故事，遂更幻想学得剑术，以除尽天下不幸事。"1923年，她到北京投考北京女子高等师范学校。这样，她便和鲁迅相识了。她对鲁迅的最初印象是这样的："当鲁迅先生上课的瞬间，人们震于他的声名，每个学生都怀着研究这新先生的一种好奇心。在钟声还没有收住余音，同学照往常积习还没就案坐定之际，突然，一个黑影子投进教室来了。首先惹人注意的便是他那大约有两寸长的头发，粗而且硬，笔挺的竖立着，真当得'怒发冲冠'的一个'冲'字。一向以为这句话有点夸大，看到了这，也就恍然大悟了。褪色的暗绿夹袍，褪色的黑马褂，差不多打成一片。手臂上衣身上的许多补丁，则炫着异样的新鲜色彩，好似特制的花纹。皮鞋的四周也满是补丁。人又鹊落，常从讲坛跳上跳下，因此，两膝盖的大补丁，也掩盖不住了。一句话说完，一团的黑。那补丁呢，就是黑夜的星星，特别熠耀人眼。小姐们哗笑了：'怪物，有似出丧时那乞丐的头儿。'他讲授功课，在迅速地进行。当那笑声没有停止的一刹那，人们不知为什么全都肃然了。没有一个逃课，也没有一个人在听讲之外拿出什么来偷偷做。钟声刚止，大家还来不及包围着请教，人不见了。那真是'神龙见首不见尾'。许久许久，同学们醒过来了，那时初春的和风，新从冰冷的世间吹拂着人们，阴森森中感到一丝暖气。"

　　那时，北方正处于北洋军阀的统治之下，屠戮学生，封闭学校，正是一个黑暗时期。1924 年春季,女师大(即女高师改称)便发生了风潮。风潮之起因，由于学生们反对校长杨荫榆的贪污腐败。杨对这风潮的对策是收买和威胁。当时的教育总长章士钊，更主张采用严峻的手段来对付，首先便开除了大批学生，后来又将整个学校解散，在这样的压迫下，学生们自然更感到愤懑和苦痛，国事校事，都使她们惶惶不安。于是许广平向鲁迅通信请教了。她给鲁迅写信，开始于 1925 年 3 月 11 日，在信中提到女师大事件。鲁迅在当日即写了回信，说明"学风如何，是和政治状态及社会情形相关的"，并教以"壕堑战"的战法。自此以后，书札往来，内容不只限于女师大风潮；在一般人生态度、社会问题上，景宋也不断向鲁迅有所申诉或求教。鲁迅这时正想纠集一般思想进步、热心做事的青年们，来对根深柢固的所谓旧文明，施行袭击。而景宋正愿做一个誓死不二的马前卒，就由于这种根本见解的投契，他们的通信逐渐频繁了。（鲁迅第一封信中，有这么一段话："我其实哪里会'立地成佛'，许多烟卷，不过是麻醉药，烟雾中也没有见过极乐世界。假使我真有指导青年的本领——无论指导得错不错——我决不藏匿起来，但可惜我连自己也没有指南针，到现在还是乱闯。倘若闯入深渊，自己有自己负责，领着别人又怎么好呢？"这段话，倒很切实重要的。)

鲁迅当然不是圣人，而且不想做伪君子。他和许广平的恋爱进程，也和一般人一样，把一颗砂石慢慢养成一颗珠子了。许广平初次到鲁迅家中去，是在 1925 年 4 月 12 日。她那次访问的印象是这样："'尊府'居然探检过了！归来后的印象，是觉得熄灭了通红的灯光，坐在那间一面满镶玻璃的室中时，是时而听雨声的淅沥，时而窥月光的清幽，当枣树发叶结实的时候，则领略它微风振枝，熟果坠地，还有鸡声喔喔，四时不绝。"从那回以后，她大概时常到周家去，看见鲁迅总是很忙，她也帮着他料理一些小事，她自己的文章，也送给鲁迅斟酌修正，后来刊载在《妇女周刊》《莽原》上。她从鲁迅的自奉的俭省，衣着食用的简朴，接待客人的坦直以及工作的勤奋上，更看出了鲁迅的伟大精神："寂寞的家，孤独凄凉的他，未能禁制心头炽热的烈火。"她从心里深沉而细致地体会到鲁迅的"孤独凄凉"，"如古寺僧人的生活"，而予以深湛的关怀。她劝他休息，劝他戒烟，劝他戒酒，在床褥下搜寻传说中他准备用来自杀的短刀。两人的情谊，可说从这时已经开始了。(恋爱本来就是这么一回事。)

关于这件事，孙伏园曾经在追记文字中，提起了鲁迅《野草》中那篇题名《腊叶》的散文诗。鲁迅对他说："许（指许广平）很鼓励我，希望我努力工作，不要松懈，不要怠忽；但又很爱护我，希望我多加保养，不要过劳，不要发狠。这是不能两全的，这里面有着矛盾。《腊叶》的感兴，就从这儿得来，《雁门集》等，却是无关宏旨的。"我们看了这一段话，再去看原文，也就可以体会他俩的情怀了。这是他对于"爱我者"的感激。我们把"病叶"看成作者，把作者的口气转给"爱我者"，这样，好些关节自然解通了。

1926年8月26日，他们两人一同离开北京，同车赴沪。抵沪以后，他们又分道而行：鲁迅赴厦门，任厦门大学教授；景宋赴广州，任女子师范训育主任。鲁迅到厦大以后，极为失望。学校没有计划，没有基金，教员食住，都极不便。再加上过去他所提携的一些文学青年，如狂飙社的高长虹等，这时又正在背后攻击他，使他感到十分的烦躁和悲愤。景宋在广州，环境亦极复杂，时起风潮，工作又很繁忙。两人的牢骚，身边都无人可说，只有两地寄书，彼此予对方以最切适的慰安，问暖嘘寒，殷勤周至。她又怕他在厦大受不住气，独自闷着，无人从旁劝解。又竭力劝他应中大之聘赴粤去。他也愿意和景宋有常见的机会，说："我极希望H.M.也在同地，至少可以时常谈话，鼓励我再做些有益于人的工作。"(H.M.即景宋)其实，北京已有许多关于他们的谣传，有人说长虹之拼命攻击鲁迅，就是为了这事。上海的友人，一见他们两人同车到沪，便也相信不疑。甚至说鲁迅已将景宋带到厦门的流言也有了；鲁迅却说："偏在广州，住得更近点，看他们躲在黑暗里诸公，其奈我何。"又说："你知道的，单在这三四年中，我对于熟识的和初初相识的文学青年是怎么样，只要有可以尽力之处就尽力，并没有什么坏心思，然而男的呢，看见我有女生在座，他们便造流言。这些流言，无论事之有无，他们是在所必造的；除非我和女人不见面。他们大抵是貌作新思想者，骨子里却是暴君、酷吏、侦探、小人。我先前偶一想到爱，总立刻自己惭愧，怕不配，因而也不敢爱某一个人。但看清了他们的言行思想的内幕，便使我自信我决不是必须自己贬抑到那么样的人了，我可以爱。"后来他给韦素园的信中，追述到此事，他又说："川岛到厦门以后，他见我一个人住在高楼上，很骇异，听他的口气，似乎是京沪都在传说，说我携了密斯许同住于厦门了。那时，我很愤怒。但又随他们去吧，其实呢，异性我是爱的，但我一向不敢，因为我自己明白各种缺点，深恐辱没了对手。然而一到爱起来，气起来，是什么都不管的。"

鲁迅从厦门到了广州，任中山大学文学系主任兼教务主任。景宋也在中大任助教，除了职务上的帮助，在日常生活上，他也得了她的许多帮助和关切。他初到时，道路不熟，语言不通，出入多由景宋做向导。她又恐校中饭菜，不合浙人口味，便常由家里送些菜肴去。这时，他们同在一地，同在一校，接近机会既多，了解日益亲切，已进入结合共同生活的阶段了。1927年9月28日，他俩从广州赴上海。10月8日，移居东横浜路景云里二十三号，他们开始了同居生活。自此以后，鲁迅在精神上，已有了最亲切的伴侣，在工作上，也有了最适合的助手。家庭空气，也不再像北京那样的寂寞凄凉，他自己也不再感到孤独了。1928年夏天，他俩和许钦文一同到杭州，一面是游览，一面是查考书籍，在夜车上，他们高谈阔论，鲁迅固然健谈，景宋的谈锋也不弱。他们的服装既不漂亮，又不阔绰，高谈之余，就在二等车上吃起大菜来，牛尾汤的香气和他们的谈论，引起了宪兵的注意，于是说他们身边有鸦片气味，而来搜查箱子，结果毫无所得地走了。到杭州后，他们在湖滨一家旅馆里，开了一个长长的房间。三张床铺，各人一张。他们在杭州整整住了一个星期，才回上海。鲁迅一生是很少游山玩水的，这回，他俩真正过了"蜜月"生活。

到了鲁迅晚年，景宋就成为写作的伴侣，她除了照料家务外，还帮助他抄写、校对、整理，有时他也采纳她的意见，每次文章写完，总先给她看。她偶尔贡献些修改字句或意见，他也绝不孤行己意，依着她的话去修改了。1929 年 9 月 27 日，他们的男孩海婴出世了。他俩夫妇之间，生活感情究竟怎样呢？景宋曾经有过如此的记述：

　　他的脾气，也并非一成不变。他并不过分孤行己意，有时也体谅到和他一同生活的别人，尤其留心的是不要因为他而使别人多受苦。所以，他很能觉察到我的疲倦，会催促快去休息，更抱歉他的不断工作的匆忙，没有多聚谈的机会，每每赎罪似的在我睡前陪几分钟；临到我要睡下了，他总是说："我陪你抽一支烟，好吗？""好的。"那么，他会躺在旁边，很从容地谈些国家大事，或友朋往来，或小孩子与家务，或文坛情形。谈得起劲，他就要求说："我再抽一支烟，好吗？"同意了，他会谈得更高兴。但不争气的多是我，没有振作精神领受他的谈话，有时当作是催眠歌般不到一支烟完了，立刻睡熟了，他这时会轻轻走开，自己去做他急待动笔的译作。

他俩这对夫妇，感情也竟可说不错了。

许广平在《欣慰的纪念》中，有一节是写他们的儿子海婴的。这孩子，幼年时，也不见得特别聪明，但是，却因鲁迅晚年得子，他是特别宠爱他的，所谓"回眸时看小於菟"，就是这么一个意思。他在禀母的信中说："海婴的外套，此刻刚刚可穿，内衬绒线衣及背心各一件；冬天衬衣一多，即太小，但明年春天还可以穿的。他的身材好像比较的高大，昨天量了一量，足有三尺了，而且是上海旧尺；倘是北京尺，就有三尺三寸，不知道底细的人，都猜他是七岁。""海婴很好，每天上幼稚园去，不大赖学了。他比夏天胖了一点，虽然还要算瘦，却很长，刚满六岁，别人都猜他是八九岁。他有细长的手和脚像他母亲的。今年总在吃鱼肝油，没有间断过。他什么事情都想模仿我，拿我来做比，只有衣服不肯学我的随便，爱漂亮，要穿洋服了。"字里行间，流露着他的得意与宠爱的神情。（景宋说："海婴生下来了，每个朋友来到，他总抱给他们看；有时小孩在楼上睡熟了，也会叫人抱他下来的。他平常对海婴爱惜，总会不期然地和朋友谈到他的一切。"）

景宋生育海婴，那是很危险的难产。她产后体力很差，照医生的意思，希望雇一位奶妈，再三催促，而且善意地劝告。但鲁迅一定不同意，定规要自己来照料。可是他们两个人既没有育儿的经验，而别人的经验，他是未必一定相信。最认为可靠的，除了医生的话之外，就请教于育儿之类的书籍。这么一来，真是闹了许多的笑话，而又吃足了苦头。首先是哺乳的时间，按照书上是每三小时一次，每次若干分钟。有的说是每次五分钟，有的说是每次哺一只奶，留一只第二次，交换哺乳较为丰足。然而人不是机器，不会这样规律化的。小孩也真难对付：有时吃了几口，就睡熟了，推也推不醒，有时是醒了，未到时间也不许吃，一任他啼哭。而她自己呢，起先不等到两小时就觉得奶涨潮了，毛巾也几乎湿透。如是之后，再到喂奶时，已经是低潮期了，还是让小孩饿了肚皮照时间吃。于是就时常发觉小嘴左转右动，做出觅吃状态。这使她不安起来，和他研究一下，他说瘦些不要紧，没有病就好了。到了两个多月，患些感冒，去看医生，量了量体重，医生说这不对，孩子的重量，只够两三个星期内；于是研究生活状况，由医生教他们在新鲜牛奶里面加粥汤、滋养糖等，分量照月份增加；这之后，才逐渐肥胖起来。其次是洗浴，在医院时，每天由护士小姐抱来抱去，怎样洗浴，他们从未参观过，待到十二天后回到家中，她稍稍能够起床了，于是商量给孩子沐浴。他是特别小心，不许用未烧过的水，更不愿意假手别人。在一只小面盆里盛了半盆温水，由她托住小孩的身体，由他来洗。水既不大热，经过空气一吹，小孩受冷到面孔发青，小身体在发抖。他们也狼狈不堪，草草了事。但小孩立刻有了反应，发寒热感冒了。好容易医好之后，从此就几十天不敢给他洗浴。而且因为几次伤风，天气逐渐冷了，又怕他再感冒，连打开他的衣服都不敢了。据鲁迅的意思，叫她每小时看一次孩子的尿布。他总算学过医的，她自然不好反对，但结果小屁股被湿污所浸而脱皮了。没法子只得又去看医生，由医生介绍看护每天来给小孩洗浴。这才知道应该让小孩卧在温水里，并且在水里放有温度表时常留意水的温度，不断添上热水。这样，小孩在水里就一声也不响，看来像蛮舒服的样子。看护小姐也时常提议叫他们自己学习自己动手，但是他们吓怕了，有点气馁。鲁迅说："还是让她洗罢，我们洗病了，不是还要花更多的钱吗？我多写两篇文章就好了。"以后，小孩是每天请看护洗浴，一直洗到海婴七个多月。这些小故事是有趣的。鲁迅这样一位思想家、大作家，而其生活若干方面，也还是这么幼稚，天真可笑的；鲁迅也毕竟不是圣人。

鲁迅这只莱谟斯所宠爱的"小於菟"，鲁迅自己希望他不要做空头文学家，大概不会成为文学家了吧，毕竟文学是不世袭的，以许广平的教育方针来说，她也大概不会把他教育成一个文学家了。

笔者说到"老年得子"的变态心理，我曾在几位老师如单不庵、朱芷春的生活中看到过，鲁迅虽是一代作家，也还是逃不过宠爱的一关。（笔者自己也是如此，不过，我有了三个儿女，就不像鲁迅那样把儿子看作掌上珠了。）海婴的小名是小红象。（因为林语堂曾誉鲁迅为白象，乃有此名。）他每晚值班看护这个宝贝的儿子，他口中所唱的催眠曲是：

小红，小象，小红象，
小象，红红，小象红；
小象，小红，小红象，
小红，小象，小红红。

鲁迅最怕的是小孩子生病，本来提心吊胆在招呼他，如果一看到发热伤风，就会影响到他的工作。他在日记中，也不时提起海婴的病。遇到了，他几乎是"眠食俱废"。（这和前人所说的"千金之子，坐不垂堂"，又有什么分别。）他在日译《中国小说史略》序中说："一妻一子也将为累了。"景宋说鲁迅时常对她说："有了你和海婴的牵累，使我做事时候比较地细心，时常有更多的顾虑。"（鲁迅夫妇，也颇神经过敏，其实，他们在上海并没有危险。）

景宋笔下所写的鲁迅宠爱海婴的情形，和其他父亲溺爱幼子的情形，也并没有多大分别。而一般孩童的好奇心理，也并不在海婴之下。她和鲁迅也并不曾养出天才来。她说鲁迅反对小学教师的鞭打儿童，但有时对海婴也会加以体罚，那是遇到他太执拗顽皮，说不清的时候，要打的时候，他总是临时抓起几张报纸，卷成一个圆筒，照海婴身上轻轻打去，但样子是严肃的。海婴赶快就喊"爸爸，我下回不敢了"。那时，这位父亲看到儿子的楚楚可怜心软下来，面纹也放宽了。跟着这宽容，小孩子最会体察得到，立刻胆子大了，过来抢住那卷纸筒问："看看这里面有什么东西？"他是要研究纸里面包藏些什么东西来打他。看到是空的，这种研究的迫切心情，引得鲁迅笑起来了。紧跟着父子之间的融融洽洽的聚会，海婴也会小心拘谨一些时候。有一次，海婴也会发表他的意见了，他说："我做爸爸的时候，不要打儿子的。"鲁迅问他："如果你的儿子坏得很，你怎么办呢？"他说："好好地教他，买点东西给他吃。"鲁迅就笑了。他以为，他自己最爱孩子，但是他的儿子的意见，比他更和善，能够送东西给不听话的孩子来做感化工作，这不是近于耶稣的被打了右脸再送左脸去的忍耐了吗？实际却未必能真做得到罢。[笔者也曾和鲁迅讨论过这一问题，我是主张可以打孩童的；但打孩子有几个附加的条件：（一）自己脾气不好时，不要打，所谓不迁怒。（二）全家不一致的不要打，一个打，一个劝，一个去安慰，那就不必打；打的后果比不打坏。（三）没有预期的成果，不要打。所以，鲁迅打海婴，常是失败的。]

景宋有一段描写海婴在书房捣蛋的情形，十分精彩。"小孩子在我们房间，女工来了，也会不知所措。在写字台上，海婴欢喜立在椅子上拿起笔来乱涂，鲁迅是很珍惜一切用具，不肯随便抛弃小小一张纸的；但对于海婴索取纸张时，就是他最喜欢的，给他乱涂，也是满心愿意的。"这又是一幅"爸爸不在时候"的漫画。

在我们眼中那个活着的鲁迅，毕竟是一个常人；他虽说是世故老人，有的举动，却也幼稚得可笑。他的笔锋那么尖刻，对人却相当厚道。他的见识非常远大，却也神经过敏。有一件小事，说起来，大家未必相信。他的儿子海婴，当他逝世时，已经八岁了，却一直不知道他的父亲是鲁迅。这也有小小的因由：那时文网甚密，谣言甚多，也难怪他们都十分敏感的。有一回沈雁冰住在沪西，他的儿子在××小学读书。有一天，那孩子看见他们的老师正在看茅盾的《子夜》，大声叫道："这是我爸爸做的。"那老师也许是好奇，那天下午，放学回家就跟在那孩子后面走了一大截路，看沈雁冰究竟住在那里；这可把沈雁冰一家吓坏了，连忙搬了家。还有郁达夫和王映霞的孩子，也是在杭州某小学读书，一路在墙壁上涂着他俩的姓名，指路牌似的把旧交新知引到家中去的。这一类的故事，提醒了鲁迅的警觉，所以海婴就不知道他的父亲是鲁迅了。

许景宋所记鲁迅教育抚养海婴的故事中，大多是平凡得不值一提的。我觉得鲁迅之为人父，倒像巴金《憩园》那小说中的主人公姚国栋，并不怎样高明的。只有他对孩子的性教育倒是开明合理。她说他对于孩子的性教育，是极平凡的，就是绝对没有神秘性。赤裸的身体，在洗浴的时候，是并不禁止海婴的走出走进的。实体的观察，实物的研究，遇有疑问，随时解答，见惯了双亲，也就对于一切人体都了解，没有什么惊奇了。他时常谈到中国留学生跑到日本的男女共浴场所，往往不敢跑出水面，给日本女人见笑的故事，作为没有习惯训练所致的资料。所以有些外国社会，不惜在野外男女赤裸，共同跳舞的练习，也正是以针对中国一些士大夫阶级的绅士们，满口道学，而偶尔见到异性极普通的用物，也会涉遐想的；变态心理的亟须矫正从孩子时代就开始了。她又说鲁迅对于儿童普通知识的灌输，并不斤斤于青年的研究，他随时随地作常识的晓谕譬解；其中对于电影教育，也是在娱乐中取得学识的一种办法，他是尽着机会去做的。鲁迅自己对旧式的背诵，似乎很深恶痛绝。对一般学校的教育制度，也未必满意，他是主张"顺其自然发展"的。（我看鲁迅对于这一问题，也矛盾得很的。）

景宋的回忆文字中，有这么一篇写鲁迅与家庭的，颇有点意思。她说她曾经遇到一位旧时代的官僚亲戚，他每回到家里来，就像一只猫走到一个老鼠窝里一样，立刻声息全无。偶不小心，就听到训斥的告诫说："我是掌舵的，船怎样走要依我。你们是坐船的，没有我不行，你们不许作声！"这真是专制家长的口吻。鲁迅却相反，不但不像掌舵，倒像坐船的，一任她们意思。自己能动手的就做，没有空，她帮他也可以，但绝不勉强，总要看她的能力而定。对于女工，鲁迅从来是没有呼喊责备过一声的。遇到她不在家，要泡茶了，他就自己捧着茶壶走下楼梯，到厨房去，要他自己动手烧水也可以的。

她说，鲁迅对于日常生活用度的支出，绝不过问；他自己的买书账是记下来的，鲁迅的衣着很随便，却要她多买点衣着。这都是他的通人情之处。他这个家长是容易相处的。孙伏园说："鲁迅先生的房中总只有床铺、网篮、衣箱、书案这几样东西。万一什么时候要出走，他只要把铺盖一卷，网篮或衣箱任取一样，就是登程的旅客了。他从来不梦想什么是较为安适的生活。他虽是处在家庭中，过的生活却完全是一个独身者。"

二十八、他的师友

　　笔者写下这一个题目，颇有不知如何着笔之感。因为鲁迅心目中的朋友，究竟哪些人？我也无从去替他决定的。他有一回写信给我，说："现在的许多论客，多说我会发脾气，其实我觉得自己倒是从来没有因为一点小事情，就成友成仇的人。我还有不少几十年的老朋友，要点就在彼此略小节而取其大。"可以说他是有不少几十年的老朋友的。这儿，姑且从他自己所供给的材料中来写这一篇罢。

　　他在晚年，写过一篇很好的回忆文字，题为《我的第一个师父》。他是周家的长男，父亲怕他有出息，因此养不大，不到一岁，便领到长庆寺里去，拜了一个和尚为师了。他由此得到一个法名，叫作长庚。他的师父，鲁迅不知道他的法名，无论谁，都称他为"龙师父"，瘦长的身子，瘦长的脸，高颧细眼。和尚是不应该留须的，他却有两绺下垂的小胡子。对人很和气，对他也很和气，不教他念一句经，也不教他一点佛门规矩；他自己呢，穿起袈裟来做大和尚，或者戴上毗卢帽放焰口，"无祀孤魂来受甘露味"的时候，是庄严透顶的，平常可也不念经，因为是住持，只管着寺里的琐屑事；其实由他看起来，他不过是一个剃光了头的俗人。因此，鲁迅又有一位师母，就是龙师父的老婆。论理，和尚是不应该有老婆的，然而他有。他的师母在恋爱故事上，却有些不平常。听说龙师父在年青时，是一个很漂亮而能干的和尚，交际很广，认识各种人。有一天，乡下做社戏了，他和戏子相识，便上台去替他们敲锣，精光的头皮，簇新的海青，真是风头十足。乡下人大抵有些顽固，以为和尚是应该念经拜忏的，台下有人骂了起来。师父不甘示弱，也给他们一个回骂。于是战争开幕，甘蔗梢头，雨点似的飞上来，有些勇士，还有进攻之势，彼众我寡，他只好退走，一面退，一面一定追，逼得他只好慌张地躲进一家人家去。而这人家，又只有一位年轻的寡妇。以后的故事，连鲁迅也不甚了然了。总而言之，她后来是他的师母。

鲁迅因此有了三个师兄，两个师弟。大师兄是穷人家的孩子，舍在寺里的。其余四个，都是师父的儿子。大师兄只有单身；二师兄也有家小，但他守着秘密。三师兄比鲁迅大十岁，和他的感情极好。他说："出家人受了大戒，从沙弥升为和尚，正和我们在家人行过冠礼，由童子而为成人相同。成人愿意'有室'，和尚自然也不能不想到女人。以为和尚只记得释迦牟尼或弥勒菩萨，乃是未曾拜和尚为师，或与和尚为友的世俗的谬见。寺里也有确在修行，没有女人，也不吃荤的和尚，例如我的大师兄即是其一，然而他们孤僻，冷酷，看不起人，好像总是郁郁不乐，他们的一把扇或一本书，你一动他就不高兴，令人不敢亲近他。所以我所熟识的，都是有女人，或声明想女人，吃荤，或声明想吃荤的和尚。我那时并不诧异三师兄在想女人，而且知道他所理想的是怎样的女人。人也许以为他想的是尼姑罢，并不是的，和尚和尼姑'相好'，加倍的不便当。他想的乃是千金小姐或少奶奶，而作这'相思'或'单相思'——即今之所谓'单恋'也——的媒介的是'结'。"我们那里阔人家一有丧事，择七解结，解结并不是如世俗人所推测，个个解开的，倘有和尚以为打得精致，因而生爱，或者故意打得结实，很难解散，因而生恨的，便能暗暗的整个落到僧袍的大袖里去。这种宝结带回寺里，便保存起来，也时时鉴赏。打结子的是谁呢？不消说是小姐或少奶奶了。所以他不觉睹物思人，所谓"时涉遐想"起来了。鲁迅是最懂得这种人的变态心的。鲁迅的三师兄也有老婆，鲁迅笑嘲他不守清规，他竟一点不窘，立刻用金刚怒目式，向他大喝一声道："和尚没有老婆，小菩萨哪里来？"这真所谓狮子吼，使鲁迅明白了真理，哑口无言了。

　　鲁迅在日本读书时期，曾和几位朋友往《民报》社听章太炎先生讲学，笔者已在上文说到过了。章氏可说是鲁迅所最钦佩的老师。许寿裳氏曾在《鲁迅印象记》中有一段描述文字："章先生出狱以后，东渡日本，一面为《民报》撰文，一面为青年讲学，其讲学之地，是在大成中学里一间教室。我和鲁迅极愿往听，而苦与学课时间相冲突，因托龚未生转达，希望另设一班，蒙先生慨然允许。地址就在章先生的寓所——牛込区二丁目八番地《民报》社，每星期日清晨，我们前往受业，在一间陋室之内，师生环绕一张矮矮的小桌，席地而坐。先生讲段氏《说文解字注》、郝氏《尔雅义疏》等，神解聪察，精力过人，逐字讲释，滔滔不绝，或则阐明语源，或则推见本字，或则旁证以各处方言。自8时至正午，历四小时毫无休息，真所谓'诲人不倦'，章先生讲书这样活泼，所以新义创见，层出不穷。就是有时随便谈天，也复诙谐间作，妙语解颐。其《新方言》及《小学答问》两书，都是课余写成的，其体大思精的

《文始》，初稿也起于此时。"他说："鲁迅听讲，极少发言，只有一次，因为章先生问及文学的定义如何？鲁迅答道：'文学和学说不同，学说所以启人思，文学所以增人感。'先生听了说：'这样分法，虽较胜于前人，然仍有不当。郭璞的《江赋》，木华的《海赋》，何尝能动人哀乐？'鲁迅默然不服，退而和我说：'先生注释文学，范围过于宽泛，把有句读的和无句读的悉数归入文学。其实文字与文学固当有分别的，《江赋》《海赋》之类，辞虽奥博，而其文学价值就很难说。'这可见鲁迅治学，爱吾师尤爱真理的态度。"

章太炎在 1936 年逝世，到了 10 月间，他自己也去世了。他所写的《关于章太炎先生二三事》，可说是最后文字之一。他对于太炎先生的评价，和一般世俗人说法并不相同。他说："太炎先生虽先前也以革命家现身，后来却退居于宁静的学者，用自己所手造的和别人所帮造的墙，和时代隔绝了。纪念者自然有人，但也许将为大多数所忘却。我以为先生的业绩，留在革命史上的，实在比在学术史上还要大。回忆三十余年之前，木版的《訄书》已经出版了，我读不断，当然也看不懂，恐怕那时的青年，这样的多得很。我的知道中国有太炎先生，并非因为他的经学和小学，是为了他驳斥康有为和作邹容的《革命军》序，竟被监禁于上海的西牢。那时留学日本的浙籍学生，正办杂志《浙江潮》，其中即载有先生狱中所作诗，却并不难懂。这使我感动，也至今并没有忘记。……一九〇六年六月出狱，即日东渡，到了东京，不久就主持《民报》。我爱看这《民报》，但并非为了先生的文笔古奥，索解为难……是为了他和主张保皇的梁启超斗争，……真是所向披靡，令人神往。前去听讲也在这时候，但又并非因为他是学者，却为了他是有学问的革命家，所以直到现在，先生的音容笑貌，还在目前，而所讲的《说文解字》，却一句也不记得了。民国元年革命后，先生的所志已达，该可以大有作为了，然而还是不得志。这也是和高尔基的生受崇敬，死备哀荣，截然两样的。我以为两人遭遇的所以不同，其原因乃在高尔基先前的思想，后来都成为事实，他的一身，就是大众的一体，喜怒哀乐，无不相通；而先生则排满之志虽伸，但视为最紧要的'第一是用宗教发起信心，增进国民的道理；第二是用国粹激动种性，增进爱国的热肠'（见《民报》第六本），却仅止于高妙的幻想；不久而袁世凯又攘夺国柄，以遂私图，就更使先生失却实地，仅垂空文，至于今，惟我们的'中华民国'之称，尚系发源于先生的《中华民国解》（最先亦见《民报》），为巨大的纪念而已。然而知道这一重公案者，恐怕也已经不多了。既离民众，渐入颓唐，后来的参与投壶，接受馈赠，遂每为论者所不满，但这也不过是白圭之玷，并不是晚节不终。考其生平，以大勋章作扇坠，临总统府之门，大诟袁世凯的包藏祸心者，并世无第二人；七被追捕，三入牢狱，而革命之志，终不屈挠者，并世无第二人；这才是先哲的精神，后生的楷范。"那时，鲁迅已在病中，而力疾作文，以表师德，也可见他们师生间的契合。

周作人说：鲁迅在东京的朋友不很多，据他所知道的，不过十来人，有的还是平常不往来的。那些老朋友之中，周氏说到了袁文数，说鲁迅从仙台退了学，来到东京，决心要做文学运动，先来出一本杂志，定名叫作《新生》。他拉到了两个同乡友人，给《新生》写文章，一个是许季茀，一个是袁文数。（袁后来到英国去留学了。）袁与鲁迅很是要好，至少关于办新杂志谈得很投合罢，可是离开了东京之后，就永无音信。还有一位朋友是蒋抑卮，杭州银行家，他于 1908 年往东京割治耳病，住在许季茀处，所以认识了鲁迅。他颇有见识，旧学也很好，因此很谈得来。他知道鲁迅有介绍外国小说的意思，愿意帮忙，这便出版了两本《域外小说集》。民国以后，鲁迅在北京时，蒋北来必去探访，可见他们的交情一直是很好的。

周氏又说到蒋观云与范爱农。蒋名智由，是那时的新党，避地东京，在《清议报》上写些文章，年纪总要比鲁迅大二三十岁了，因为他是蒋伯器的父亲（伯器，民初的浙江军事家，与蒋百里齐名），所以同乡学生都尊他为前辈，鲁迅与许季茀也常去问候他。可是到了"徐锡麟案"发作，他们对他就失去了敬意了。在鲁迅的回忆录中，描画得最深刻的是范爱农（见《朝花夕拾》）。范氏是《越谚》著者范寅的本家，在日本留学，大概是学理工的，起初与鲁迅并不认识，第一次相见乃是在同乡学生讨论徐案的会场上。其时蒋观云主持发电报给清廷，有许多人反对，中间有一个人，蹲在屋角（因为会场是一间日本式房子，大家本是坐在席上的），自言自语地说道："死的死掉了，杀的杀掉了，还打什么鸟电报！"他也是反对发电报的，只是态度很是特别，鲁迅看他那神气觉得不大顺眼，所以并未和他接谈，也不打听他的姓名，便分散了。这是民前五年的事。（鲁迅说他是一个高大身材，长头发，眼球白多黑少的人，看人总像在藐视。他觉得这人很冷。）事经五年之后，辛亥革命那年，他们又在故乡相遇了。鲁迅有这么一段描写：我们"互相熟视了不过两三秒钟，我们便同时说：'哦哦，你是范爱农！''哦哦，你是鲁迅！'不知怎地我们便都笑了起来，是互相的嘲笑和悲哀，他眼睛还是那样，然而奇怪，只这几年，头上却有了白发了，但也许本来就有，我先前没有留心到。他穿着很旧的布马褂，破布鞋，显得很寒素。谈起自己的经历来，他说他后来没有了学费，不能再留学，便回来了。回到故乡之后，又受到轻蔑，排斥，迫害，几乎无地可容。现在是躲在乡下，教着几个小学生糊口。但因为有时觉得很气闷，所以也趁了航船进城来。他又告诉我现在爱喝酒，于是我们便喝酒。从此他每一进城，必定来访我，非常相熟了。我们醉后常谈些愚不可及的疯话，连母亲偶然听到了也发笑"。

后来绍兴光复了，王金发设立军政分府，聘请鲁迅为师范学校校长，范爱农为监学。"（他还是穿）那件布袍子，但不大喝酒了，也很少有工夫谈闲天，他办事，兼教书，实在勤快得可以。"不过，革命以后的绍兴，是十分使人失望的，王金发也和旧官僚差不多。其后不久，鲁迅应许季茀之邀，到南京教育部去任职，范爱农的监学职位也被后来继任的校长挤掉了。鲁迅想为他在北京寻一点小事做，那是他最希望的，然而没有机会。他后来便到一个熟人的家里去寄食，也时时给鲁迅写信，景况愈穷困，言辞也愈凄苦。终于又非走出这熟人的家不可，便在各处飘浮。（他时常这么说："也许明天就收到一个电报，拆开来一看，是鲁迅来叫我的。"）不久，鲁迅忽然从同乡那里得到一个消息，说他已经掉在水里淹死了。鲁迅疑心他是自杀，因为爱农是浮水的好手，不容易淹死的。

鲁迅怀念故交，曾写了三首诗：

其一

风雨飘摇日，余怀范爱农。

华颠萎寥落，白眼看鸡虫。

世味秋荼苦，人间直道穷。

奈何三月别，竟尔失畸躬！

其二

海草国门碧，多年老异乡。

狐狸方去穴，桃偶已登场。

故里寒云恶，炎天凛夜长。

独沉清冷水，能否涤愁肠？

其三

把酒论当世，先生小酒人。

大圜犹茗艼，微醉自沉沦。

此别成终古，从兹绝绪言。

故人云散尽，我亦等轻尘！

这一份凄婉的情绪，后来也写在《酒楼上》那一篇小说中。

佐藤春夫、增田涉编选日文本的《鲁迅选集》时，鲁迅自己提出《藤野先生》那一篇是必须收入的。藤野先生（见《朝花夕拾》，他的回忆录之一），他对于这位解剖学教授是终生怀念着的。（当然，藤野对于鲁迅的印象，并不怎样深的。）鲁迅到日本两年之后，进了仙台的医学专门学校，他是抱着接受现代西洋医学知识而去求道的，他要用医学来救国。同时，他不满意于东京留学生的浮嚣习气。在仙台，全校只有他这么一个中国人，他的生活孤独而寂寞。但在那里，他遇到了藤野严九郎教授。藤野教授是教解剖学的。这位教授，是一个黑瘦的先生，八字须，戴着眼镜。他专心于学术研究，不十分注重仪表的。据说是穿衣服太模糊了，有时竟会忘记戴领结；冬天是一件旧外套，寒颤颤的，有一回上火车去，致使管车的疑心他是扒手，叫车里的客人大家小心些。鲁迅就亲见他有一次上讲堂没有戴

领结。有一天，这位教授叫鲁迅到他自己的研究室去，叫他把
笔记本拿来看。藤野教授要他留下那笔记本。过了二三天，这
位教授把笔记本还给他，他打开看时，很吃了一惊，同时，也
感到一种不安和感激。原来他的讲义已经从头到末，都用红笔
添改过了，不但增加了许多脱漏的地方，连文法的错误，也都
一一订正。这样一直继续到教完了他所担任的功课：骨学、血
管学、神经学。到了第二学年，藤野教授担任了解剖实习和局
部解剖学，但在解剖实习的开始以后经过一星期的光景，他又
叫了鲁迅去，仍用了极有抑扬的声调对他说："我因为听说中国
人是很敬重鬼的，所以很担心，怕你不肯解剖尸体。现在总算
放心了，没有这回事。"不过这位教授对于中国的裹脚，很想
知道一点内情，他问鲁迅怎样裹法，足骨变成怎样的畸形，鲁
迅却无以为答。他只好叹息道："总要看一看才知道，究竟是怎
么一回事呢？"

　　后来，鲁迅因为看了时事影片，有了感触，认为医学是不
能救国的，他的意见却起了变化了。到了第二学年的终结，他
便去寻藤野先生，告诉他，他将不学医学，并且离开这仙台。
藤野教授的脸色，仿佛有些悲哀，似乎想说话，但竟没有说话。
鲁迅便对他说："我想去学生物学，先生教给我的学问，也还有
用的。"其实鲁迅并没有决意要学生物学，因为看得他有些凄
然，便说了一个安慰他的谎话。藤野教授叹息道："为医学而教
的解剖学之类,怕于生物学也没有什么大帮助。"将走的前几天，
藤野教授又叫鲁迅到他家里去，交给他一张照相，后面写着两
个字道："惜别。"还希望鲁迅也送一张给他。鲁迅说："不知怎
地，我总还时时记起他，在我所认为我师的之中，他是最使我
感激，给我鼓励的一个。有时我常常想：他的对于我的热心的

希望，不倦的教诲，小而言之，是为中国，就是希望中国有新的医学；大而言之，是为学术，就是希望新的医学传到中国去。他的性格，在我的眼里和心里是伟大的，虽然他的姓名并不为许多人所知道。他所改正的讲义，我曾经订成三厚本，收藏着的，将作为永久纪念。（不幸在一次搬家途中失去了。）……他的照相至今还挂在我北京寓居的东墙上，书桌对面。每当夜间疲倦，正想偷懒时，仰面在灯光中瞥见他黑瘦的面貌，似乎正要说出抑扬顿挫的话来，便使我忽又良心发现，而且增加勇气了。"

（鲁迅的纪念文字，直到鲁迅死后二年，才在日本《文学案内》杂志中刊出，日本三位记者也访问了他，写了《藤野医师访问记》，也刊在《文学案内》上。藤野生于明治七年福井县坂井郡本藏村下番，在爱知县立医学专门学校毕业后，便执教母校，明治三十四年末，转任教授于仙台医学专门学校，一直工作到大正四年春间。其后，返归乡里，在三国町开设医院，一直为乡村农民而服务的。）

林辰先生考证鲁迅事迹，说自 1908 年，鲁迅认识章太炎之日起，两人的关系，持续了将近三十年。显然，鲁迅所受于章太炎的影响是很大的。第一，继承了章太炎的"七被追捕，三人牢狱，而革命之志，终不屈挠"的优秀传统，并进一步地加以发扬，为被压迫被损害的人群，为中国的自由和进步，奋斗了一生。第二，是继承了章太炎的文章风格。章太炎文尚魏晋，澹雅有度。而鲁迅早期所作古文，亦极得力于魏晋文。从前刘半农曾赠给他一副联语是"托尼学说，魏晋文章"。一般友朋都认为很恰当，他自己也不加反对。据鲁迅在《〈坟〉的题记》和《集外集》序里自承，他早年作文，欢喜做怪句又爱写古字，完全是受了章太炎先生的影响。后来虽然改作白话了，但偶作文言，亦仍保有魏晋风格。(时人都认为继承章太炎的文统的是黄侃，其实黄氏古文，只是貌似，得其神理的莫如鲁迅。) 第三，在待人接物上，鲁迅也承受了章太炎的风度。章太炎态度冲穆，从无什么大学者的架子，与人论学论事，如谈家常。鲁迅在这一方面正也一样。无论对朋友、学生、青年，他的态度，都是谦和宽厚，仁蔼可亲。(鲁迅曾于复笔者的信中说："太炎先生曾教我小学，后来因为我主张白话，不敢再去见他了。""太炎先生对于弟子，向来也绝无傲态，和蔼如朋友然。")

章门弟子，前期就是他们七人。(后期的也得分别来说的，像笔者一样，只能算是私淑弟子了。) 鲁迅和那几位同学，交谊也是很密切的，最密切的当然要推许寿裳先生，其次则是钱玄同。钱氏名夏，字季中，号德潜，后改名玄同，浙江吴兴人。他因为熟读古书，发现古史多不可靠，故又取号曰"疑古"，常效古法，缀号于名上，曰"疑古玄同"。归国后，曾任浙江教育司科长，北京大学、师范大学教授。他是文字学、经学专家，生平提倡新文化运动，推行注音符号，著述宏富，对学术界的影响与贡献极大。鲁迅之开始在《新青年》上写文章，便是由于他的怂恿。他在《我对于周豫才之追忆与略评》中说："我认为周氏兄弟的思想，是国内数一数二的，所以竭力怂恿他们给《新青年》写文章。但豫才则尚无文章送来，我常常到绍兴会馆去催促，于是他的《狂人日记》小说居然做成而登在第四卷第五号里了。自此以来，豫才便常有文章送来，有论文、随感录、诗、译稿等，直到《新青年》第九卷止。"鲁迅也曾在《呐喊》序中说及此事 (见前引)，鲁迅一向提到玄同，都是用了很亲切的语气的。鲁迅平常也很称道玄同的文字，说："其实畅达也自有畅达的好处。例如玄同之文，即颇汪洋，而少含蓄，使读者览之了然，无所疑惑，故于表白意见，反为相宜，效力亦复很大。"

到了后来，因为鲁迅南下，和北方友人隔绝甚久，又因钱玄同的言论，如"人过四十，便该枪毙"等说，为鲁迅所不满，于是两人遂渐渐疏远了。鲁迅所作的诗，《教授杂咏》三首，其中一首是讽嘲钱玄同的，诗云："作法不自毙，悠然过四十。何妨赌肥头，抵当辩证法。"1929 年，鲁迅往北平，在一次给景宋的信中说："往孔德学校，去看旧书，遇金立因（即玄同），胖滑有加，唠叨如故，时光可惜，默不与谈。"钱氏也在《追忆与略评》中说："我想，胖滑有加，似乎不能算作罪名，他所讨厌的大概是唠叨如故罢。不错，我是爱唠叨的，从二年秋天我来北京，至十五年秋天，他离开北京，这十三年之中，我与他见面总在一百次以上，我的确很爱唠叨，那时，他似乎并不讨厌，因为我固唠叨，而他亦唠叨也。不知何以到了十八年，我唠叨如故，他就要讨厌而厌不与谈。但这实在算不了什么事，他既要讨厌，就让他讨厌罢。不过这以后，他又到北平来过一次，我自然只好回避了。"他们两人的关系，也就很疏淡了。

（钱玄同氏，对于国语运动，贡献极大。国音字典例言，即系钱氏手笔，黎锦熙说这是最精细、简明、切实之作。）

章门弟子之中，黄侃（季刚）似乎处于颜渊的地位。（章氏《国故论衡》，黄氏作赞，以"侃幸觏秘书，窃抽微旨，虽牛蹄之涔，匪尽于大海，而洪钟之响，或借于寸莛"作结。）鲁迅却和他不通闻问。五四运动，北大诸学人，提倡新文化、新文学，章氏弟子都参加这一运动，而黄侃独持异议，志趣本不相投的。其他弟子以史学著称的，有朱希祖（字逖先，海盐人。归国后历任海盐县知县，浙江两级师范学堂教员，北京大学、女子师范大学教授，中央大学史学系主任，著有《上古文学史》《中国史学通论》等书），他在两级师范、北大、女师大等校时，均与鲁迅同事。两人之间交谊并不深。1925 年，许景宋对鲁迅提到朱氏在讲文学史时，说到人们用假名是不负责任的推诿的表示。鲁迅在回信中说："夫朱老夫子者，是我的老同学，我对于他的在窗下孜孜研究，久而不懈，是十分佩服的，然此亦惟于古学一端而已，若夫评论世事，乃颇觉其迂远之至者也。他对于假名之非难，实不过其最偏的一部分。如以此诬陷毁谤个人之类，才可谓之'不负责任的推诿的表示'，倘在人权尚无确实保障的时候，两面的众寡强弱，又极悬殊，则须又作别论才是。例如子房为韩报仇，从君子看来，盖是应该写信给秦始皇，要求两人赤膊决斗，才算合理的。然而博浪一击，大索十日而终不可得，后世亦不以为'不负责任'者，知公私不同，而强弱之势亦异，一匹夫不得不然之故也。况且，现在的有权者,是什么东西呢？他知道什么责任呢？《民国日报》案，故意拖延月余，才来裁判，又决罚至如此之重，而叫喊几声的人独要硬负片面的负责，如孩子脱衣以入虎穴，岂非大愚么？朱老夫子生活于平安中，所做的是《萧梁旧史考》，负责与否，没有大关系，也并没有什么意外的危险，所以他的侃侃而谈之谈，仅可供他日共和实现之后的参考，若今日者，则我以为只要目的是正的——这所谓正不正，又只专凭自己判断——即可用无论什么手段，而况区区假名真名之小事也哉。此我所以指窗下为活人之坟墓，而劝人们不必多读中国之书者也！本来还要更长更明白地骂几句，但因为有所顾忌，又哀其胡子之长，就此收束罢。"也可见他们两人的志趣，也是不十分相投的。

太炎先生有二女，长㸚（即离字）次㠭（即整字）。㸚嫁给龚宝铨（字未生，嘉兴人），在日本时，常和陶焕卿到鳎过寓所来谈天。那时，他和陶焕卿拟组织暗杀团，狙击清廷大臣；又在联络江浙会党，计划起义，也是光复会的创立人之一。此外，秋瑾女士，是同时的留学生，又是同乡，所以也时常往访。她的脾气是豪爽的，来到也许会当面给人过不去。大家对于她来都有点惴惴欲逃，但是假使赶快款待餐饭，也会风平浪静地化险为夷。那时女留学生实在少，所以每有聚会，一定请她登台说话，一定拼命拍手。（鲁迅曾说，秋瑾是给拍手拍上断头台去的。）与徐锡麟同时在安徽战死的陈伯平烈士，会稽人；被害的马宗汉烈士，余姚人，都是光复会会员。他们初抵日本留学时，鲁迅曾到横滨去迎接他们，以后想也有往还。（许寿裳也是光复会会员。）其他还有陶冶公、陈濬等：陶初名铸，字望潮，后以字行曰冶公，会稽人，成章即其侄儿。在东京与鲁迅共习俄文，后在长崎，从俄人学造炸药，辛亥革命时，曾率人攻打上海制造局。陈字子英，山阴人，曾与徐锡麟在东湖密谋革命；徐殉难后，逃往日本，亦是鲁迅学俄文时同学。他们两人，也都是光复会会员。这些人，在学识、性情、年龄上，各有殊异；和鲁迅往来的时间，有久有暂，情感有深有浅，但他们却有一共同之点，即他们都是光复会的会员。（章太炎先生则是光复会的领袖之一，后来加入了同盟会。）鲁迅大概是没有加入光复会，正如苏曼殊没有加入同盟会，但他们的气味是相投的。

鲁迅一生最知己的朋友，或许应该说到许寿裳（季茀）了。（许氏，浙江山阴人。归国后历任浙江两级师范学堂教务长，教育部参事，江西教育厅厅长，北京女子高等师范学校校长，大学院参事、秘书长，及南北各大学教授。）他自述和鲁迅的交谊，"生平三十五年，彼此关怀，无异昆弟。例如他为我谋中山大学教书事，备极周到。他的著译编印的书，出版后大抵都有赠给我，并且大抵有题字，弥足珍贵。1909 年，我和沈夫人结婚，鲁迅赠以《文史通义》和《校雠通义》。他知道我爱诵乡先贤李慈铭的文章，即以厂肆所搜得的曾之撰刻《越缦堂骈体文集》四册给我"。"吾越乡风，儿子上学，必定替他挑选一位品学兼优的做开蒙先生，给他认方块字，把笔写字，并在教本上面替他写姓名，希望他能够得到这位老师品学的熏陶和传授。民国三年，我的长儿世瑛年五岁，我便替他买了《文字蒙求》，敦请鲁迅做开蒙先生。鲁迅只给他认识二个方块字：一个是'天'字，一个是'人'字，和在书面上写了'许世瑛'三个字。我们想一想，这'天人'两个字的含义实在广大得很，举凡一切现象（自然和人文），一切道德（天道和人道）都包括无遗了。后来，世瑛考入国立清华大学，本来打算读化学系，因为眼太近视，只得改读中国文学系，请教鲁迅应该看些什么书，他便开示了一张书单，所列书目，虽仅寥寥几部，实在是初学文学者所必需翻阅之书。他的说解也简明扼要。""民国七年初夏，内子沈夫人由北京初到南昌，不及半月便病故。鲁迅远来函唁，大意是说惊闻嫂夫人之丧，世兄们失掉慈母，固然是不幸，却也并非完全的不幸，因为他们也许倒成为更加勇猛，更无挂碍的男儿的。他真想得深刻，不是普通吊唁的套语。1935 年 7 月，长女世琯和汤兆恒在上海新亚酒家结婚，我因为国难期间，不敢发束，但是戚友来者已不少，鲁迅一向不肯出门酬应，独对于我是例外，那天下午，偕景宋挈海婴惠然来贺，并且到得很早，郑介石君来，翻阅来宾签名簿，见'周树人'三个字，便欣然问我：'周先生也来了吗？'我遂导引上屋顶花园，他们相见，非常高兴，因为已经阔别好几年了。近来我读

《鲁迅书简》，才知道他为我费去许多宝贵的光阴。'月初因为见了几回一个老朋友，又出席于他女儿的结婚，把译作搁起来，后来须赶译，所以弄得没有工夫。'觉得他的光临是非常欣幸，但是贻误了他的译作，又是抱歉万分。"从这些小节目上，我们更可以了解他们之间交谊的深切了。（所有记叙鲁迅生活的回忆录，当以许氏所记的为最真切。）

笔者和许氏没有见过面，不能说是知道他的为人。不过据许景宋的说法："许季茀先生是鲁迅的同乡、同学。而又从少年到老一直友好，更兼不时见面，长期同就职于教育部，同执教于各地，真可以算是知无不言、言无不尽的知己好友。他们两位是知交，个性却不大相同。间尝体察，他们在侃侃畅谈的时候，也会见解略异。首先必是鲁迅先生绷起面孔沉默着。但过不多时，彼此又水乳交融，毫无隔阂地谈起来了。不但和许先生如此，有时遇见别的老友齐寿山、邵铭之先生等，也会有此情状的。奇怪的是齐、邵先生等也和许先生一样，稍稍沉默之后又欢快地交谈了。鲁迅先生时常坚信地说：'季茀他们对于我的行动，尽管未必一起去做，但总是无条件地承认我所做的都对。'就这样，他们的友谊互相坚守信赖。就这样，鲁迅常常引以自豪，认为生平有几个生死不渝的挚友。有时也会听见鲁迅批评许先生人太忠厚了，容易被伪善者的假装所蒙蔽，他相信这人是好的，结果却会是或明或暗地首先反对他。因此时常为许先生担心。我也部分地同意鲁迅的话。然而许先生的忠厚，却赢得鲁迅的友谊；不，他们互相地忠实，真诚地相处了。"（笔者于鲁迅别处的老友，如齐寿山、邵铭之，就不能说什么，因为我们所能找到的文献太少了。）

鲁迅的朋友，虽不很多，却也不少；可是，他自己不曾说到的，我们也无从"画蛇添足"的。这儿，且说一个他在五四运动时期的朋友，刘复（半农）。刘氏去世时，鲁迅曾写了篇追忆的文字。他说："半农去世，我是应该哀悼的，因为他是我的老朋友。但是，这是十来年前的话了，现在呢，可难说得很。我已经忘记了怎么和他初次会面，以及他怎么能到了北京。他到北京，恐怕是在《新青年》投稿之后，由蔡子民先生或陈独秀先生去请来的……他活泼勇敢，很打了几次大仗。譬如罢，答王敬轩的双簧信，'她'字和'牠'字的创造，就都是的。这两件，现在看起来，自然是琐屑得很，但那是十多年前，单是提倡新式标点，就会有一大群人'若丧考妣'，恨不得'食肉寝皮'的时候，所以的确是'大仗'。现在的二十左右的青年，大约很少有人知道三十年前，单是剪下辫子就会坐牢或杀头的了。然而这曾经是事实。但半农的活泼，有时颇近于草率，勇敢也有失之无谋的地方。但是，要商量袭击敌人的时候，他还是好伙伴，进行之际，心口并不相应，或者暗暗的给你一刀，他是绝不会的，倘若失了算，那是因为没有算好的缘故。《新青年》每出一期，就开一次编辑会，商定下一期的稿件。其时最惹我注意的是陈独秀和胡适之。假如将韬略比作一间仓库罢，独秀先生的是外面竖一面大旗，大书道：'内皆武器，来者小心！'但那门却开着的，里面有几支枪，几把刀，一目了然，用不着提防。适之先生的是紧紧的关着门，门上粘一条小纸条道：'内无武器，请勿疑虑！'这自然可以是真的，但有些人——至少是我这样的人——有时总不免要侧着头想一想。半农却是令人不觉其有'武库'的一个人，所以我佩服陈、胡，却亲近半农。所谓亲近，不过是多谈闲天，一多说，就露出了缺点。几乎有一年多，他没有消失掉从上海带来的才子必有的'红袖添香夜读书'的艳福的思想，好容易才给我们骂掉了。但他好像到处都这么的乱说，使有些'学者'皱眉。有时候，连到《新青年》投稿都被排斥。他很勇于写稿，但试去看旧报去，很有几期是没有他的。那些人们批评他的为人，是：浅。不错，半农确是浅。但他的浅，却如一条清溪，澄澈见底，纵有多少沉渣和腐草，也不掩其大体的清。倘使装的是烂泥，一时就看不出它的深浅来了；如果是烂泥的深渊呢，那就更不如浅一点的好。"我想这该是鲁迅文字中最好的一篇；他在短短篇幅中，就勾画出三个人不同的性格来。

　　鲁迅和刘半农的交谊，到了晚年，慢慢疏远下去。鲁迅说："这些背后的批评，大约是很伤了半农的心的，他的到法国留学，我疑心大半就为此。我最懒于通信，从此我们就疏远起来了。他回来时，我才知道他在外国抄古书，后来也要标点《何典》，我那时还以老朋友自居，在序文上说了几句老实话，事后才知道半农颇不高兴了，'驷不及舌'，也没有法子。另外还有一回关于《语丝》的彼此心照的不快活。五六年前，曾在上海的宴会上见过一回面，那时候，我们几乎已经无话可谈了。近几年，半农渐渐地据了要津，我也渐渐的更将他忘却；但从报章上看见他禁称'蜜斯'之类，却很起了反感：我以为这些事情是不必半农来做的。从去年来，又看见他不断地做打油诗，弄烂古文，回想先前的交情，也往往不免长叹。我想，假如见面，而我还以老朋友自居，不给一个'今天天气……哈哈哈'完事，那就也许会弄到冲突的罢。不过，半农的忠厚，是还使我感动的。我前年曾到北平，后来有人通知我，半农是要来看我的，有谁恐吓了他一下，不敢来了。这使我很惭愧，因为我到北平后，实在未曾有过访问半农的心思。"

最后，鲁迅以最悲切的话作结。他说："现在他死去了，我对于他的感情，和他生时也并无变化。我爱十年前的半农，而憎恶他的近几年。这憎恶是朋友的憎恶，因为我希望他常是十年前的半农……即使'浅'罢，却于中国更为有益。"

在鲁迅的朋友之中，应该说到"内山完造"那是无疑的。鲁迅治丧委员会八人之中，内山完造即是其中之一。说到内山完造，我们都该记起上海北四川路的那家内山书店，是我们时常在那儿歇脚闲谈的去处。这位矮矮胖胖，时常笑嘻嘻的老板，他是在中国住了三十五年，成为中国人的朋友。他曾经写过几篇谈中国社会文化的随笔，他是一个了解中国文化的人。

内山的第一部随笔《活中国的姿态》，鲁迅曾经替他作了序。他说："著者（内山完造）是二十年以上，生活于中国，到各处去旅行，接触了各阶级的人们的，所以来写这样的漫文，我以为实在是适当的人物。事实胜于雄辩，这些漫文，不的确放着一种异彩吗？自己也常常去听漫谈，其实是负有捧场的权利和义务的，但因为已是很久的'老朋友'了，所以也想添几句坏话在这里。其一，是有多说中国的优点的倾向，这是和我的意见相反的，不过著者那一面，也自有他的意见，所以没有法子想。还有一点，是并非坏话也说不定的，就是读起那漫文来，往往颇有令人觉得'原来如此'的处所，而这令人觉得'原来如此'的处所，归根结底，也还是结论。幸而卷末没有明记着'第几章：结论'，所以仍不失为漫谈，总算还好的。然而即使力说是漫谈，著者的用心，还是在将中国的一部分的真相，绍介给日本的读者的。但是，在现在，总依然是因了各种的读者，那结果也不一样罢。这是没有法子的事。据我看来，日本和中国的人们之间，是一定会有互相了解的时候的。"（内山曾说："像日本人那样的喜欢'结论'的民族，就是无论是听议论，是读书，如果得不到结论，心里总不舒服的民族，在现在的世上，好像是颇为少有的。")

鲁迅死后，内山曾经写过一篇追念的文字，从这篇追忆文，更可以了解他们两人间的交谊。内山开头叙述鲁迅垂危时的情况，以迄于长逝，那时是 1936 年 10 月 19 日午前 6 时 25 分。以下便是他就记忆所及的平日谈论的片段：

"老板，孔老夫子如果此刻还活着的话，那么他是亲日呢？还是排日呢？"

听着这十分愉快的漫谈，还是最近的事情。

"大概有时亲日，有时排日吧！"

听见我这么说着，先生就哈哈地笑了起来。

在内山在另外一段随笔中说，"上次战争中（指中日战争），大家都知道其人本是日本诗人的米野口，亦即野口米次郎，在前往印度途中，曾经路过上海。为了一定要求会见鲁迅先生，他拜托朝日新闻社出面，在六三园设席，促成会晤。当时，杂谈之后，野口质问道：'鲁迅先生，若是中国的政治家和军人不能使中国人民安定，中国可不可以也像印度把政治和军事委交给英国的办法，把政治和军事委交于日本呢？'话说得太重了，说得更明显一些，根本就意味着'中国应该向日本投降了'，然而，鲁迅对于这种侮辱性的言辞，毫未动怒，却极为冷静地说：'这就是感情问题了。要是同样地把财产散光，则与其让强盗强夺，还不如让败家子用光罢。要是同样地被人杀死，则与其让外国人来杀，还不如借本国人之手杀掉。'野口先生别无他法，只有沉默，对谈也就此告终。"

"'老板，你也晓得的那位爱罗先珂曾经说得好：日本人很听从，遵守上头的人所说的话，官吏尤其是这样，所以，是一个最便于施行政治的国家。中国人却恰好相反，对于人家说的话语，首先加以怀疑。尤其是官吏所说的话，是颇为靠不住的，所以，中国乃是个最难于施行政治的国家。'我也觉得，这是实在的情形，例如长官对一个警察说：这是一个恶人（对于日本人，不管他是否一个罪人，只要被警察署叫去审问过一回，似乎就已经决定他是一个罪人；因此，一个给警察捉去了的人，就光是这一点，也已经可完全决定他是一个坏人），那么，警察的自我意识，就完全不会活动。不，应该说是：他不会使自我意识活动起来去研究那个人。他只是跟长官所说的一般地把这个人决定为坏人而加以处理。这似乎是把长官的话，不折不扣地完全相信着。在中国却完全相反：虽然长官说这是罪人，是个极坏的人，但人家绝不会相信他的说话。虽然因为是长官的命令，所以要把他当作罪人来处理，但他一定会让自我意识活动起来，一定有着别的看法，他一定会有着自己的见解。这就是日本易于完成其统一、中国却难于统一的大原因。"像这样倾心的闲话，不是交谊最深切最知己的说明吗？

笔者曾经细细翻检《鲁迅书简》，看和他往来的这些友朋之中，还有哪几个是该特别提出来说一说的。郁达夫、孙伏园、许钦文，都是往还很密切的。瞿秋白、沈雁冰、陈望道，是另一型的朋友。黎烈文、赵家璧、郑振铎，则是编务上有联络的朋友，交情不一定怎么深。（黎烈文的关系深一点。）左翼作家中，冯雪峰、徐懋庸、曹靖华、萧军比较接近，照冯雪峰的说法，他们似乎影响了鲁迅的思想脚步，我却采保留的态度。依鲁迅回答徐懋庸的信中话看来，鲁迅和他们之间，还是有距离的：

"我和胡风、巴金、黄源诸人的关系。我和他们是新近才认识的，都由于文学工作上的关系，虽然还不能称为至交，但也可以说是朋友。不能提出真凭实据，而任意诬我的朋友为'内奸'，为'卑劣'者，我是要加以辩正的，这不仅是我的交友的道义，也是看人看事的结果。徐懋庸说我只看人，不看事，是诬枉的，我就先看了一些事，然后看见了徐懋庸之类的人。胡风我先前并不熟识，去年的有一天，一位名人约我谈话了，到得那里，却见驶来一辆汽车，从中跳出四条汉子：田汉、周起应，还有另两个，一律洋服，态度轩昂，说是特来通知我：胡风乃是内奸，官方派来的。我问凭据，则说是得自转向以后的穆木天口中。转向者的言谈，到左联就奉为圣旨，这真使我目瞪口呆。再经几度问答之后，我的回答是：证据薄弱之极，我不相信！当时自然不欢而散。但后来也不再听人说明胡风是'内奸'了。"

年轻的一群之中，我看重他和未名社那几位朋友李霁野、韦素园、韦丛芜、台静农等。他在《忆韦素园君》的文中说："未名社的同人，实在并没有什么雄心和大志，但是，愿意切切实实地，点点滴滴地做下去的意志，却是大家一致的。而其中的骨干就是素园。于是他坐在一间破小屋子，就是未名社里办事了，不过小半好像也因为他生着病，不能上学校去读书，因此，便天然的轮着他守寨。我最初的记忆是在这破寨里看见了素园，一个瘦小、精明、正经的青年，窗前的几排破旧外国书，在证明他穷着也还是钉住着文学。然而，我同时又有了一种坏印象，觉得和他是很难交往的，因为他笑影少。'笑影少'原是未名社同人的一种特色，不过素园显得最分明，一下就能够令人感得。但到后来，我知道我的判断是错误了，和他也并不难于交往。他的不很笑，大约因为年龄的不同，对我的一种特别态度罢，可惜我不能化为青年，使大家忘掉彼我，得到确证了。这真相，我想，霁野他们还是知道的。但待到我明白了我的误解之后，却同时又发现了一个他的致命伤：他太认真；虽然似乎沉静，然而他激烈。……发扬则送掉自己的命，沉静着，又啮碎了自己的心。……是的，但素园却并非天才，也非豪杰，当然更不是高楼的尖顶，或名园的美花，然而他是楼下的一块石材，园中的一撮泥土，在中国第一要他多。他不入于观赏者的眼中，只有建筑者和栽植者，决不会将他置之度外。"这是鲁迅所赞许的有为青年的轮廓。

不过，我们看看鲁迅和李霁野先生往来的信以及《两地书》中，他对许广平所提及的，他本来对《莽原》的年轻朋友，颇尽力帮助，而有所期待的，后来高长虹、向培良都和他闹翻了。他写给许广平信中说："长虹又在和韦漱园吵闹了，在上海出版的《狂飙》上大骂，又发了一封给我的信，要我说几句话。这真是吃得闲空。然而我却不愿意奉陪了，这几年来，生命耗去不少，也陪得够了，所以决计置之不理。况且闹的原因，据说是为了《莽原》不登向培良的剧本，但培良和漱园在北京发生纠葛，而要在上海的长虹破口大骂，还要在厦门的我出来说话，办法真是离奇得很。"其失望与不满之情，也是溢于词表的。鲁迅是接近青年的，但要他和青年为友，也是不容易的。

笔者于鲁迅的朋友中，凭着自己的主观来选择，还要再写四个人：一个是孙伏园，他的学生，后来和他往来最密切的朋友。一个是林语堂，鲁迅写给笔者的信中，就说过"语堂是我的老朋友，我应以朋友待之"的话。而在《语丝》时期，他们之间的确相处得很好；鲁迅之往厦门大学任教，也是林氏所推荐的。一个是陈公侠（仪），便是任过福建省主席、台湾行政长官。又一个，则是若干人或许不赞成的，被鲁迅攻击得很久的陈西滢（源）。其他，如冯雪峰、茅盾、郁达夫等，我都一笔带过了。（本来，我要说到郁达夫的，创造社那一群年轻朋友中，都和鲁迅不十分融洽，郭沫若就不曾和鲁迅见过面，只有郁达夫和鲁迅相处很好。鲁迅旧诗中，有《阻郁达夫移家杭州》诗："钱王登假仍如在，伍相随波不可寻。平楚日和憎健翮，小山香满蔽高岑。坟坛冷落将军岳，梅鹤凄凉处士林。何似举家游旷远，风波浩荡足行吟。"可惜，手边材料，十分缺乏，不能成篇。）

孙伏园先生，自言他最初认识鲁迅是在绍兴初级师范学堂，那一年是宣统三年（1911 年），他正在那儿念书。他说他是一个不大会和教师接近的人：一则他不用功，所以不需要请教；二则他颇厌倦于家庭中的恭顺有礼的生活，所以不大愿意去见师长。他和鲁迅的熟识，却是因为职务，他那时正做着级长常常得见学校当局。后来鲁迅辞去了校长职务，到南京转北京去了，他也离开了那个学校。他说："凡是和鲁迅先生商量什么事情，需要他一些助力的，他无不热烈真诚地给你助力。他的同情总是在弱者一面，他的助力自然更是用在弱者一面。即如他为《晨报副刊》写文字，就完全出于他要帮助一个青年学生的我，使我能把报办好，把学术空气提倡起来。至于为人处世，他帮忙我的地方更多。鲁迅因为太热烈，太真诚，一生碰过多少次壁。这种碰壁的经验，发而为文章，自然全在这许多作品里；发而为口头的议论，则我自觉非常幸运，所受到的乃至受用的，比任何经籍给我还多。我是一个什么事情也不会动手的人，身体又薄弱，经不起辛苦，鲁迅教我种种保卫锻炼的方法。我们一同旅行的时候，如到陕西，到厦门，到广州，我的铺盖常常是鲁迅替我打的。耶稣尝为门徒洗脚，我总要记起这个故事。"

不过，以他们师徒之间的相契，却有着隔膜的。鲁迅追述他与《语丝》的始终，说到伏园为了他的一篇稿子的被抽而辞去《晨报副刊》的职务，说到伏园建议办《语丝》周刊，他答应为之"呐喊"。后来，《语丝》办得很有成绩，伏园说了一句刺心的话，却使鲁迅惘然了。他说："对于《晨报》的影响，我不知道，但似乎也颇受些打击，曾经和伏园来说和，伏园得意之余，忘其所了，曾以胜利者的笑容，笑着对我说道：'真好，他们竟不料踏在炸药上了！'这话对别人说不算是什么的。但对我说，却好像浇了一碗冷水，因为我立刻觉得这'炸药'是指我而言，用思索，做文章，都不过使自己为别人的一个小纠葛而粉身碎骨，心里就一面想：'真糟，我竟不料被埋在地下了！'我于是'彷徨'起来。……但我的彷徨并不用许多时，因为那时还有一点读过尼采的《苏鲁支语录》的余波，从我这里只要能挤出——虽然不过是挤出——文章来，就挤了去罢，从我这里只要能做出一点'炸药'来，就拿去做了罢，于是也就决定，还是照旧投稿了——虽然对于意外的被利用，心里也耿耿了好几天。"他又说起这位《语丝》发起人的孙伏园，也不写稿了。而且有了小小的误会了。写到这儿，笔者记起了有一回和鲁迅的闲谈，我问他："孔夫子最得意相处得最好的门徒是谁？"他想了一想，说："总不会是颜回。"我说是子路："你看，跟着夫子跑来跑去，碰了无数的钉子的就是他。"鲁迅笑了。我也不知道，谁是鲁迅的子路！

《鲁迅书简》中，提到林语堂的地方，颇不少。笔者也曾引用过鲁迅回我信中的一段话："语堂是我的老朋友，我应以朋

友待之，当《人间世》还未出世，《论语》已很无聊时，曾经
竭了我的诚意，写一封信，劝他放弃这玩意儿，我并不主张他
去革命，拼死，只劝他译些英国文学名作，以他的英文程度，
不但译本于今有用，在将来恐怕也有用的。他回我的信是说，
这些事等他老了再说。这时我才悟到我的意见，在语堂看来是
暮气，但我至今还自信是良言，要他于中国有益，要他在中国
存留，并非要他消灭。他能更急进，那当然很好，但我看是决
不会的，我决不出难题给别人做。不过另外也无话可说了。看
近来的《论语》之类，语堂在牛角尖里，虽愤愤不平，却更钻
得滋滋有味，以我的微力，是拉他不出来的。"林氏最讨厌笔
者引用这一段话，因为鲁迅真的把他未盖棺而论定了。许寿裳
的《鲁迅印象记》中，也有过这么一段话："记得鲁迅刚由广州
回上海不久，语堂在《中国评论》周报发表一文《Lusin》，当
然深致赞扬，尤其对于他在广州讲演魏晋风度，称其善于应变。
有一天，我和鲁迅谈及，鲁迅笑着说：'语堂我有点讨厌，总是
尖头把戏的。'后来，语堂谈小品文而至于无聊时，鲁迅曾写
信去忠告，劝其翻译英文名著，语堂不能接受，竟答说，这些
事等到老时再说。鲁迅写信给我说：'语堂为提倡语录体，在此
几成众矢之的，然此公亦太浅陋也。'他对语堂的批评的确是
深刻而又出之以善意的。"

此外，鲁迅在复郑振铎的信中也说："小品文本身本无功过，
今之被人诟病，实因过事张扬，本不能诗者争作打油诗；凡袁
宏道、李日华文，则誉为字字佳妙，于是而反感随起。总之，
装腔作势，是这回的大病根。其实，文人作文，农人掘锄，本
是平平常常，若照相之际，文人偏要装作粗人，玩什么'荷锄
戴笠图'，农夫则在柳下捧一本书，装作'深柳读书图'之类，

就要令人肉麻。现已非晋，或明，而《论语》及《人间世》作者，必欲作飘逸闲放语，此其所以难也。""此地之小品文风潮，也真真可厌，一切期刊，都小品化，既小品矣，而又唠叨，又无思想，乏味之至。语堂学圣叹一流之文，似日见陷没，然颇沾沾自喜，病亦难治也。"

他对林语堂所提倡的闲适文学，最露骨的当然是那篇《小品文的危机》，可以说是对《人间世》的正面批判。"小品文的生存，也只仗着挣扎和战斗的。晋朝的清言，早和它的朝代一同消歇了。唐末诗风衰落，而小品放了光辉。但罗隐的《谗书》，几乎全部是抗争和愤激之谈；皮日休和陆龟蒙自以为隐士，别人也称之为隐士，而看他们在《皮子文薮》和《笠泽丛书》中的小品文，并没有忘记天下，正是一塌糊涂的泥塘里的光彩和锋芒。明末的小品虽然比较的颓放，却并非全是吟风弄月，其中有不平，有讽刺，有攻击，有破坏。这种作风，也触着了满清君臣的心病，费去许多助虐的武将的刀锋，帮闲的文臣的笔锋，直到乾隆年间，这才压制下去了。以后呢，就来了'小摆设'。'小摆设'当然不会有大发展。到五四运动的时候，才又来了一个展开，散文小品的成功，几乎在小说、戏曲和诗歌之上。这之中，自然含着挣扎和战斗，但因为常常取法于英国的随笔 (Essay)，所以也带一点幽默和雍容；写法也有漂亮和缜密的，这是为了对于旧文学的示威，在表示旧文学之自以为特长者，白话文学也并非做不到。以后的路，本来明明是更分明的挣扎和战斗，因为这原是萌芽于'文学革命'以至'思想革命'的。但现在的趋势，却在特别提倡那和旧文章相合之点，雍容，漂亮，缜密，就是要它成为'小摆设'，供雅人的摩挲，并且想青年摩挲了这'小摆设'，由粗暴而变为风雅了。……小品

文就这样走到了危机。但我所谓危机，也如医学上的所谓'极
期'（Krisis）一般，是生死的分歧，能一直得到死亡，也能由
此至于恢复。麻醉性的作品，是将与麻醉者和被麻醉者同归于
尽的。生存的小品文，必须是匕首，是投枪，能和读者一同杀
出一条生存的血路的东西。"这就使他们二人判然分途了。

笔者在另外一篇小品中说过这样的话："如鲁迅的说法，林
语堂是最不懂得幽默的，然而却以幽默大师所称。'幽默'是
一种风度，这种风度，最主要的，乃是超乎利害关系，从来不
打算盘，而林氏却是一个最爱打算盘的人。"

孙伏园氏追述鲁迅的少年时代，说到他年轻时的三位朋友，
蒋观云（智由）、许季茀而外，兼及陈公侠（仪）。他说："陈先
生与鲁迅情谊之厚，几与许先生不相上下。不过陈先生学军事，
回国以后又带兵，又主持中央军政，地方行政，工作的性质相
差太远，过从便没有许先生那么多了。鲁迅度着战斗的生活，
处处受着绅士们的压迫，大学教授中绅士居多，使他不能好好
地教书，批评家中绅士也多，使他不能好好地创作。被绅士们
包围得水泄不通的时候，好像我们在敌机临空时想念防空洞一
样，他常常会想念他的幼年同学时的好朋友，说：'不教书了，
也不写文章了，到公侠那儿做营混子去了。'我从没有听见过
'营混子'的名称，鲁迅先生给我解释，'我想这也无非要达到
敢说敢笑敢爱敢恨的无可奈何时的一个理想的无职业的职业而
已'。"这一番话，那是鲁迅的一般朋友们所不知道的。（周作
人氏在《鲁迅的故家》中也说道："鲁迅在东京时的朋友，同乡
中间有邵明之名文镕，蔡谷清名元康，陈公侠名毅、后改名仪，
还有一个张承礼，杭州人，也是学陆军的，有一张武装的照片
送给鲁迅，后来死于戴戡之难。"）

　　鲁迅曾经进过水师学堂，后来改进江南陆师学堂附设的矿路学堂，这是他自己在《朝花夕拾》中说过的。不过，他和陈仪的交谊，我倒是后来（鲁迅逝世后第三年）到了福建才知道的。那时，陈仪任福建省主席，他有一天，在书房中和我闲谈，我看见他的书架上摆着一部整整齐齐的《鲁迅全集》。陈氏对我说："你不知道吗？鲁迅是我的老朋友。"他还找了鲁迅亲笔题字送给他的各种集子给我看，他还很熟识鲁迅的警句，不费思索地念给我听。于是，我们就谈起鲁迅。他说："鲁迅是我们绍兴的文学家。"他这句话的意义，是说鲁迅是一个富有绍兴酒味的乡土文学家。陈氏也是绍兴人，在他心目中，鲁迅的文章风格，有着张岱（宗子）、李慈铭的韵味的。陈氏，他是著名军事家，也是地方行政长官，我却惊于他的文艺修养之深。他对于鲁迅的文学修养渊源，说得有条有理，他也和我谈到显克微支的炭画，安特列夫的《七个绞死的人》，果戈理的《死魂灵》，他懂得讽刺文学的意味。他说，鲁迅的轻妙笔致，颇受夏目漱石的影响。（笔者自愧对于夏目漱石的文章，并不了解。）大概他们两人，各有所成就，而不愿意互相标榜，因此，世人便忽略过去了。

　　陈氏，笔者知之虽不深，但就我所见所闻所接触的政界人来说，他是一个最有政治头脑的人。民国初年，浙江虽是东南革命策源地，但北洋派的军阀势力，逐渐入侵，残存的浙江地方实力只有陈氏的第一师和周某的第二师，依草附木，就在军阀的屋檐下苟延残喘。直到国民革命军北伐成功，他才有发展自己抱负的机会。他主福建省政八年，台湾省政二年，浙江省政一年，原想建立一种健全的地方行政制度；他是主张渐进的，一步一步慢慢建设起来。遗憾的是会逢时变，终于不能实现他的理想。他的幕府中,有沈仲九氏的政治智囊,而黎烈文替他办文化事业(称改进社),郁达夫也曾在他的幕府中主宣传,他是一个着重实践的人,所以表面上并不"哗世取宠"的。

附带的,在这儿记一笔蒋智由的旧事。许寿裳说:"蒋智由也是一位负盛名的维新人物而主张革命的。他居东颇久,我和鲁迅时常同往请教的,尤其在章先生上海入狱的时候。他当初还未剪辫,喜欢戴一顶圆顶窄檐的礼帽,俗所谓绅士帽者是。他的诗文清新,为人们所传诵。例如《送匋耳山人归国诗》:'亭皋飞落叶,鹰隼出风尘。慷慨酬长剑,艰难付别尊。敢云吾发短,要使此心存;万古英雄事,冰霜不足论。'可是有一次,蒋氏说到服装问题,说满清的红缨帽有威仪而指他自己的西式礼帽则无威仪。我们听了,颇感奇怪。辞出之后,鲁迅便在路上说:'观云的思想变了。'我点点头。我们此后也不再去。"不过,蒋氏后来也不曾做官,民国以后,他也就以诗酒终其一生了。

有一天,笔者和几位朋友,谈到鲁迅的敌人是谁?从表面上看,他骂得最久的,乃是陈源(西滢);但从《两地书》看来,他对于顾颉刚的深恶痛绝,自在陈西滢之上。而从他的朋友变成了他的敌人,那位莽原社高长虹,也在他所不齿之列。

鲁迅在一封写给许景宋的信中说:"我先前在北京为文学青年打杂,耗去生命不少,自己是知道的。但到这里,又有几个学生办了一种月刊,叫作《波艇》,我却仍然去打杂。这也还是上文所说,不能因为遇见过几个坏人,便将人们都作坏人看的意思。但先前利用过我的人,现在见我偃旗息鼓,遁迹海滨,无从再来利用,就开始攻击了,长虹在《狂飙》第五期上尽力攻击,自称见过我不下百回,知道得很清楚,并捏造许多会话(如说我骂郭沫若之类)。其意即在推倒《莽原》,一方面则推广《狂飙》的销路，其实还是利用，不过方法不同。他们那时的种种利用我，我是明白的，但还料不到他看出活着他不能吸血了，就要打杀了煮吃，有如此恶毒。我现在姑且置之不理，看看他伎俩发挥到如何。总之，他戴着见了我'不下百回'的假面具，现在是除下来了，我还要仔细地看看。……我在静夜中，回忆先前的经历，觉得现在的社会，大抵是可利用时则竭力利用，可打击时则竭力打击，只要于他有利。我在北平这么忙，来客不绝，但一受段祺瑞、章士钊们的压迫，有些人就立刻来索还原稿，不要我选定，作序了。其甚者还要乘机下石，连我请他吃过饭也是罪状了，这是我在运动他；请他喝过好茶也是罪状了，这是我奢侈的证据。借自己的升沉，看看人们的嘴脸的变化，虽然很有益，也有趣，但我的涵养功夫太浅了，有时总还不免有些愤激。"这样沉痛切齿的话，那是他反击陈西滢、梁实秋的文字中所没有的。

鲁迅对于顾颉刚的印象，似乎特别坏。（人心之不同，如其面然，我对于鲁迅这份心理是不了解的。我觉得顾颉刚先生倒是颇有学究气味，周作人的看法，也就和鲁迅不相同的。）《语丝》初出版时，顾氏也到那边去教书，冤家路狭，所以彼此感情十分恶劣。《两地书》中，他一提到了顾氏，就有这样的考语："在国学院里的，朱山根是胡适之的信徒，另外还有两三个，好像都是朱荐的，和他大同小异，而更浅薄，一到这里，孙伏园便要算可以谈谈的了。我真想不到天下何其浅薄者之多。他们面目倒漂亮的，而语言无味。"（朱山根指顾颉刚。）后来，闹到了广州，一个要"鲁迅及谢先生暂勿离粤，以俟开审"。而一个请其"就近在浙起诉，尔时仆必到杭州以负应负之责"，闹了一场趣剧了局。

　　鲁迅骂陈西滢的文字，可以说是发挥了韧性的特长，几乎整整一年多，只要有机会，就会连类及之。（原文具在，不必多引。）这儿，且引一段陈西滢回骂的话。他写给徐志摩的信中说："志摩，不要以为我又生气了。我不过觉得鲁迅先生是我们中间很可研究的一位大人物，所以不免扯了一大段罢了。可惜我只见过他一次，不能代他画一幅文字的像，这也是一种无聊的妄想罢了，不要以为我自信能画出这样心理复杂的人物来。说起画像，忽然想了《京报副刊》里林语堂先生画的'鲁迅先生打叭儿狗图'。要是你没有见过鲁迅先生，我劝你弄一份看看。你看他面上八字胡子，头上皮帽，身上厚厚的一件大氅，很可以表出一个官僚的神情来。不过林先生的打叭儿狗的想象好像差一点。我以为最好的想象是鲁迅先生张着嘴立在泥潭中，后面立着一群悻悻的狗，'一犬吠影，百犬吠声'，不是俗语么？可是千万不可忘了那叭儿狗，因为叭儿狗能今天跟了黑狗这样叫，明天跟了白狗那样叫，黑夜的时候还能在暗中猛不防地咬人家一口。"他们之间，就是这么毒辣地讽刺着，至于什么仇恨，我知道倒是没有的。

　　笔者本来是算不得是鲁迅的亲近朋友，所以也不必谬托知己；不过，在他生前，也曾有过几次深谈。（这儿笔者附记一笔，鲁迅写给我的信有四十四封，第一批送到许广平那边去的二十四封，即《鲁迅书简》中所收的。还有二十封，因为内容比较重要，想抄了原信再送去。哪知"八一三"淞沪战事发生，我匆匆上战场，不及料理这些琐事。其后太平洋战争发生，我的师友信札，寄存亲戚家全部毁去；中有周作人来信五十六封，连着这二十封信全部丧失了。因此，《鲁迅书简》中，许氏根据我的纪念文中所引，辑有逸文。）我曾对他说："你颇像爱罗先珂，你是寂寞的，而你又是怕寂寞的。我觉得你最大的苦痛，乃是'往来无白丁'，所与谈的都是读书人；因此，你谈话先有戒心。你又敏感得很，有时言者未必有意，你听了却搁在心头。"他颇赞同我的说法。那时我只有三十来岁，但心境和他一样地衰老，这都是入世过早之故。

《鲁迅书简》，一开头便是鲁迅写给李秉中的信。我和李氏并不相识，不过，照那些信中的语气看来，鲁迅也和他说了心腹中的话。他曾在一封信中，对李氏说："我恐怕是以不好见客出名的。但也不尽然，我所怕见的是谈不来的生客，熟识的不在内，因为我可以不必装出陪客的态度。我这里的客并不多，我喜欢寂寞，又憎恶寂寞，所以有青年肯来访问我，很使我喜欢。但我说一句真话罢，这大约你未曾觉得的，就是这人如果以我为是，我便发生一种悲哀，怕他要陷入我一类的命运；倘若一见之后，觉得我非其族类，不复再来，我便知道他较我更有希望，十分放心了。其实我何尝坦白？我已经能够细嚼黄连而不皱眉了。我很憎恶我自己，因为有若干人，或则愿我有钱，有名，有势，或则愿我陨灭，死亡，而我偏偏无钱，无名，无势，又不灭不亡，对于各方面，都无以报答盛意，年纪已经如此，恐将遂以如此终。我也常常想到自杀，也常想杀人，然而都不实行，我大约不是一个勇士。现在仍然只好对于愿我得意的便拉几个钱来给他看，对于愿我灭亡的避开些，以免他再费机谋。我不大愿意使人失望，所以对于爱人和仇人，都愿意有以骗之，亦即所以慰之，然而仍然各处都弄不好。我自己总觉得我的灵魂里有毒气和鬼气，我极憎恶他，想除去他，而不能。我虽然竭力遮蔽着，总还恐怕传染给别人，我之所以对于和我往来较多的人有时不免觉到悲哀者以此。"这些话，至少可以使我们了解鲁迅的心境的一面。

他在一封回我的信中说："知识分子以外，现在是不能有作家的，戈里基其虽称非知识阶级出身，其实他看的书很不少，中国文学如此之难，工农何从看起，所以新的文学，只能希望于好的青年。十余年来，我所遇见的文学青年真也不少了，而稀奇古怪的居多。最大的通病，是以为因为自己是青年，所以最可贵，是不错的，待到被人驳得无话可说的时候，他就说是因为青年，当然不免有错误，该当原谅的了。而变化也真来得快，三四年中，三翻四覆的，你看有多少。古之师道，实在也太尊，我对此颇有反感。我以为师如荒谬，不妨叛之，但师如非罪遭冤，却不可乘机下石，以图快敌人之意而自救。太炎先生曾教我小学，后来因为我主张白话，不敢再去见他了。后来他主张投壶，心窃非之，但当国民党要没收他的几间破屋，我实不能向当局作媚笑。以后如相见，仍当执礼甚恭（而太炎先生对于弟子，向来也绝无傲态，和蔼若朋友然），自以为师弟之道，如此已可矣。今之青年，似乎比我们青年时代的青年精明，而有些也更重目前之益，为了一点小利，而反噬构陷，真有大出乎意料者，历年来所身受之事，真是一言难尽，但我是总如野兽一样，受了伤，就回头钻入草莽，舐掉血迹，至多也不过呻吟几声的。只是现在却因为年纪渐大，精力就衰，世故也愈深，所以渐在回避了。"从这儿，我们可以体会鲁迅的处世对人的态度。

二十九、闲话

　　笔者标出"闲话"二字，并非"闲话鲁迅"，也非"鲁迅闲话"，原是用比较不拘束的格调，写鲁迅二三事一类的东西。我自己反省，我并不是一个适当的写鲁迅传记的人，除了史人的态度，论事比较客观一点。我相信一个最适当的写传的人，倒是林辰。（孙伏园也说，他私心希望这位未来的传记作家是林辰。）

　　林辰曾经整理一份材料为《鲁迅与狂飙社》的冲突，说到高长虹、向培良、尚钺这一群青年，而长虹之仇视鲁迅，却是为了许广平；而鲁迅的《奔月》，即是讽刺高长虹，这也是一件文坛韵事。狂飙社，可以说是从北京的莽原社分裂出来，在上海成立的文艺团体，那时是 1926 年。社中那几个主要人中，有高长虹、向培良、尚钺、朋其、高歌等人，说起来都是反对鲁迅的。而留在北京的莽原社社友，如韦素园、韦丛芜、李霁野、台静农，都是拥护鲁迅的。他们曾在《京报副刊》发表过狂飙运动宣言，说是："我们的重要工作，在建设科学艺术，在用科学批评思想。因为目前不得已的缘故：我们次要的工作在用新的思想批评旧的思想，在介绍欧洲较进步的科学艺术到中国来。"意义是很模糊的，其实他们自以为羽毛丰了的小鸟，却卷不起什么狂飙来的，他们的影子淡得很，并不曾留下什么痕迹来。

高长虹（他是山西人）曾追叙他和鲁迅最初相见的印象，说："我初次同他（鲁迅）谈话的印象，不但不是人们传说中的鲁迅，也不很像《呐喊》的作者鲁迅，却是一个严肃诚恳的中年战士，鲁迅那时仿佛一个老人，年纪其实也只四十三四岁。他的中心事业是文艺事业、思想事业，不过因为当时的环境不好，常持一种消极的态度。写文章的时候，态度倔强，同朋友谈起话来，却很和蔼谦逊。"他的说法，也很真实真切的。在鲁迅那一面，对长虹的印象是这样：长虹"乃是我今年新认识的，意见也有一部分和我相合，而似是安那其主义者。他很能做文章，但大约因为受了尼采的作品的影响之故罢，常有太晦涩难解处"，也可说是很不错的。鲁迅对他期望很大，为了《莽原》，有一年多时间，长虹他们时常到鲁迅家中去。有一回，为了校正长虹的稿子，鲁迅真是吐了一口血，也可说是费尽心力了。长虹第一本杂感和诗的合集《心的探险》，便是鲁迅替他编订，设计封面，编入《乌合丛书》中去的。

后来，鲁迅到厦门去了，长虹和鲁迅翻脸了，原因是《莽原》压下了向培良的剧本。于是长虹便在《狂飙》上大骂鲁迅了，说是"青年的绊脚石哪，世故老人哪，戴着纸糊帽子的思想权威者，人于身心交病之状也矣"哪，使鲁迅伤心了。到了后来，鲁迅才知道高长虹之所以骂他，向培良的稿件只不过是一个表面的缘由，真实的原因，却是"为了一个女性"。鲁迅在给景宋的一封信中，说："那流言，是直到去年十一月，从韦漱园的信里才知道的。他说，由沉钟社里听来，长虹的拼命攻击我是为了一个女性，《狂飙》上有一首诗，太阳是自比，我是夜，月是她。……我这才明白长虹原来在害'单相思病',以及川流不息地到我这里来的原因,他并不是为《莽原》,却在等月亮。"鲁迅知道了这实际的原因以后,就做了一篇小说,和他开了一点小玩笑,寄到未名社去。这篇小说,便是《故事新编》中的《奔月》。

在《奔月》第二节中,老婆子问羿是谁,他回答"我就是夷羿",并且说:"有些人是一听就知道的。尧爷的时候,我曾经射死过几匹野猪,几条蛇……"但老婆子却笑起来了:"哈哈,骗子,那是逢蒙老爷和别人合伙射死的。也许有你在内罢;你倒说是你自己了,好不识羞!"夷羿道:"阿阿,老太太。逢蒙那人,不过近几年时常到我那里来走走,我没有和他合伙,全不相干的。"最后,羿在回家的路上,被逢蒙一箭射中了他的嘴,一个筋斗,他带箭掉下马去了,逢蒙便慢慢蹩走过来,微笑着去看他的死脸,但羿忽然张开眼睛,直坐起来,他吐出了箭,笑着说:"你真是白来了一百多回,难道连我的啮镞法都没有知道呢,这怎么行。你闹这些小玩意儿是不行的,偷去的拳头打不死本人,要自己练练才好。"这段小说,和这段故事一对照,当然十分明白了。不过,在《两地书》未出版以前,除鲁迅和景宋之外,也只有长虹和其他少数《莽原》的朋友领悟这小说的含义的。

依林辰的说法,鲁迅那篇《奔月》的动机,只有他们那个三角小圈子中人体会得的。我却以为《莽原》那一群人,大概都明白的。鲁迅有一封写给李霁野的信中说:"《狂飙》停刊了,他们说被我阴谋害死的,可笑……尚钺有信来,对于我的《奔月》,大不舒服,其实我那篇不过有时开一点小玩笑,而他们这么头痛,真是禁不起一点风波。"鲁迅的本意,以及狂飙社那些年轻人的反应，可以看得很明白了。当时，高长虹也曾自己辩白了一回，说："一天的晚上，我到了鲁迅那里，他正在编辑《莽原》，从抽屉里拿出一篇稿子来给我看，问写得怎样，可不可修改发表。《莽原》的编辑责任，完全由鲁迅担任的，不过他时常把外面投来的稿子先给我看。我看了那篇稿子，觉得写得很好，赞成发表出去。他说作者是女师大的学生，我们都说女子能有这样大胆思想，是很不容易的了。以后还继续写稿子来，这人就是景宋。我那时候有一本诗集，是同《狂飙》周刊一时出版的。一天，接到一封信，附了邮票，是买这本诗集的，这人正是景宋。因此，我们就通起信来，前后通了有八九次信，可是并没有见面，那时，我仿佛觉得鲁迅同景宋的感情是很好的。后来我在鲁迅那里同景宋见过一次面，可是并没有谈话，此后连通信也间断了。以后人们所传说的什么什么，事实的经过却只是这样的简单。可是这种朴素的通信，也许就造成鲁迅同我伤感情的第二原因了。"

从手法说，高长虹不仅不十分高明，而且经鲁迅一揭穿，格外显得十分卑劣的。他在另一写给李霁野的信中说："狂飙社的人们，似乎都变了曾经最时髦的党了。尚钺坏极，听说在河南，培良在湖南，高歌长虹似乎在上海。这一班人，除培良外，都是极坏的骗子。"而鲁迅那篇所谓《思想界先驱者鲁迅启事》，说：

《新女性》八月号登有"狂飙社广告"，说："狂飙运动的开始远在二年之前……去年春天本社同人与思想界先驱者鲁迅及少数最进步的青年文学家合办《莽原》……兹为大规模地进行我们的工作起见，于北京出版之《乌合》《未名》《莽原》《弦上》四种出版物"……所用稿件，皆系个人名义送来；对于狂飙运动,向不知是怎么一回事:如何运动,运动什么。今忽混称"合办",实出意外;不敢掠美,特此声明。又,前因有人不明真相,或则假借虚名,加我纸冠,已非一次,业经先有陈源在《现代评论》上,近有长虹在《狂飙》上,迭加嘲骂,而狂飙社一面又赐以第三顶"纸糊的假冠",真是头少帽多,欺人害己,虽"世故的老人",亦身心之交病矣。只得又来特此声明:我也不是"思想界先驱者"……此等名号,乃是他人暗中所加,别有作用,本人事前并不知情,事后亦未尝高兴。倘见者因此受愚,概与本人无涉。

长虹他们,一面要利用鲁迅这一招牌,一面又在明显地打击他,这也是鲁迅接近青年后,所最痛心的打击。鲁迅曾在写给景宋的一封信中说:"有青年攻击或讥笑我,我是向来不去还手的,他们还脆弱,还是我比较的禁得起践踏。然而他竟得步进步,骂个不完,好像我即使避到棺材里去,也还要戮尸的样子。……我已决定不再彷徨,拳来拳对,刀来刀当,所以心里也很舒服了。"

不过,在恋爱场合,一个年轻人,和一个中年人竞争,看起来,中年人尽管有若干显著的弱点,然而胜利常属于中年人,这也是鲁迅所以轻取"嫦娥"的快意之举。鲁迅和许景宋的情书,以《两地书》的书名刊行,其中虽有删节之处,大体上,可以使我们看了,不觉得肉麻。鲁迅自言:"《两地书》其实并不像所谓'情书',一因为我们通信之初,实在并未有关于后来的预料的;二则年龄、境遇都已倾向了沉静方面,所以决不会显出什么热烈。冷静,在两人之间,是有缺点的,但打闹也有弊病,不过,倘能立刻互相谅解,那也不妨。"这话说得很老实。

但一个人的情书，都可以公然出版，而使人读了，不觉得肉麻，其人襟怀坦然，可想而知了。

从鲁迅小说中的分析人性来说，他可以说是烛微窥隐，最能了解人类的灵魂的。

但是，我们仔细看看鲁迅对于真的朋友的性格分析，就没有这么真切而确当了。他是说：《狂飙》那一群人，除了向培良都是骗子。而向培良对他的观感究竟如何呢，这倒是有趣的对比。向培良，湖南人。在北京时，他与鲁迅往还很密切。《华盖集》所载的《北京通讯》，便是写给他的，他一直到鲁迅离开北京日止，对于鲁迅都是很推崇的。鲁迅离京前那篇《记谈话》，便是向培良所记的，他在《记谈话》前面有一段引言说："鲁迅先生快到厦门去了，……这实在是我们认为很使人留恋的一件事。……人们一提到鲁迅先生，或者不免觉得他稍微有一点过于冷静，过于默视的样子，而其实他是无时不充满着热烈的希望，发挥着丰富的感情的。在这一次谈话中，尤其可以显明地看出他的主张；那么，我把他这一次的谈话记下，作为他出北京的纪念，也许不是完全没有重大的意义罢。"这也可以看到他对鲁迅的景仰与依恋。其后不久，为了他的稿子，引起了莽原社的分裂，而他走了知识分子的游离投机的老路，到南京去主编《青春》月刊，反对普罗文学，提倡"人类的艺术"，鲁迅才在上海讲演《上海文艺之一瞥》，对他有所指斥。鲁迅说："在革命渐渐高扬的时候，他（指向）是很革命的；他在先前，还曾经说，青年人不但嗥叫，还要露出狼牙来。这自然也不坏，但也应该小心，因为狼是狗的祖宗，一到被人驯服的时候，是就要变而为狗的。向培良先生现在在提倡人类的艺术了，他反对有阶级的艺术的存在，而在人类中分出好人和坏人来，这艺术是'好坏斗争'的武器。狗也是将人分为两种的，豢养它的主子之类是好人，别的穷人和乞丐在它的眼里就是坏人，不是叫，便是咬。然而这也还不算坏，因为究竟还有一点野性，如果再一变而为叭儿狗，好像不管闲事，而其实在给予主子尽职，那就正如现在的自称不问俗事的为艺术而艺术的名人们一样，只好去点缀大学教室了。"（当时向培良曾在南京的一张小报上写了一篇《答鲁迅》，大意是说：叭儿狗的祖先也是狼，如果鲁迅再攻击他的话，他便要露出狼的牙齿来了。）

到了鲁迅去世了，向培良当然可以畅所欲言了。他曾在《〈狂飙〉周刊题记》中说："十六年初，狂飙社与鲁迅先生决裂，那时候，我们的思想已与鲁迅先生渐渐分离。他性情猜急，睚眦不忘，又不肯下人，所不知觉中被人包围，当了偶像，渐渐失去他那温厚的热情，而成了辛辣的讽刺者和四面挥戈的，不能自已的斗士。此后鲁迅先生全部的精力消耗于打击和防御中，琐屑争斗猜疑自苦，胸襟日益褊狭，与青年日益远离，卒至于凄伤销铄以死。"我们拿这段题记来和徐懋庸最后写给鲁迅的信对照着看，那更觉得有趣。"知人则哲"，鲁迅也毕竟是不十分了解人性的呢。

鲁迅在厦门时期，似乎情绪上很消沉，而莽原社的分裂，也给他精神上以很深重的打击。他在一封写给景宋的信中，说："我的涵养功夫太浅了，有时总还不免有些愤激，因此又常迟疑于此后所走的路：（一）死了心，积几文钱，将来什么事都不做，顾自己苦苦过活；（二）再不顾自己，为人们做些事，将来饿肚也不妨，也一任别人唾骂；（三）再做一些事，倘连所谓'同人'也都从背后枪击我了，为生存和报复起见，我便什么事都敢做，但不愿失了我的朋友。第二条我已行过两年了，终于觉得太傻。前一条当先托庇于资本家,恐怕熬不住。末一条倒颇险,也无把握(于生活),而且又略有所不忍。所以实难于下一决心,我也就想写信和我的朋友商议,给我一条光。"他自己已经把底牌翻给知心人看了。

但就鲁迅所分析的莽原社那些青年的人品来说,尚钺是他所最讨厌的,结果倒对鲁迅并不怎么坏;而向培良则是在鲁迅印象中,比较好一点的,其后却一直对鲁迅打击得很厉害。且说,尚钺这位河南的青年,北京大学学生,他曾听鲁迅的教课,先后凡三年。他曾到鲁迅家中去,受过鲁迅的指导的。他说:"我记得先生说,不拘是创作是翻译或校对,都要十分精细,别无诀门。他的大意是在两个字:忍耐。只有忍耐才能对问题和材料有周详的思考和观察,因技术是需要忍耐才能练习纯熟的,认识是需要忍耐才能锻炼敏锐的;只有忍耐,观察才能由皮肤更深地挖到血肉里边去,也只有忍耐才能使浮在意识中的字句,得到恰到好处的适宜运用,在人物的动作上,在背景和感情的表现上,没有作者深切忍耐的观察,人物自身便会现出二重或多重人格的分裂现象。更厉害的,作者如果缺少了深切忍耐的功夫,不是人物逃出了作者所要把握的范围,便是许多人物因作者的复杂经验而互相对立起来。比辜鸿铭先生到北大来讲皇恩更使人觉着不调和,这就是各个人物自处置的不得当,各人都在干自己的事,说自己的话,与全场无关。这样,一篇作品的全景,便因一句或一字,而使人感着灭裂,文字虽是小的缺点,但却大有作用。他一面说着,一面在我过去的作品中举实例,使我深深认识了此后创作所应严格注意的方向。"他对鲁迅的指导,可以说是由衷地敬佩的,而且,鲁迅有时也在物质上予以补助。有一回,他在病后去看鲁迅,鲁迅像医生一样仔细问明了他的病状和经过之后，便开始给他一个曾经试验有效的药方，由于他的问价，鲁迅觉察他穷困，便在他告辞时，从抽屉中取出三块钱给他，慎重叮咛着："你刚好，不能多跑路，坐车子去，有三块钱，大概差不多了。"这使得他的心立刻被惊喜和羞赧的感情压榨得不安震颤起来了。毕竟他是对着鲁迅的热忱指导与诚恳扶助，十分感动的，所以他后来怀念鲁迅，就说："因有着不断有意地将事实加以曲解，和第四者的挑拨离间，我青年的轻信性，便因之伴着空洞的自信心，抹杀着许多事实而走向误解的道路。这样便使我与先生发生了某种程度的麻哑的抵触，这抵触使我将编配好的《斧背》小说集，从先生所编的《乌合丛书》中抽出来，给予上海泰东书局出版了。"他自认对鲁迅的误解，"至今仍然是深心中一个苦痛伤痕"，不像高长虹、向培良那样于鲁迅死去以后，继续在"鞭尸"的。

鲁迅对青年的看法和态度，并不如一般人所想所说的那么天真的，他也曾对景宋说过："你说我受学生的欢迎，足以自慰么？不，我对于他们不大敢有希望，我觉得特出者很少，或者竟没有。但我做事是还要做的，希望全在未见面的人们；或者如你所说：'不要认真！'""我现在对于做文章的青年，实在有些失望，……他们多是挂新招牌的利己主义者。"这就记起他和我几次谈到青年问题那几句最深刻的话了。（这几句话，留到将来有适当的机会再说吧。）

孙伏园的《鲁迅先生二三事》，有一节专说鲁迅那篇未完成的杰作《杨贵妃》的。他说："关于鲁迅先生的未完成的作品，其中以剧本《杨贵妃》为最令人可惜。鲁迅对于唐代文化，也和他对于汉魏六朝的文化一样，且有深切的认识与独创的见解，他觉得唐代的文化观念，很可以做我们现代的参考，那时，我们的祖先们，对于自己的文化抱有极坚强的把握，决不轻易动摇他们的自信力；同时对于别系的文化抱有极恢廓的胸襟与极精严的抉择，决不轻易地崇拜或轻易地唾弃。这正是我们目前急切需要的态度。拿这深切的认识与独到的见解作背景，衬托出一件可歌可泣的故事，以近代恋爱心理学的研究结果作线索：这便是鲁迅在 1921 年左右计划着的剧本《杨贵妃》。他的原计划是三幕；每幕都用一个词牌为名，我还记得它的第三幕是《雨淋铃》。而且据作者的解说，长生殿是为救济情爱逐渐稀淡而不复不有的一个场面。除此以外，先生曾和我谈过许多片段计划，但我现在都说不上来了。所感到遗憾的只是鲁迅先生还须到西安去体味一下实地的风光。计划完成以后，久久没有动笔，原因就是这里。"

后来，鲁迅借了到西安讲学的机会，毕竟体味到唐代故都生活了。他体味了以后的实感如何呢？孙氏追述道："我们在黄河船上望见灵宝城，濯濯的丘陵上现出一丛绿树。我已经受了感动，对鲁迅先生说：'宜乎美人出生是这里了。'鲁迅静静地望着，没有什么表示。我知道先生的脾气，没有表示或者是大有所感，或者是毫无所感，绝不是有了平平常常的感想。到了西安之后，我们发现了一种极平凡的植物，为数实在可观，几乎每个园子里都有的，便是白色的木槿花。木槿花本是极平凡的植物，但是别处只看见一株两株，而且是红色的居多，从未有像西安的木槿花那样白色的一片。我也已经受了感动，对鲁迅说：'将来《杨贵妃》的背景中，应该有一片白色木槿花。'鲁迅静静地望着我，没有什么表示。这时候，我渐渐有了警觉，担心着《杨贵妃》的计划难免会有根本的变动了。我们看大小雁塔，看曲江，看灞桥，看碑林，看各家古董铺，多少都有一点收获。在我已觉得相当满意，但一叩问鲁迅先生的意见，果然是我意中，也出我意外地答复我说：'我不但什么印象也没有得到，反而把我原有的一点印象也打破了。'"

照孙氏的说法："鲁迅少与实际社会往还，也少与真正自然接近，许多印象都从白纸黑字得来。在先生给我的几封信中常说到这一点。从白纸黑字中所得的材料，构成了一个完美的第一印象；如果第二印象的材料，也从白纸黑字中得来，这个第二印象，一定有加强或修正第一印象的价值。如果第二印象的材料来自真正自然或实际社会，那么它的加强或修正第一印象的价值，或者要大大地减低，甚至会大大地破坏第一印象的完美也是可能的。对于鲁迅的失望，我想第一步，或者可以适用这样一个解释。鲁迅怕看《黛玉葬花》这一类戏，他对我说过，就为的不愿破坏他那从白纸黑字得来的完美的第一印象。那么真实的灵宝城等，怎么会不破坏他那想象中《杨贵妃》的完美呢？其次，那时的西安也的确残破得可以。残破还不要紧，其间因为事有所未尽而至现着复杂、颓唐、零乱等征象，耳目所接触的几无一不是这些，又怎么会不破坏他那想象中的《杨贵妃》的完美呢？在我们的归途中，鲁迅先生几乎完全无意再写《杨贵妃》了。所以严格地说：《杨贵妃》并不是未完稿，实在只是一个腹稿。这个腹稿，如果作者仍有动笔的意思，或者可以说，因在西安而破坏的印象，仍有复归完美的可能；那么《杨贵妃》作者逝世前，共十二三年的长时间内，不是没有写作的机会。可见那一次完美印象的破坏一定是相当厉害了。"孙氏的话，可以给一般奉鲁迅为"写实主义"或"现实主义"大师的人以最痛切的批判呢，说起来，鲁迅的作品，还是带着理想主义的念头的。

　　鲁迅陕西之行，在若干随笔杂感中，有着他自己的感慨。我们从孙伏园的《杨贵妃》《长安道中》和张辛南的《追忆鲁迅先生在西安》等文篇中，可以知道鲁迅当时由北京赴陕西途中及在西安的情形。（林辰就曾做了这一工作。）那年是1924年7月7日，他们从北京登程，同行的有王桐龄、李济之、夏元瑮、孙伏园、胡小石、蒋廷黻等人。他们从北京乘火车到河南陕州，由陕州改乘黄河民船至潼关，计水程百八十里，一共走了足足四日。第一日刚下船，晚上便大风大雨，彻夜不息，船倒行十余里，十分危险。据船主在第二天说："如果倒行到鬼门，那就没救了。"原来陕州近处黄河，有砥柱山，兀峙中流，分河为人、神、鬼三门，唯人门可通舟楫，异常危险。幸而以后的天气便很晴朗，鲁迅常在舱中盘腿而坐，对旁人讲述故事。如讲他初到北京时去会江叔海，寒暄数语后，江便谈起天气，接着就哈哈大笑，如此之类刻画人情世态的故事。潼关以西，又走旱道，一直到14日，才抵西安。到西安后，他们便开始演讲。关于鲁迅的演讲内容，张辛南说："在西安讲学的时候，鲁迅先生所讲的总是小说史。对于学生及教职员讲小说史，对于督省两署和各厅处的职员也讲小说史。刘雪雅先生（陕督）想请鲁迅对西安的下级军官士兵讲演一次，教我向他商议一个士兵能了解并感觉兴味的题目，鲁迅回答道：'我向士兵讲话是可以的，但是我要讲的题目仍然是小说史，因为我只会讲小说史。'"照孙伏园的解释："将我所想，小说史之讲法，本来可浅可深，可严正，亦可通俗。"这话最为近理。在讲演之暇，鲁迅便常和孙伏园们到各处游动，他们看大小雁塔，看曲江，看灞桥，看碑林，看各家古董铺。在昭陵上，他看见刻着带箭的骏马，还有一只鸵鸟。使他想起唐人魄力的开放雄大，有不至于为异族奴隶的自信心，对于外来事物，自由驱使，绝不介怀。在游孔庙的时候，他看见其中一间房子，挂着许多印画，有李二曲像，有历代帝王像，其中有一张是宋太祖，或是什么宗，穿了一件长袍，而胡子向上翘起的。这又使他想起一般昏昧顽固的人，连本国历史也毫无所知，而偏要保存国粹的可笑。长安的大多数的古迹，大抵都已零落破败，或为后人重修，并不能引起他的好感，所以孙伏园叩问他的意见，他以为"看这种古董，好像看梅兰芳扮林黛玉、姜妙香扮贾宝玉，所以本来还打算到马嵬坡去，为避免看后的失望起见，终于没有去"。

当时，鲁迅最感兴趣的还是古董铺。孙伏园说："一天同鲁迅先生去游古董铺，见有一个石雕的动物，辨不出是什么东西，问店主，则曰'夫'。这时候，我心中乱想：犬旁一个夫字罢，犬旁一个甫字罢，豸旁一个富字罢，豸旁一个付字罢，但都不像。三五秒之间，思想一转变，说他所谓ㄈㄨ者或许是ㄙㄨ罢，于是我的思想又要往豸旁一个苏字专处乱钻了，不提防鲁迅先生忽然说出：'呀，我知道了，是鼠。'"张氏也说："鲁迅先生有工夫时，常到街上遛遛。有一回他约了我们上街去买'鲁吉'，我以为他所要买的是'卤鸡'。但到了南院门一家古董铺，先生就问人家要'鲁吉'，人家答说'凤有'，又跑到北院门，看了几家古董铺，也没找到。"后来据孙氏说：当年与鲁迅先生到西安街上所买音同"卤鸡"之物，乃是"弩机"。此为一种黄铜器，看去机械性十足，鲁迅先生爱其有近代军器之风，故颇收藏了好几具（自北京古董铺购得），形似今日之手枪，铜线斑斑，极饶古味。唯用法则始终未明。据鲁迅先生所云：当时必有若干皮带与铜连系，今已腐朽，无可辨认，即"弩机"之名，亦为赞赏家所安云。鲁迅在西安的那些日子里，总穿一条黑布裤，一件白小褂，上街的时候，再穿件白小纺大褂，头发不常剪，面带黄黑色。他们没有满约的日期，便离开西安了，大约在七月尾。他们回京时，自西安来潼关一段，改走渭河水道由距西安三十里的草滩起东行二百五十里，费时四天半抵潼关。再取道黄河达陕州，然后登陇海车东行，经洛阳返北京。

有一回，笔者在上海同济大学文艺学会讲演鲁迅的文艺修养，我说鲁迅若干方面和曹雪芹颇相似，他们的文笔，都是得力于《庄子》和《离骚》的，他们的词汇，很多是从这两部书中来的。我的友人丁君，说我的话颇有见地。其后我看见郭沫若的《庄子与鲁迅》，也说了类似的话，又看见了许寿裳的《屈原和鲁迅》，也是这么说的。这倒不约而同了。

许氏说：鲁迅在弘文学院时，已购有不少的日本文书籍，藏在书桌抽屉内，如拜伦的诗、尼采的传、希腊神话、罗马神话等，他看见了这些新书中间夹着一本线装的日本印行的《离骚》，稍觉有点奇异。这也是他早期的印象之一。鲁迅曾对他说过："《离骚》是一篇自叙和讥讽的杰作，《天问》是中国神话和传说的渊薮。"所以他的《汉文学史纲要》上，关于《离骚》有这样的话："其辞述己之始生，以至壮大，迄于将终，虽怀内美，重以修能，正道直行，而罹谗贼，于是放言遐想，称古帝，怀神山，呼龙虬，思佚女，申纾其心，自明无罪，因以讽谏。……次述占于灵氛，问于巫咸，无不劝其远游，毋怀故宇，于是驰神纵意，将翱将翔，而眷怀宗国，终又宁死而不忍去也。"他的《中国小说史略》，关于《天问》，说："若求之诗歌，则屈原所赋，尤在《天问》中，多见神话与传说，如'夜光何德，死则又育？厥利维何，而顾菟在腹？''鲧何所营？禹何所成？康回凭怒，地何故以东南倾？''昆仑县圃，其尻安在？增城九重，其高

几里？''鲮鱼何所？魊堆焉处？羿焉彃日？乌焉解羽？'是
也。"许氏也就从鲁迅的旧诗中的用词，来证明"熟于屈子"；
其中有全首用《离骚》的，如：

> 一枝清采妥湘灵，九畹贞风慰独醒。
> 无奈终输萧艾密，却成迁客播芳馨。

又如鲁迅采作《彷徨》的题词，是：

> 朝发轫于苍梧兮，夕余至乎县圃；
> 欲少留此灵琐兮，日忽忽其将暮。
> 吾令羲和弭节兮，望崦嵫而勿迫；
> 路漫漫其修远兮，吾将上下而求索。

这八句正写升天入地，到处受阻，不胜寂寞彷徨之感，又
鲁迅在北平阜成门内，西三条胡同寓庐书室，所谓"老虎尾巴"
者，壁上挂着一副他的集骚句，请乔大庄写的楹联，其文为：
"望崦嵫而勿迫，恐鹈鴂之先鸣！"这表明格外及时努力，用
以自励之意。他又说，他早年和鲁迅谈天，曾经问过他，《离骚》
中最爱诵的是哪几句？鲁迅不假思索，答出下面的四句：

> 朝吾将济于白水兮，登阆风而绁马。
> 忽反顾以流涕兮，哀高丘之无女。

依许氏想，"女"是理想的化身。这四句大有求不到理想的人
誓不罢休之意，所以下文还有"折琼枝以继佩"之句。

照这样看来，鲁迅的文字，是从旧的文学遗产中孵化成熟出来了；然而，他对《京报副刊》所征求的青年必读书，交了白卷，他的附注中说："我以为要少——或者竟不——看中国书，多看外国书。少看中国书，其结果不过不能作文而已。但现在的青年最要紧的是'行'，不是'言'。"因此，在当时，便引起了有些人的反感，他们说："他们兄弟（自然连周二先生也在内了）读得中国书非常的多。他家中藏的书很多，家中又便易，凡想看着而没有的书，总要买到。中国书好的很多，如今他们偏不让人家读，而自家读得那么多，这是什么意思呢？"鲁迅自己怎么解释呢？他说："我读确是读过一点中国书，但没有'非常的多'，也并不'偏不让人家读'。有谁要读，当然随便。只是倘若问我的意见，就是：要少——或者竟不——看中国书，多看外国书。这是这么一个意思——我向来是不喝酒的，数年之前，带些自暴自弃的气味地喝起酒来了，当时倒也觉得有点舒服。先是小喝，继而大喝，可是酒量愈增，食量就减下去了，我知道酒精已经害了肠胃。现在有时戒除，有时也还喝，正如还要翻翻中国书一样。但是和青年谈起饮食来，我总说：你不要喝酒。听的人虽然知道我曾经纵酒，而都明白我的意思。我即使自己出的是天然痘，决不因此反对牛痘；即使开了棺材铺，也不来讴歌瘟疫的。就是这么一个意思。"

鲁迅对于中国文艺界的重要贡献，不仅在他的文艺创作，也不仅在他的文艺批判，也在于他的翻译。许寿裳回忆鲁迅，有杂谈翻译的一节，说：鲁迅自从办杂志《新生》的计划失败以后，不得已而努力译书，和其弟作人开始介绍欧洲新文艺，刊行《域外小说集》，相信这也可以转移性情，改造社会的。他们所译，偏于东欧和北欧的文学，尤其是弱小民族的作品，因为它们富于挣扎、反抗、怒吼的精神。鲁迅所译安特列夫的《默》和《谩》，迦尔洵的《四日》，他曾用德文译本对照过，觉得字字忠实，丝毫不苟，无任意增删之弊。实为译界开一个新时代的纪念碑。其序言所云："弟收录至审慎，移译亦期勿失文情，异域文术新宗，自此始入华土。"这实在是诚信不欺之言。鲁迅译厨川白村的《苦闷的象征》时，曾对许氏说："这是一部有独创力的文学论，既异于科学家似的玄虚，而且也并无一般文学论者的繁碎。作者在去年大地震里遭难了。我现在用直译法把它译出来。"许氏就将原文对照一读，觉得鲁迅的直译功夫较前更进步了。虽说是直译的，却仍然极其流畅，真非大手笔不办。鲁迅将以中国文法的简单，一个"的"字的用处，日本文有"丿""处""的"等，而中国文只有一个"的"字。于是他创造出分别来："其中尤须声明的，是几处不用'的'字，而特用'底'字的缘故。既凡形容词与名词相连成一名词者，其间用'底'字，例如 Social being 为社会底存在物，又形容词之由别种品词转来，语尾有 tive、tic 之类者，于下也用'底'字，例如 romantic 就写为罗曼底。"

鲁迅译《小约翰》，也是一部大作。本书著者荷兰望·蔼覃，本来是研究医学，具有广博的知识的；鲁迅的学历很有些和他相似，所以他生平爱读这部象征写实的童话诗。他有意把它译成中文，发愿很早，还在他留学日本时代，而译成则在二十年以后。初稿系在北平中央公园的一间小屋中，鲁迅和他的朋友齐寿山，二人挥汗着笔，到了第二年，鲁迅又在广州白云楼中整理成书。许氏说鲁迅真是孜孜矻矻，夜以继日手不停挥的。至于鲁迅晚年译果戈理的《死魂灵》，更是一件艰苦的奇功。（鲁迅受果戈理的影响最深，他在《狂人日记》里，便是用了果戈

理的原名。)鲁迅曾在病中，对许氏说："这番真弄得头昏眼花，
筋疲力尽了。我一向以为译书比创作容易，至少可以无须构想，
哪里知道是难关重重。"鲁迅曾在《"题未定"草》中说："于是
'苦'字上头。仔细一读，不错，写法的确不过平铺直叙，但
到处是刺，有的明白，有的却隐藏，要感得到；虽然重译，也
得竭力保存它的锋头。里面确没有电灯和汽车，然而十九世纪
上半期的菜单、赌具、服装，也都是陌生家伙。这就势必至于
字典不离手，冷汗不离身，一面也自然只好怪自己语学程度的
不够格。""动笔之前，就先得解决一个问题：竭力使它归化，
还是尽量保存洋气呢？日本文的译者上田进君，是主张用前一
法的。他以为讽刺作品的翻译，第一当求其易懂，愈易懂，效
力也愈广大。所以他的译文，有时就化一句为数句，很近于解释。
我的意思却两样的。只求易懂，不如创作，或者改作，将事改
为中国事，人也化为中国人。如果还是翻译，那么，首先的目的，
就在博览外国的作品，不但移情，也要益智，至少要知道何地
何时，有这等事，和旅行外国，是很相像的：它必须有异国情
调，就是所谓洋气。其实世界上也不会有完全归化的译文，倘
有，就是貌合神离，从严辨别起来，它算不得翻译。凡是翻译，
必须兼顾着两面，一当然力求其易解，一则保存着原作的丰姿，
但这保存，却又常常和易懂相矛盾：看不惯了。不过它原是洋
鬼子，当然谁也看不惯，为比较的顺眼起见，只能改换他的衣裳，
却不该削低他的鼻子，剜掉他的眼睛。我是不主张削鼻剜眼的，
所以有些地方，仍然宁可译得不顺口。"他对于译介工作是十
分认真的。

笔者曾经有一机会，和鲁迅谈到阿Q的，因为有一位朋友
编了《阿Q正传》的剧本，要我去问鲁迅的意见的。依我的意见，

这剧本应该以赵太爷为主题,阿 Q 只是在那背景上的角色之一,因为鲁迅的本意,原是讽刺赵太爷那一社会,并不是要讽刺阿 Q 的。鲁迅也同意我的说法。后来,《阿 Q 正传》剧本在《戏》周刊上刊出了。鲁迅曾写了两封信,他说:"对于戏剧,我是毫无研究的,我的最可靠的答复,是一声也不响。"他个人的意见是这样:"《阿 Q》在每一期里,登得不多,……断断续续的看过,也陆陆续续地忘记了。现在回忆起来,只记得那编排,将《呐喊》中的另外的人物也插进去,以显示未庄或鲁镇的全貌的方法,是很好的。但阿 Q 所说的绍兴话,我却有许多地方看不懂。现在我自己想说几句的,有两点:一、未庄在那里?《阿 Q》的编者已经决定:在绍兴。我是绍兴人,所写的背景又是绍兴的居多,对于这决定,大概是谁都同意的。但是,我的一切小说中,指明着某处的却少得很。中国人几乎都是爱护故乡,奚落别处的大英雄,阿 Q 也很有这脾气。那时我想,假如写一篇暴露小说,指定事情是出在某处的罢,那么,某处人恨得不共戴天,非某处人却无异隔岸观火,彼此都不反省,一班人咬牙切齿,一班人却飘飘然,不但作品的意义和作用完全失掉了,还要由此生出无聊的枝节来,大家争一通闲气——《闲话扬州》是最近的例子。为了医病,方子上开人参,吃法不好,倒落得满身浮肿,用萝卜子来解,这才恢复了先前一样的瘦,人参白买了,还空空的折贴了萝卜子。人名也一样,古今文坛消息家,往往以为有些小说的根本是在报私仇,所以一定要穿凿书上的谁,就是实际上的谁。为免除这些才子学者的白费心思,另生枝节起见,我就用'赵太爷''钱太爷',是《百家姓》上最初的两个字;至于阿 Q 的姓呢,谁也不十分了然。但是,那时还是发生了谣言。还有排行,因为我是长男,下有两个兄弟,为预防谣言家的毒舌起见，我作品中的坏角色，是没有一个不是老大或老四、老五的。上面所说的那样的苦心，并非我怕得罪人，目的是在消灭无聊的副作用，使作品的力量较能集中，发挥得更强烈。果戈理作《巡按使》，使演员直接对看客道：'你们笑自己！'（奇怪的是中国的译本，却将这极要紧的一句删去了。）我的方法是在使读者摸不着在写自己以外的谁，一下子就推诿掉，变成旁观者，而疑心到像是写自己，又像是写一切人，由此开出反省的道路。但我看历来的批评家，是没有一个注意到这一点的。这回编者的对于主角阿Q所说的绍兴话，取了这样随手胡调的态度，我看他的眼睛也是为俗尘所蔽的。"鲁迅觉得许幸之这一剧本（田汉也是如此），在讽刺意味上是失败了的。

"但是，指定了绍兴也好。于是跟着起来的是第二个问题——二、阿Q该说什么话？这似乎无须问，阿Q一生的事情既然出在绍兴，他当然该说绍兴话。但是第三个疑问接着又来了——三、阿Q是演给哪里的人们看的？倘是演给绍兴人看的，他得说绍兴话无疑。绍兴戏文中，一向是官员秀才用官话，堂倌狱卒用土话的，也就是生、旦、净大抵用官话，丑用土话。我想，这也并非全为了用这来区别人的上下，雅俗，好坏，还有一个大原因，是警句或炼话，讥刺和滑稽，十之九是出于下等人之口的，所以他必用土话，使本地的看客们能够彻底地了解。那么，这关系之重大，也就可想而知了。其实，倘使演给绍兴的人们看，别的角色也大可以用绍兴话，因为同是绍兴话，所谓上等人和下等人说的也并不同，大抵前者句子简，助词和感叹词少，后者句子长，语助词和感叹词多，同一意思的一句话，可以冗长到一倍。但如演给别处的人们看，这剧本的作用却减弱，或者简直完全消失了。……我想：普遍，永久，完全，这三件宝贝，自然是了不得的，不过也是作家的棺材钉，会将他钉死。……我的意见……总括一句，……这剧本最好是不要专化，却使大家可以活用。"在这一方面，那一剧本也是完全失败了的。

阿Q的样儿，究竟该是怎么的？鲁迅也曾在答复《戏》周刊的信中说过一点。他说："在这周刊上，看了几个阿Q像，我觉得都太特别，有点古里古怪。我的意见，以为阿Q该是三十岁左右，样子平平常常，有农民式的质朴，愚蠢，但也很沾了些游手好闲之徒的狡猾。在上海，从洋车夫和小车夫里面，恐怕可以找出他的影子来的，不过没有流氓样，也不像瘪三样。只要在头上戴上一顶瓜皮小帽，就失去了阿Q，我记得我给他戴的是毡帽，这是一种黑色的，半圆形的东西，将那帽边翻起一寸多，戴在头上的；上海的乡下，恐怕也还有人戴。"

周作人追述鲁迅的故家，说到了阿Q的蓝本，便是阿桂，阿有的弟弟。"阿有，他姓谢，以给人家舂米为业；他给人家做短工，因为舂米费力，可以多得一点工钱，反正也多不到那里去，但比起他兄弟来总好得不少了。阿桂本来也是做短工的，可是他不能吃苦，时常改卖旧货，有的受了败落人家的委托，有的就不大靠得住，这样就渐渐地降入下流，变成半工半偷的生活了。有时跑到哥哥那里来借钱，说近来生意不顺手，这便是说偷不到，阿有怒喝道：'你这什么话？我要高声说给人家听了。'阿桂于是张皇地从大书房逃了出去，其实这问答的话，大书房的人已经听见，已不是什么秘密了。鲁迅小说《在酒楼上》的主人公吕纬甫叙述奉母亲之命，买两朵剪绒花去送给旧日东邻船户长富的女儿顺姑，等到找着了的时候，才知道她已病故了。这长富就是阿有，顺姑的伯父偷鸡贼长庚自然是阿桂了，不过阿有的女儿的病不是肺病，乃是伤寒初愈，不小心吃了石花，以致肠出血而死。小说里说长庚去硬借钱，顺姑不给，长庚就冷笑说：'你不要骄气，你的男人比我还不如呢！'这也是事实，虽然并没有发生什么影响，因为她的未婚夫是个小店伙，本来彼此都知道的，无论如何总不会比不上阿桂的。"

鲁迅的文字之中，经过了这一回的整理，大体都可以了解，只有关于艺术这一部门，我实在是门外汉，只能赞叹，无法判断。他曾送我几部艺术性的书，一部是《死魂灵一百图》，一部是《引玉集》，又一部是《木刻纪程》。当时，他只怕朋友们受了签名之累，所以那几本画册上都没有他的签名。前年，上海文物馆要征集这几种画集，因为没有他的签名，所以卖不起钱，我却说，这样也好，总算把这几种书留下来了。

《死魂灵一百图》是一部很好的插图。（我的女儿，为了这部插图的出卖，也颇怅怅然。幸而没有卖成，留在上海了。）据鲁迅说：关于《死魂灵》的有名的图画，据里斯珂夫说，一共有三种，而最正确和完备的，是阿庚的百图。这图画先有了七十二幅，未详何年出版，但总在 1847 年之前，去现在也快要九十年；后来即成为难得之品，新近苏联出版的文学辞典里，曾采它为插画，可见已经有了定评的文献了。虽在它的本国，恐怕也只能在图书馆中相遇，更何况在我们中国。有年秋末（1935 年），孟十还君忽然在上海的旧书店里看到这画集，便像孩子望见了糖果似的，立刻奔走呼号，总算弄到手里了。是1893 年印的第四版，不但百图完备，还增加了收藏家蔼甫列摩太所藏的三幅，并那时的广告画和第一版封纸上的小图各一幅，共计百〇五图，这大约是十月革命之际，俄国人带了逃出国外来的；他该是一个爱好文艺的人，抱守了十六年，终于只好拿它来换衣食之资；在中国，也许未必有第二本。看了这一段，我也颇有点怅然，因为为了衣食之资，我也几乎把鲁迅送给我的这本插图卖掉了呢，这插图在我身边也留了十五年之久呢！

当我们提倡讽刺的杂文的时期，同时也提倡了漫画。生活书店也曾由文学社、太白社刊行了《小品文与漫画》的专刊。当时，鲁迅曾经提示了如此的话："漫画的第一件紧要事是诚实，要确切地显示了事件或人物的姿态，也就是精神。漫画是 Karikatur 的译名，那'漫'，并不是中国旧日的文人学士之所谓'漫题''漫书'的'漫'。当然也可以不假思索，一挥而就的，但因为发芽于诚实的心，所以那结果也不会仅是嬉皮笑脸。这一种画，在中国的过去的绘画里很少见，《百丑图》或《三十六声粉铎图》，庶几近之，可惜的是不过戏文里的丑角的摹写；罗两峰的《鬼趣图》，当不得已时，或者也就算进去罢，但它又太离开了人间。漫画要使人一目了然，所以那最普通的方法是'夸张'，但又不是胡闹。无缘无故地将所攻击或暴露的对象画作一头驴，恰如拍马家将所拍的对象做成一个神一样，是毫没有效果的，假如那对象其实并无驴气息或神气息。然而如果真有些驴气息，那就糟了，从此以后，越看越像，比读一本做得很厚的传记还明白。关于事件的漫画，也一样的。所以漫画虽然有夸张，却还是要诚实。'燕山雪花大如席'，是夸张，但燕山究竟有雪花，就含着一点诚实在里面，使我们立刻知道燕山原来有这么冷。如果说'广州雪花大如席'，那可就变成笑话了。'夸张'这两个字也许有些语病，那么，就是'廓大'也可以的。廓大一个事件或人物的特点固然使漫画容易显出效果来，但廓大了并非特点之处却更容易显出效果。矮而胖的，瘦而长的，他本身就有漫画相了，再给他秃头，近视眼，画得再矮而胖些，瘦而长些，总可以使读者发笑。但一位白净苗条的美人，就很不容易设法，有些漫画家画作一个髑髅或狐狸之类，却不过是在报告自己的低能。有些漫画家却不用这呆法子，他用廓大镜照了她露出的搽粉的臂膊，看出她皮肤的褶皱，看见了这些褶皱中间的粉和泥的黑白画。这么一来，漫画稿子就成功了，然而这是真实，倘不信，大家或自己也用廓大镜去照照去。……因为真实，所以也有力。"这一番话，对于我们写杂文的，也同样有意义。

大家

丛书目录·第一辑（已出）

大家

丛书目录·第二辑（待出）